それぞれの満洲

菅原隆夫
SUGAHARA Takao

文芸社

目次

1、はじめに

貝沼洋二との出会い

　この世には偶然と必然の出会いがある。ただ当の本人にとってはその出会いが偶然だったのか必然だったのか全く分からない。今回、私が彼のこと、貝沼洋二を知ったのがそのどちらになるのか、いずれにしても大袈裟に言えばそれが運命だったのだろう。

　２０１８年11月、私は北大教養学部時代の８組の仲間たち８人の親睦・勉強会「ハチゼミ」の発表のため札幌にいた。輪番制の「ハチゼミ」、今回は私の出番でテーマは『東條英機その愛・その死』。少し茶化したタイトルだったが、東條英機の自殺未遂事件は昔から私にとって大きなテーマだった。人前で発表する機会を持てたことで自分なりに資料を集め、考えをまとめることができたのはこの「ハチゼミ」と出会えたお陰だと感謝している。この出会いはそれこそ私にとって運命だったのだろう。

　札幌から帰る日、地下鉄の北18条駅で降り、医学部の銀杏《いちょう》並木から中央ローンを半周して正門を抜け、学生時代には入った記憶もない正門脇の古本屋・南陽堂書店にいつものように立ち寄った。太平洋戦争や中国・満洲に関しての本も結構並んでいるからだ。

整然と書棚に並んでいる古本の中で、一冊の本が私の目に留まった。それが草思社発行・定価1500円・中村雪子著の『麻山《まさん》事件』だった。副題として「満洲の野に婦女子四百余名自決す」とある。「麻山」の名前は私の頭のどこかにあって、初めて聞くような名前ではなかった。終戦の年の8月9日、ソ連軍の侵攻により満洲各地に取り残された多くの開拓民が、特に女性と子供が避難する途中に凄惨な目に遭った。

日本人はどうして、こんなにもたった80年前のことを忘れるのが得意なのだろうか。日本の近くには400年前の秀吉の「朝鮮征伐」や、うっかりすると1400年も前の「白村江の戦い」まで持ち出し、慰安婦とか徴用工の補償とかが国家の最重要課題の一つとなっている国があるというのに。香港の繁華街で見た慰安婦少女像には、彼らの執念とか怨念を感じるものがあった。

話はそれてしまったが、この『麻山事件』が私から言わせれば予想外の展開となってきた。まず、最初の驚きは札幌で買い求めた『麻山事件』が私の書棚に並んでいたことだ。「またやってしまった!」これで何度目だろうか、4、5回はある。そのたびに自己嫌悪に陥る自分がいる。仕方なく読み始めたが、不思議と2度目という感じがしないのだ、私がこのところ、その時代の満洲に関心を持ってきたからだろうか。

この「麻山事件」は、ソ連軍の侵攻を知ったソ満国境に近い満洲北東部に入植していた第四次開拓団の一団が、やっと軌道に乗ってきた開拓地を放棄して、着の身着のままで避難する途中、麻山でソ連軍の包囲に遭い、３つのグループに分かれてしまっていた真ん中の集団、団長・貝沼洋二の率いる四百数十名の女性と子供が集団自決を遂げてしまった事件だ。

『麻山事件』の作者・中村雪子は、僅かに残った生存者の証言、丹念に集めた資料から、当時の状況を細かく臨場感をもって麻山での惨劇を再現している。

著者紹介に、中村雪子は、

「一九二三年北海道に生まれる。長野県岡谷高等女学校を卒業の後、一九三九年満洲に渡り、一九四二年結婚。一九四六年満洲より引揚げる。一九五九年より名古屋女性史研究会に、一九七九年より東海近代史研究会に所属。著書に『福田英子研究』（共著）、『母の時代』―愛知女性史―風媒社刊（共著）がある」とある。

中村は『麻山事件』*64の冒頭で、

「著者も満洲からの引き揚げ者である。在満の七年間をほとんど哈爾浜《ハルピン》に住み、夫は材木の伐採、搬出などの事業をしていた。昭和十九年の春に応召。夫の生死も不明のまま、戦後一年を経て昭和二十一年九月に、母親と三歳と二歳になったばかりの娘を連れて帰国する。その後、昭和四十年にいたって、年寄りと子供ばかりの引揚行を子供たちに書き遺しておいてやりたいと、『満洲』を探っていく中で、満蒙開拓団の問題につき当たった。『彼らの歴史を抜きにして自分の満洲を語ることはできない』と思った」*64と、この本を書いた動機を語る。

団長であった貝沼洋二の話が出て来るのは65ページだ。

「貝沼は明治二十八年、東京に生まれた。父親が朝鮮総督府の役人をしていた関係で、京城中学を卒業する。幼い時はなかなかの腕白でほとんど勉強することもなかったが、学校ではつねに級長でとおした。父親は彼に医師になることを強く要望したが、内証で北大の農学部を受験する」＊64

「えっ！　四百数十人が自決した時の団長貝沼洋二、彼は北大だったんだ」

自分の遠いが同窓の先輩が、開拓団の団長として満洲の開拓に従事し、多くの女性と子供を引き連れて自決し満洲の地に果てた。この事実が私に貝沼洋二について、彼の生き様について、満洲開拓についで調べるきっかけとなった。

　しかし、最初に買った『麻山事件』を本当に読んだのだろうか。何の記憶も残っていないとは、ますます自己嫌悪に陥る自分であった。

　こうして私の『麻山事件』の旅が始まった。『麻山事件』の中の生存者の証言は、１９７０年（昭和45年）に大平壮義が編著者としてまとめ、哈達河《ハタホ》会が発行した『麻山の夕日に心あらば』＊59によるところが多いことが分かったので、ネットの「日本の古本屋」で検索してみると、名古屋市の古本屋「古書転逢」が４３００円で扱っていることが分かった。

　４３００円！　今までこんな金額で本を買ったことなどもちろん一度もない。しかしこの際と思い切って注文して、12月24日のクリスマスイブに届いた傷みの激しい本を見て驚いた。本の裏表紙に所蔵印が朱で押され、（大阪狭山市池尻北二丁目○○―●　中村雪子　電話【○七二三―六八―○○

〇〇番】と書いてあるではないか。この本は著者自身の蔵書だったのだ。本文のあちこちには赤線が引かれ、書き込みが何カ所もある。

しかもA4を四つ折りにした、上村清美という男性から中村に宛てた手紙が入っており、文面には「このたびは満洲開拓の悲惨を極めた鎮魂の手記『麻山の夕日に心あらば』を貸与くださいまして、まことに有り難うございました」と、中村から本を貸してもらったお礼が綴られており、末尾には、「大正十三年生、昭和十四年満蒙開拓青少年義勇軍として渡満……本土防衛のため四国に転身、復員。戦後は山口県警察……防府警察署長を最後に退職……七十才を期に一切の公職から身を引く」と自分の略歴が記してあった。この本はまさしく中村雪子が持っていた本に間違いがなく、おそらく本人が亡くなり遺族が処分したのだろう。

私の次のテーマが決まってきた。貝沼洋二が団長を務めた開拓団について調べてみよう。

ただ、このテーマは深く大きすぎたようだ。対象に凸レンズでフォーカスしていくのではなく、凹レンズで拡散していくような、どんどん枝分かれしていきながらその枝も太く分かれていくような、迷路に入った感じだ。

ただ不思議なことに、そこで出会う人物となぜか接点ができるのだ。そのキーワードが北海道・北大だ。

一つのことに関心を持ち始めると自然、身近な情報にも敏感になってくる。日本で一番開拓団を満洲に送り出した長野県南部、下伊那郡阿智村に２０１３年（平成25年）オープンし、上皇夫妻も訪れたことがある「満蒙開拓平和記念館」があることが分かった。

私は翌年の5月11日から13日の2泊3日で「満蒙開拓平和記念館」に行くことにした。中央本線飯田駅から車で30分と不便なところにあるので、仕方なく車で飛ばすことに。諏訪湖サービスエリアで休んで4時間の一人旅、着いたのは昼頃。売店でサンドイッチを買い見学、図書室で資料をめくり書き写し、来館者は常時5、6人か、団体客も意外とあるようだった。

その日は近くにあったビジネスホテルに泊まり、翌日の土曜日にまた出かける。第2と第4土曜日に語り部と称して開拓団に参加した人の講演があるので、その話を聞きに行くためだ。今回の語り部は北島里さん。1942年（昭和17年）7歳で渡満、哈爾濱までの逃避行を語る。ソ連兵が貨車に女漁《あさ》りに乗り込んで来た時のことはすべてを語っていないような気がしたが、実に悲惨な体験をしたものだ。

講演が終わり、2日も続けて来る私が珍しいのか女性職員が声をかけてきた。開拓団のことについて自分なりに調べていると答えると、興味があるなら見せたい資料があると、彼女がテーブルに並べたのは、NHK札幌で制作放送された満洲開拓の取材資料の一式であった。NHKから寄贈された青いハードカバーのファイルは全部で14、5冊もあり、机いっぱいに拡げられていた。

後日、埼玉県川口市のNHKアーカイブスにその番組を見たくて、1時間半もかけて行ったが、一般公開はしていないとのつれない返事。ひょっとして札幌では見せてくれるかと思い、6月に札幌で開かれたクラブの同期会の前日にNHK札幌放送局へ行ったが、やはり公開はしていないとの返事だった。

実はこの時の札幌行にはもう一つの目的があった。それは北大の図書館と、農学部の資料室、それに山岳部の管理する北大山岳館へ行くことだった。もちろんそれは貝沼洋二が北大農学部出身ということが分かったためだが、北大山岳館へ行く理由は、中村孝二郎が『麻山の夕日に心あらば』の中で昭和45年3月記として寄稿している文中に、

「大学在学中は、山岳部の部員として夏山や冬山に、十勝岳や大雪山連峰に登山して居られた」*59

との記述があったからだ。

北大山岳館は水曜日と土曜日しか開館していないことは調べており、あいにくその日は入れないことは承知していたが、山岳部にも何か資料があるのではと思い、えらく遠回りをして山岳部部室へ行った。

そこでたまたま部室から出て来た2年生の女学生に事情を話したところ、山岳館を開けてくれることになり、管理人から鍵を受け取って一緒に山岳館まで向かった。さすが現役、彼女の早足に追いつくのは大変だった。館内で昔の部誌を見つけページをめくる。彼女によれば一度入部した者はすべてデータに載っているが、貝沼洋二は見つからないとのことだった。

半分諦めていたところ、部誌の第2号に貝沼洋二の名前を見つけることができた。それは貝沼が予科2年生の2月、札幌近郊の無意根山に行ったときの行動記録だった。見つけたのはそれだけで、大雪や十勝に行った記録はなかった。帰りの飛行機の時間もあり長居もできなかったが、貝沼が山岳部

部員でないことははっきりした。人の記憶のいい加減さと、正しい情報にたどり着くのはいかに難しいかが実感として分かった。

　前日行った農学部の図書室については、クラブの1年先輩にメールで問い合わせてあった。農学部の中に入るのは昔、部会を何度かやった時以来だろうか。守衛室で「私は昭和47年文学部卒業で、資料室へ……」と訪ねると図書室を教えてくれた。建物の中はリフォームされて昔の面影は全くない。長い中廊下の突き当たりに図書室はあった。事務の女性に来訪の旨を話すと、『北大百年史』と『学校要覧』を取り出してくれ、貝沼の卒業論文をスチール書棚の一番奥から探し出してくれた。

　黒くハードカバーで製本された貝沼の卒業論文「朝鮮の米作」の序の中で、貝沼はこう書いている。

「我が非才も顧みず『朝鮮の米作』を卒業論文の題材に選んだ意義もこの点に存するのであるが、問題が余りに厖大に過ぎた為に論旨錯綜し且つ草稿の完結に先ち私の極く近くに起きた出来事のために私は嘗て経験したことのない大きな精神的の打撃を受け一時は草稿を破棄せんとしたのであるが三月半ばを過ぎて急いでまとめたもので訂正を施す期会なく遺漏脱落を随所に見いだし遂にその意を悉す事を得なかったのは衷心遺憾とするところである」*[85]と。

　ここで書かれている出来事とは、貝沼の親友木村三郎（均欣《キンキン》）の失踪・自殺であることは後で分かった。当時の新聞・北海タイムスを調べると、帝大生木村の自殺は道内でも大きな関心事であったようで、社会面の中で大きく扱われている。

　北大のOB会組織、東京エルム会の機関誌『エルム新聞』に『満洲開拓物語』*[84]の連載を書いた

貝沼の1年後輩である後藤連一は、貝沼洋二について、
「卒業を前に『すべてを愛するものに死は唯一の道である』という謎めいた言葉を残して手稲の春雪の中に自らを絶った蹴球部の先輩均欣こと木村三郎君のことであった。同じ下宿で卒業期を均欣と一緒に過ごしていた彼にとってこの事件は確かにショックであり、重荷であったろう。彼は均欣の遺骸捜査に心身共に疲れ果て、失意とも失望とも、なんとも言えない気持のまま卒業して朝鮮に帰って行ってしまった」＊84と書いている。

その後藤連一は大連生まれで、1931年（昭和6年）北大卒後、朝鮮の東亜勧業株式会社へ入社、「満洲開拓は私にとっては決して華やかな大陸行進ではなかった。私は日本内地から送出され渡満してくる開拓団のためにその入植地を準備する現地側の受入体勢を固める仕事に終始したからである」＊84と語る。後藤は満蒙開拓青少年義勇軍六十数団、約2万名を黒竜江省小興安嶺のソ満国境の山麓に入植させている。

第一次移民団長となった山崎芳雄も、
「だんだん仕事が進むと、どうしても今一人其の方面に人間が必要との事で、中村君の意見により丁度其の時朝鮮の不二興業株式会社の鉄原の小作地に居られた山崎芳雄君―北大の実科を出られ後に第一次移民団長―が良かろうとの事になり、私も同君を知っているので、私達二人で同君を推薦して茲に同君の拓務省入りが決定したのである」＊84と、北大出身者であったことも驚きだった。

麻山の生き残りとして『麻山事件』の中で有力な証言をしている人物に、貝沼の片腕であった笛田

道雄がいる。彼は「哈達河開拓団の最後」（月刊『中央情報』）の中で、「私は本部会議の時最悪の場合を仮定して貝沼さんに尋ねてみた。『開拓民の避難処置を考えておられますか』……当局は……『先日東安省の団長会議でも話題になった。国境の不安は隠すべくもないが……しかし9月までは大丈夫らしい……外交の布石はチャンと樹てられているから、そんなことは心配するに当たらぬが……国境が戦場と化す前に、全部吉林省内の或る地点に集結させて……まさか関東軍もいることだし、君たちを見殺しにするようなことは当局としても執る筈がないのだからね』と努めて元気に語った」*106と、関東軍などとうの昔にいなくなっているのだが、千数百人を束ねる団長の貝沼さえもその事実を知らされていなかったことを証言している。

その笛田道雄は麻山で妻と子供4人を失い、1946年（昭和21年）日本に引き揚げ、那須の開拓地で開墾に従事したが、故郷は北海道八雲だった。この八雲もまた私に大きな影響を与えた小学校時代の恩師の出身地であった。笛田道雄の父・森三郎たちが八雲に来たときには、すでに良い土地は尾張徳川からの移住者に押さえられていて、彼らは八雲の南の外れ、田追川の上流、渡島半島の中央部の桜野地区に入植するが農業経営は苦しかった。

八雲では尾張徳川の旧士族青年たちによるナロードニキ運動が盛んで、笛田もその影響を受け、五・一五事件の首謀者の一人である農本主義者の理想主義者・橘孝三郎に一時傾倒するが、後に橘の嫌う同じ農本主義者の現実主義者・加藤完治の満州進出論に引かれ満洲に渡る。

「麻山事件」で生き残ったというより、生き延びた人を救った人物がもう1人いる。それは自然に3

つのグループに分かれた開拓団が麻山にさしかかったとき、しんがりの三番目のグループを引き連れていた、貝沼が「『後尾集団を頼むッ』と胸中に万感の思いをこめて叫んだ」*64福地靖医師だ。福地は、自決を覚悟した団員たちに生きることを問いかけ、説得し、自決を思いとどまらせ、彼らを死地から救い出した。

その福地靖も北海道余市出身で、余市中学校では作家・島木健作と同級生であった。島木健作は『満洲紀行』の中で、

「私の中学時代の友人が哈達河の団の医者だが哈達河入植と同時にいっておちついているのでいままではあらゆる団をつうじていちばん古いであろう。この人の性格の強さは尋常ではないので誰でもがそのまねをできるというものではない」*91と書いている。

福地は京城医科大学を卒業し、独身。普通は開拓医になると、ほとんどの場合1、2年で交代してしまうのだが、10年も同じ開拓団に留まっている非常に珍しいケースといえる。

「人間はもともと孤独なものだと言い、生涯妻帯せず、団員たちからは変わり者だ、偏屈だといわれるほどに寡黙な人ゆえに、高粱畑での大熱弁は、福地医師をよく知る笛田道雄にまで『これがこの人の全人格なのか、真骨頂なのか』と目を見はらされたのである」*64と中村雪子は書く。

このように、貝沼洋二の周辺を調べていくと、不思議と北海道、北大と結び付いてくる。歴史の中の「麻山事件」は何人かの生存者の証言によって事実が明らかになってきているが、私にとっての「麻山事件」はますます複雑な迷宮に入り込んでしまったような感じだ。

時間的な距離はもちろんあるが、空間的な近さが他人事とは思えないほど彼らを近くに感じるのだ。木村三郎はスキーを担いで手稲山に消えた。彼は私がワンダーフォーゲル部で活動の拠点としていたパラダイスヒュッテに寄り、奥手稲方面に向かい消息を絶った。

貝沼洋二、山崎芳雄、木村三郎、そして「満洲開拓の神様」とまでいわれる加藤完治の生き様を通して、満洲を考えてみたいと思う。

なお、引用文については、基本的に原文通りに記載させていただいている。そのため、これは明らかに誤字・誤用だと思われるものについては「ヽ」を付している。

またカバーに掲載した写真もかなり昔のものであり、本人はもちろん、関係者の方々の御承認を得ることが出来なかったことをご了解いただきたい。

2、事変勃発

9・18砲声

「9月18日の夜、私は激しく玄関の扉を叩く音に眼が覚めた。ほんの寝はなであったろう……

『事故ですか』と聞いた、ところが工長は
『事故所ではない、大変な事になった。セ…セ…戦争が始まったのだ。ス…ス…直ぐ集まってくれ』

声もしどろもどろ足踏みしながら息せき切ってこう言った。

『えっ、戦争が……どこで始まったのですか』私はたたみかけてこう聞き返した。

『ホッホッ奉天でだよ』

『エッ奉天でですか』

恰度その時だった、ドーンと大きな音がした、静かな夜の空気を引き裂くような地響きをたてて窓ガラスがブルブルッと震えた。

『コッえで二発目だ……』砲声の余韻は冷え切った九月の夜の静寂を破ってしばし続いたようであっ

た、『えらい事になったぞ』私はしばし気も遠くなったようである。来る可きが遂に来たか、何故か身体の震えが止まらなかった。『なに糞ッ』と力んで見るが歯がガタガタと震えていた。『戦争が始まったのですか、どうしましょう』起きてきた妻は心細そうにこう言った。『何心配することはないよ』と言ったものの私自身も今后どうなるものか…外の土地ならいざ知らず、事もあろうに此の奉天で戦争が初まったと言う事は実に用易ならぬ衝撃であった」＊1

南満洲鉄道株式会社（満鉄）の線路手として、奉天保線区に勤めていた1905年（明治38年）生まれの池田熊吉は、70歳となった1975年（昭和50年）、「敢えて今更国民に対し、私個人の記述を信じてくれとは申しません、又言って見た所でそれは無駄な事でしょう、今や国民全般に浸透した認識に反論する勇気もありません……が此の儘では浮かばれない一部の英霊に対して私の体験した事実を信じて『あーそうだったのか……』と一人でも受け入れてくれる人があれば幸甚と考えこの体験を記述しました」＊1として、防衛省防衛研修所戦史室に『満洲事変勃発の夜』と題した手記を残した。話は1931年（昭和6年）9月18日のこの日、満洲事変が勃発した日から始まる。

万宝山事件

満洲事変の勃発以前の中国東北部満洲では、日清・日露戦争で中国での権益を得た日本の進出による対日感情の悪化もあって、あちこちで幾つもの小競り合いが起きていた。その一つに「万宝山事件」がある。

この事件の背景には、日本の統治する朝鮮では土地の人口包容力が内地に比べ弱く、より強い人口圧を感じており、人口増加も近時頗《すこぶ》る著大であって、年々2万人以上人口が増加している現実があった。そのため「朝鮮には内地の資本主義が侵入すると共に其郷土を駆逐されて他に移住する多くの朝鮮人を発生した」*2そして、彼等の多くが国境を越えて満洲へと流れ込んできていた。

1927年（昭和2年）に日本に渡航した朝鮮人の内訳は、学生5000人（3・7パーセント）、労働者10万2434（74・2パーセント）、その他3万574人（22・1パーセント）で、約14万人のうちの7割以上が労働者であった。

「之等の多数の朝鮮労働者は極めて低廉なる生活を営め、低賃金に安ずるものであって、内地労働者は常に其の圧迫を蒙りつつあるものである。この事を想えば朝鮮人の内地渡航の趨勢を満蒙に転向せしむることは我国としても亦策の得たるものと信ぜらるゝ所である。」*2と、内地の日本人労働者を保護する観点からも、朝鮮人の満洲への移動が積極的に進められた。

1931年（昭和6年）7月には長春の北西に位置する万宝山で、朝鮮から入植してきた朝鮮人に対して、それに反発する中国人農民との間で水利権を巡っての争いが起こり、朝鮮側に立つに日本警察と中国人農民が衝突したいわゆる「万宝山事件」が勃発、これに触発されて朝鮮や日本国内で朝鮮人の中国人に対しての排斥運動が過激化し、100人を超す中国人が殺害される事態に発展した。

この万宝山事件は、1932年（昭和7年）10月に公表された「リットン報告書」の中で、長春の南約30キロに位置する伊通河に沿う一小村で、「支那人仲介業者萩永徳なる者一九三一年四月十六日附契約を以て長農水田公司の為支那人地主より広大なる一劃の地を商租せり……契約中には県長其の条項の承認を肯ぜざる場合には契約は無効なるべき旨規定せられたり」＊4

その後しばらくして萩永徳は、この商租した土地全部を元の地主の承諾を得ることなく朝鮮人一団に再商租してしまったことから、この事件が始まったと記されている。

朝鮮人達は伊通河から水田開墾のための水を引くために、滝溉溝や水道の開墾を開始することにしたが、この水道によって土地を横切られた中国農民は、万宝山当局に押しかけ抗議を行った。その結果、中国地方官憲は現場に警察官を派遣し、朝鮮人達に開墾作業を即刻停止するように求めたが、これに対して在長春領事館は、朝鮮人保護のため領事館警察官を派遣する事態に発展する。

6月8日、日中両国は双方の警察官を撤収し、話し合いを行うこととなる。中国側は原商租契約には県長の承認の無い再商租契約は無効であると主張するが、日本側は朝鮮人は契約無効の特約を知らず、再商租契約についての過失はなく、灌漑工事の工事中止は許されるものではないと、双方の主張はぶつかり合うことになった。

「七月一日の事件は斯かる事態より惹起せられたり。同日灌漑溝に依り、其の土地を切断せられたる四百名の支那農民の一隊は農具及矛槍を携えて朝鮮人を駆逐し滝溉溝の大部分を埋立てせり。ここに於いて日本領事館警察官は右暴徒を散逸せしめ朝鮮人を保護する為の発砲したるも何等被害はなかりき。支那農民は撤退し日本警察官は朝鮮人が水溝及伊通河の堰を完成する迄現場に屯留せり」＊4

「万宝山事件よりも遙かに重大なりしは朝鮮に於ける本事件に対する反動なりき。日本語及朝鮮語新聞に記載せられたる万宝山に於ける事態殊に七月一日事件の誇大なる報道の結果は朝鮮全道に亘り激烈なる反支暴動の続発を見たり。右暴動は七月三日仁川に始まり急速に他市に伝播せり……支那側はその広報に基づき、支那人百二十七名虐殺せられ、三百九十三名負傷し、二百五十万円に達する支那人財産は破壊せられたりと称す」*4と、万宝山での農民同士の衝突より、事件の後の朝鮮で挑発的な新聞記事に触発された朝鮮人が暴動を起こし、多くの中国人が殺害された事実を報告している。

報告書では、この朝鮮での中国人に対しての「此の重要なる一結果とも云う可は朝鮮に於ける右暴動が直ちに支那全国を通じ排日『ボイコット』を復活せしむるに至れることとなり」*4と、排日運動が中国全体に波及していったとしている。日本政府は7月15日に暴動に対して遺憾の意を表明し、死者の遺族に賠償金の支払いを行うことを約束したが、万宝山で朝鮮人小作人が留まって「米作地の耕作を継続せり」*4と朝鮮人の残留を認めたために、日支交渉は1931年（昭和6年）9月まで事件の解決を見ていないとしている。

中村大尉事件

このように不安な空気に蔽われていた中国東北部満洲に、同じ年の6月27日、「中村震太郎大尉殺害事件」が起きた。これは中国当局によって立ち入り禁止区域になっていた中国東北部・内モンゴルとソ連の国境に南北に走る大興安嶺地域に、軍命を受けた中村震太郎陸軍大尉が農業技術者として身分を隠して調査旅行を行っていたが、張学良配下の屯墾《とんこん》軍に発見され、殺害され遺体を焼かれた事件だ。

「中村震太郎大尉は日本陸軍現役将校にして日本政府の認めたるが如く日本陸軍の命令に依る使命を有したり。哈爾浜通過の際支那官憲は同大尉の護照を検査せるが同大尉は農業技師と自称せり……同大尉は武器を携帯し且売薬を所持し居たるが支那側に拠れば売薬中には薬用に非ざる麻薬ありたり……六月九日中村大尉は三名の通訳及助手を伴い東支鉄道西部の伊勤克特駅を出発せり。同大尉が兆南の方向に於いて奥地へ相当の距離に在る一地点に到達せる際一行は屯墾軍第三団長関玉衡の指揮する支那兵に監禁されたり。数日後六月二七日頃同大尉一行は支那兵の為に射殺せられ死体は右行為の証拠隠滅の為焼棄せられたり」＊4と事件の概要を「リットン報告書」は説明している。

ヘロイン（白面）を持参していた中村大尉は、売薬のためで中国でヘロイン所持は法律違反だとは知らなかったと供述しているというが、本当にそうだろうか。おそらく情報を得るための対価として持参したのではないか。

日本の抗議に対して、支那側は大尉達を厚遇をもって接していたが、「脱走を企てつつある際一歩哨に射殺されことを主張せり……中村大尉は身辺に日本軍事地図一葉及日記帳二冊を含む書類を携帯せることを発見せられたるが右は同大尉が軍事探偵若は特別の軍事的使命を帯びたる将校なりしことを証するものなりと云うなり」＊4と反論している。

中村大尉が殺害されたことは8月17日に在奉天日本軍当局から公表された。同じ日、林総領事と日本から派遣された森陸軍少佐が遼寧省主席臧式毅《ぞうしきき》と会談し、臧は事件の調査を約束すると同時に、北平（北京）に病臥中の張学良元帥に報告、「張学良元帥は本事件に対し日本陸軍が多大なる関心を有することから其の日本人軍事顧問より知りたるを以て事件を有効的に解決せんと欲する意思を明らかならしむる為芝山少佐を東京に派遣せり」＊4と、この事件の影響が拡大することを避けようとした。

また、張学良は満洲での日本との諸問題を解決するために、高級官吏湯爾和を日本に派遣し、湯は外務大臣幣原喜重郎男爵、南次郎大将ほか陸軍の高級武官と会談を持たせた。

支那官憲は在奉天日本領事官憲に対して、「支那兵は中村大尉の死に対し責任あることを認め又速かに事件が外交的に解決せらる可き希望を表明せるに依り中村事件解決の為の外交交渉は九月十八日夜迄は好都合に進展しつつありしが如し」＊4と、満洲事変勃発の夜までは解決の方向に向かっていたことが報告されている。

しかし、中村事件は日本の軍人が殺害されたこともあって、「他の如何なる事件よりも一層日本人を憤慨せしめ遂に満洲に関する日支懸案解決の為実力行使を可とするの激論を聞くにいたれり」＊4と、中村事件が万宝山事件、朝鮮での排支暴動、青島での日本人愛国団体に対して行われた支那人の暴行事件などで、それでなくとも緊張が高まってきた日支関係により一層大きな影響を与えることになった。

「それに呼応した全満に充満した排日思想は今や極度に険悪化し即ち一触即発の不気味な空気が全満

に張っていた……従って駅を離れて人影見えない林の中や草原で作業する事は少なからぬ不安を感じた……『今に何か起こるのではないか』当時の在満邦人はこんな不安に怯えていた」＊1と、当時の雰囲気を池田熊吉は語っている。

事変勃発

当時の関東軍司令官・本庄繁中将は終戦後の１９４５年（昭和20年）11月20日に陸軍大学内で自決したが、その一月前の10月に秘書の河村亨一に口述筆記させた『満洲事変の本質』と題する言葉を残し、満洲事変に関する自身の見解を語っている。

本庄は事変の概要として「私が赴任した翌月の九月十八日（一九三一年）奉天郊外北大営に在営する満洲側軍隊が同兵営の西側を通る満洲鉄道線路を柳条溝付近に於いて爆破し、ここに一触即発の危機は終に爆発した。当時同所より左程遠くない地点で鉄道訓練を行っていた我が一部部隊はただちに現場に急行し暴行敵兵群を駆逐すると共に敵部隊に反撃を加え、後方部隊の応援を待って遂に敵部隊を北大営内に圧迫した。

この急報に接した自分は中央部の指令を仰ぐ暇なく直ちに各地にある管下部隊に対して武力行使上所要の命令を下したのであるが、中には命令に先んじて行動を開始した部隊もあり又、敵の攻勢に先んじて攻撃に出た部隊もあった」＊5と、鉄道線路の爆破が満洲側軍隊による仕業だと断定している。

しかし、満洲事変のきっかけとなった柳条湖爆破事件での本庄の言葉には嘘がある。本庄が満洲に司令官として赴任したのは、確かに事変の起きる前月の8月1日であるが、その2カ月前の6月、非公式の秘密会がもたれ、満洲への軍事侵攻が軍中央の最有力者の間で合意がなされていた。

この秘密会に参加したのは、参謀本部第二部長・建川美次、参謀本部支那課長・重藤千秋、参謀本部ロシア課長・橋下欣五郎、陸軍省軍事課長・永田鉄山、参謀本部支那課支那班長・根本博、参謀本部次長・二宮治重、陸軍省軍務局長・小磯国昭の面々で、当時歩兵第一連隊長の東條英機も参加したといわれる。

8月上旬には第2回目の会合が現地でもたれた。新任の関東軍司令官・本庄繁、同参謀長・三宅光治、高級参謀・板垣征四郎による軍司令官会議が開催された後の秘密会の中で、関東軍参謀が満洲で軍事行動に移る旨の発表が二宮参謀次長、杉山陸軍次官、建川美次、小磯国昭ならびに関東軍、朝鮮軍、台湾軍の各司令官に対してあり、朝鮮軍司令官・林銑十郎は関東軍に対しての支援を表明した。

参謀総長・金谷範三と陸軍大臣・南次郎はこの軍事計画決定に意図的に参加しなかったが、それは「天皇に対し直接責任を有する軍の最高指導者が謀略手段を前提とする計画に参画するのは適当でないと考えられたからである。」*6とされたからである。このことからも、本庄が知らないわけはなく、この満洲事変が数カ月前から念入りに準備された軍事行動であったことは間違いない。

『柳条湖事件の真相』*7には、以前から準備が行われていたとの証言談話がいくつかある。

・片倉衷《ただし》（元陸軍少将）談

「九月十四日、撫順守備隊の川上精一大尉が警備会議の席上で、演習の打合せと称して、『本日以降当分の間何時夜間出発するも差支なき様午後十一時三十分以降四両編成の列車を準備され度し』と満鉄側に指示を出し、関東軍が事件を起こす気配を感じさせた。このことは、直ちに満鉄首脳及び林久治郎奉天総領事に報告され、林総領事から幣原外相へ電報が打たれた。閣議の席上、幣原は南陸相にことの真偽をただした。そこで建川は南陸相および総長の要請によって、関東軍に向こう一年隠忍自重を説得する使命を帯びて奉天に派遣されたのである。しかし建川は板垣にうまくのせられて、十間房の料亭『菊文』で酔いしれているうちに、地軸を揺るがすような二十四サンチ砲の轟音で、はじめて眼をさますテイタラクであった。」＊7

・森島守人（元奉天総領事代理）談

「事件の起こる九月十八日の前から、私には〝関東軍によって謀略が行われる〟という予感があった。色々な情報が伝えられていたからだ……〝とにかく本庄軍司令官には伝えておこう〟ということになった。林総領事は軍司令官宛に手紙を書いて投函したのだった。だが軍司令官に〝謀略〟の警告を記したその封書は、司令部の参謀によっておさえられ、私たちの意図はついに伝えられることはなかったのだ……林総領事の手紙は、片倉大尉が『おくれて十九日に入手』したという」＊7

・山口重次（元協和会中央事務局次長）談

「爆破実施の期日について―。さきの川上撫順守備隊長が、警備会議の後、中村事件について中国側の回答期限を聞かれて……故に十七、十八日が自分としては只今の中村事件に対しては最も面白みがあることと思う」*7と計画をもらしている。命令書はつぎの通り『九月十四日撫順守備隊長は臨時警備会議を開き在郷軍人会長、警察署長、憲兵隊長、炭鉱庶務課長、撫順駅長及大官屯駅長の参集を求め同守備隊は中村事件交渉応援軍事行動の一つとして十八日午後十一時三、四十分出発牛相屯に至り下車し渾河を徒渉し支那飛行隊を襲う計画に付き満鉄は列車を準備施され度又出発後の炭鉱防備は在郷軍人を主とする防衛隊に於いて当られたし』

ところが、十八日張学良側は己の非を認めたが、その十八日に事件は計画通り実行された。秘密の漏えい、建川の来奉など周囲の事情がどうかわろうとも、石原、板垣としてはこの十八日には、断固として実施する決心を持っていたのではないかと思われる」*7

ちなみにここに登場する川上撫順守備隊長は、事変の翌年の9月16日、撫順炭鉱郊外で炭鉱職員家族の女性と子供を中心に700~1000人が日本軍によって虐殺された平頂山事件を指揮した守備隊の中隊長川上精一大尉である。現在、虐殺現場に建てられた「撫順平頂山惨案記念館」前の広場には、中国側の主張する犠牲者数3000人を表した大きなモニュメントが建てられている。

この軍事行動の立案・実行は、板垣征四郎のもとで関東軍作戦主任参謀を務めていた石原莞爾の主導で進められた。石原はこの年の3月から4月にかけて、関東軍全参謀に奉天を起点として北満のコロンバイルに至るまで、満洲事変を想定しての参謀旅行を実施し、事変の準備を着々と進めていた。

さらに6月には、奉天（現在の中華人民共和国東北部の瀋陽市）にある独立歩兵守備隊の兵営の庭に井戸掘りと称して、密かに東京から解体して運び込んだ24サンチ榴弾砲の備え付け工事を行い、照準を奉天北郊外にある中国軍の拠点・北大営に合わせ、事件の発生を今や遅しと待ち受けていた。この24サンチ榴弾砲は口径２４０ミリ、最大射程距離1万３５０メートル、砲身の長さは３８９２センチメートル、総重量約33トンもあり、重砲備え付けの発案者は、当時の陸軍省軍事課長・永田鉄山大佐であったと板垣征四郎大佐は後述している。

柳条湖へ

池田熊吉は、押っ取り刀で勤務先の保線区に向かう。

「『おいえらい事になったぞ……』緊張した人々は一か所に固まって、どうなるであろう事変の見通し等を語り合っていた、昼の雑踏に比べて夜のホームはさすがに駅員の姿も疎らである、その長いホームを腕章をつけた憲兵が慌ただしく走っている。松尾保線区長を初め三宅助役その他の社員が続々と集まって来た……『とうとう始まったか……』興奮した人々の顔がこうこうと輝く電燈の下に照り映えて時ならぬ雑踏の渦に巻き込まれた。電話が頻りにかかって来る、事変の勃発があちこちの機関に判明したのであろう。駅のホームをサーベルを握った警官が走り廻っている姿も見えた。昭和六年九月十八日午后十一過ぎ、有史以来実に二千六百年皇国不滅を誇った大日本帝国が十五年後に世界歴史に嘗てない惨憺たる敗北を遂げたその導火線に火のついた夜であった」＊1と、当時の奉天駅の緊迫した状況を池田は語っている。

　続々と駅には現場の応援に向かう奉天守備隊が集まってくる。奉天守備隊・島本大隊長が、6キロ先の現場に向かう兵士のために臨時編成列車を助役に要求するが、事前に計画を知らされていない満鉄側は、所定の手続きを踏まなければ列車編成を行うことができずと答え、待ちきれない守備隊は徒歩で現場へ向い始めた。

　池田もようやく用意のできた3両のモーターカーに、弾薬や毛布などを積めるだけ積んで守備隊を追いかけ、柳条湖（当時この地を満鉄では老命廟と呼んでいた）に急行する途中、先行する守備隊を追い越すことになる。

「北大営まで恐らく六粁以上はあろう此の遠道を、只友軍の苦戦を案じて線路の両側の歩道を一列縦隊となって小走りに急いでいた、無言の長い行列であるザクッザクッと鳴る軍靴の音、サッサッとゆれる腰の薬ごうの音、『急げ、急げ』とせき立てる指揮官の声、北大営を目指して急行軍する兵隊の殺気立った行列の影は四十五年経過した今日今尚私の耳元に聞こえ、黒い長い行列は眼前に彷彿として浮かんで来る。半絃の月が西に傾いている薄明るい月夜であった」*1と、池田は語る。

　池田は途中、柳条湖で3人の兵隊を乗せ北大営に向かう。北大営の手前から見下ろすと、「眼下に見下せる北大営はこんもりと繁った林の中に包まれている、一見静かに見えるこの営内は今や守備隊の夜襲により目下阿鼻叫喚の修羅場と化しているであろう、一方奉天守備隊より発射された砲弾が見事命中したと見え、営内西南方の辺りは濛々たる黒煙が空高く舞上がって居る。弾薬庫に命中したと見え赤い火柱が立っている、兵営から遠く離れた方向にも大火災を起こして天に沖する黒煙が静かな夜の南風にゆられて空一面煙の海である、兵工廠であることを後で知った。此の火災は確三日位燃え続けたようであった」＊1

レール

池田たちは爆破現場復旧のため、トロッコにレール2本と其の他機材道具を積んで2台のモーターカーに牽かせて現場に向かった。三宅助役以下8人ぐらいであった。柳条溝に着いた時すでに夜は白みかけていた。「『私が護衛します』と言って分遣隊長小杉軍曹は二人の部下を連れて復旧作業の護衛に当たってくれた、ロイド眼鏡をかけた精悍な面構えの而も小柄な男であった」＊1

「『此処ですよ』と小杉軍曹は指さしてくれた。成程見れば丁度レールの継ぎ目である。上り線（大連方面）の左側が十五センチ位の箇所からポッキリと折れていた。右側は只火薬に焦げているのみで別に折れてはいなかった、左側の折損箇所も幸いに継ぎ目板に支えられ、犬釘の折損もなかった。事件直後爆発音に驚いて現場に駆け付けた分遣隊の兵隊は間もなく大連行の急行列車が驀進して来るのを発見した。輝々と照らすヘッドライトが夜目にもハッキリと見え既に列車の轟音も聞こえてくる。『しまった』と思った瞬間この列車を停止させしむべく非常合図をすべきで有ったが咄嗟の場合何物もない、止むなく三人の兵隊は携帯用の懐中電灯を力の限り打振りながら機関士には聞える筈もない声まで張り上げて『オーイオーイ』とわめいて見たが時悪く夜半の事ではあるし而も線路は下り勾配である。鉄嶺駅を発車后虎石台・文官屯と各駅を通過して来た急行列車は速度を増して奉天駅の場内信号を見るまでは敢えて外を注視する要もなし、正かこんな大事件が勃発していようとは夢知らず外を見る事もなく機関士はリーバーを握っていたに過ぎなかったのだろう。途中の異常な合図に気付く事はなく轟轟たる唸りを上げて列車は通過して占った、実に『アッ……』と言う間もない瞬間の出来事であった」*1と、爆破による損害が如何に軽微であったのかを池田は証言している。

爆破状況

ここで「リットン報告書」から、調査団が認定した現場の様子を見ることにする。日本側の主張はこうだ。事件を最初に目撃したのは当夜、兵士6名を引き連れて満鉄線路沿いに防御演習を行っていた河本中尉で、彼等は爆発現場から200ヤード（約180メートル）離れた地点で「大爆発の大音響を」耳にした。

急いで現場に駆けつけた彼等が見たのは「下り線軌道片方側の一部が爆破され居るを発見せり。右爆破は二軌道接合点に起れるものにして両軌道の先端は全く引き離され之が為め線路に三一寸の間隔を生じたり」*4と、満鉄線路の爆破現場であった。

爆発現場に達するとすぐに左の畑から砲撃を受け、河本中尉はこれに応戦すると、5、6人の敵兵は退却し始め、これを追って200ヤードほど前進すると300〜400名の有力な敵に囲まれる形となり、1500ヤード離れたところで演習を行っている友軍に応援を求めるべく使者を派遣しようとした。

「此の時長春発南下列車の接近しつゝあるを聞きたるが列車が破損線路に到達して破壊すべきを恐れ日本歩哨隊は交戦を停止し、列車に警告を與えんが為線路上に音響信号を設置せり。而るに列車は全速力にて進行し来り爆破地点に達するや動揺し一方に傾くを認めたるも回復し、停車せずして通過し去りたり。列車は十時半奉天着の筈にて、定刻通り到着せるを見れば、河本中尉の初めて爆発を聞きたるは十時頃なるべしと同中尉は語りたり」＊4

調査団の結論

「日支両軍の間に緊張気分の存在したることに付いては疑うの余地なし。証拠につき調査団に説明せられたるが如く、日本軍が支那軍との間に於ける敵対行為起り得べきことを予想して、慎重に準備せられたる計画を有し居たるが、九月十八日―十九日夜の計画は迅速且正確に実施せられたり。支那軍は一八七頁（文原）に言及せる訓令に基き、日本軍に攻撃を加え、又は特に右の時及び場所に於いて日本人の生命或いは財産を危険ならしむるが如き計画を有したるものに非ず。彼等は日本軍に対し連繋ある又は命令を受けたる攻撃を行いたるものに非ずして、日本軍の攻撃及び其の後の行動に狼狽せるものなり。九月十八日午後十時より十時半の間に鉄道線路上若しくは其付近にて爆発ありしは疑いなきも、鉄道に対する損傷は若しあるとするも、事実長春より南行列車の定時到着を妨げざりしものにして、其れのみにては軍事行動を正当とするものに非ず。同夜に於ける叙上日本軍の軍事行動は正常なる自衛手段と認むることを得ず。尤も之により調査団は現地に在りたる日本将校が自衛のため行動しつゝありと信じつゝありたるなるべしとの仮説を排除せんとするものに非ず。尚事後の事件につき述べざる可らず」*4と結論づけている。

継ぎ目板

ここで「リットン報告書」と実際に爆発直後に現場に行った保線員の池田熊吉との証言の違いが出て来る。リットン報告書の日本語訳では「右爆破は二軌道接合点に起れるものにして両軌道の先端は全く引き離され之が為め線路に三一寸の間隔を生じたり」*4とあるが、約90センチもレールの先端が引き離されていたならば、その後列車が何事もなく通り過ぎたとは思えない、間違いなく脱線していたであろう。

報告書の原文には「The explosion took place at the point of junction of two rails; the end of each rail had been cleanly severed, creating a gap in the line of 31 inches.」*4とある。

この部分は「爆発は2本のレールの接合点で発生していて、各レールの端はきれいに切断されており、31インチの場所に亀裂が生じていた」と訳せると考えるが、これは聞き取った調査官の聞き間違いか、速記官の筆記の間違い、あるいは日本側証人の事実認識の間違い、勘違いがあったのではないかと考える。実際は31インチではなく、31寸でもなく、３・１インチ、３寸1分、つまり約10センチが正しいのではないだろうか。

つまり、亀裂はレールの先端から約10センチの場所にあり、そこはレール同士の連結部分であって、ちょうど継ぎ目板でレールの両側からボルトで結合されている場所である。レールの傷はままあることのようで、たまたまあったレールの傷が爆破の衝撃で亀裂となって顕在化したが、そこは継ぎ目板で補強されている部分であって、幸いなことにレール自体が大きくずれることなく、爆破後に急行列車が何事もなく通過することができたと解釈するべきだろう。

このことからも、保線員池田熊吉の「成程見れば丁度レールの継ぎ目である。上り線（大連方面）の左側が十五センチ位の箇所からポッキリと折れていた」*1との証言が正しいと言えるだろう。

日本側にとって満鉄爆破は事変への口実であり、31寸でも、31インチでも、３・１寸でもどうでも良かった。有名なリットン調査団の写真にもあるように、調査団も現場には行っただろうが、すでに線路は修復されており確認することは当然できないし、日本側と同じく爆破された事実が重要であった。

遺棄死体

もちろん、池田は線路爆破が日本軍のなせる業だとは夢にも思っていなかった。

「注、この二本の破損軌条は後日関東軍司令部の玄関脇まで運んで一般の閲覧することになった。

丁度その頃朝日は未だ昇っていなかったが夜は既に明けていた、線路下の高粱畑には雨の降ったような夜露が降りていた。冷ややかな秋の朝はうっすらと遠く方が朝靄に霞んでいた。線路の西側に粘土で築った煉瓦焼きの窯がある、その周辺はすべて高粱畑である。作業が終わると小杉軍曹は部下の兵隊に対って『おい。そこの煉瓦窯を見て見イ、十人位は中に居る筈だ……昨夜奴等が手引きをした筈だ』

二人の兵隊は高粱畑に降りて行った。そして中を覗いた、振り返って『たくさん中に入っています』『そうか。こいつ等も昨夜俺達に挑戦しやがったのだ。よシッかまわんから、皆ぶち殺してしまえ』昨夜来の奔走に興奮未だ覚めやらぬ軍曹の命令に二人の兵隊は窯の入り口から中に銃口を構えた。パンという銃声と同時にヒッという奇妙な声が聞こえてくる。パン……ヒッ、十発も撃ったろうか『もう一人も居りません』兵隊の報告に『よしッ、それでよしッ、お前たちも上がれ』翌日此処に来た時は新しい十幾つかの棺桶が窯の前に並べてあった。

『あんた達も見ておきなさい、後日の証拠に』こう言って軍曹は私達を案内してくれた。『丁度巡回を終えて分遣隊に帰る時ですよ、バーンと変な音がした、後ろを振り返って見ると黒い煙が上がっているのです、こりゃ大変だと思って其の儘引き返して此処迄来た時ですよ、丁度この窯の付近から吾々に発砲して来たんです、不意を突かれて吾々は吃驚しましたが直ぐ線路に伏せ『撃てっ』と命令して応戦したんです。ザワザワと音をたてて高粱畑を逃げる人影が夜目にも見えたんです、そうたくさんの人ではなかったようです、吾々は敵の移動を追いながら撃ちまくったんです、しばらくすると向うからの発砲は止んだので、一人を分遣隊に走らせ奉天の大隊本部に連絡させ一人は今し方巡回中逢って来たばかりの夜間演習の為松原付近に集結していた虎石台中隊に走らせたんです』こう説明して軍曹は高粱畑に倒れている敵の死体を見せてくれた。

窯から三十米くらい離れた所に一人、少し離れて又一人丁度三人の遺棄死体を夜露に濡れた高粱畑を掻分けながら見せてくれた。紛れもない敵の兵隊である、畑に高粱を踏み倒して逃げた敵兵の足跡が歴然と残っていた。此の三人の敵の遺棄死体は其の儘厳重なる鉄条網が張り巡らされ『此の死体に触れた者は銃殺に処す』関東軍司令官本庄繁と書いた頑丈な木札が立てられ永く保管されていた。後になって死臭を嗅ぎ付けた烏の群れが辺り一面飛び回っていた。

注、私達が此の遺棄死体を見た時は事変勃発後僅数時間経過したばかりである、仮に此の事件が日本軍の計画策動であると言うならば恐らく二粁以上はあろう北大営から此まで誰かがこの死体を担いで来なくてはならないことになる、然らば誰が運んだとかすれば分遣隊の九人の中の誰かである、虎石台中隊の戦闘開始と共に六人は応援に馳せ参じ三人が隊に残留しているのである、小杉軍曹の説明を分析して時間的にも何等疑う余地もない厳然たる事実であるし又そんな余裕はあり得ない、この混乱の中でそんな馬鹿げた芝居が打てるものではない事は誰が考えても明瞭であろう。而も満鉄創設以来既に廿有五年鉄道警備の重大なる責任を負い列車運転の安全確保に総てを賭けた守備隊が事もあろうに自らの手によって鉄道を爆破し結果は列車脱線転覆と言う大惨事を招く事は明瞭なる事実である。而もしかも永い廿有五年培ちかわれた伝統的使命から観念的にもそんな大それた事が出来るものか否や、あらゆる角度から検討しても考えられない事である」*1と、池田は日本軍を擁護している。

池田の見た3人の中国兵の遺体は、日本軍が殺害した中国人に中国軍の服装を着せ放棄したことは史実として明らかになっている。

モーターカー

当時の保線区員は夜間巡回をするのが一つの任務であった。奉天から次の文官駅まで列車で移動し、文官駅から復路の12キロを「夜間暗闇の中を只一人一軒の人家とてない線路を小さな合図燈の光を頼りに歩いて見た所で何の効果があろう、線路の点検どころか歩くのが精一杯であった」*1と書いている。

「事変の当夜中原君が当番であった、丁度この松原付近に差しかかった時中原は松原の中に何かうごめく人の気配に気付いたのである。ハッと思ったとき……『誰かっ』と厳しい声で誰何された。『俺だ、奉天保線区の者だ』と答えた、すると一人の将校が近づいて来た、紛れもない虎石台中隊の野田中尉である。予ねて面識のある中尉は中原の傍に寄って来た。『なんだ・・中原さんかご苦労さん』と言って『今頃物騒だから早く帰んなさい』と軽く中原の肩を叩いた、よく見ると休止中と見えて草原の中にあお向けに寝ころんだり座ったり、無言の多数の兵隊である。周囲には着剣の歩哨が立っていた。

野田中尉と別れて柳条溝分遣隊を少し過ぎた時後ろの方にバーンという音がした……思わず振り返って見ると夜目にもハッキリ煙が上がったのが見えた、『何かあったぞ』瞬間中原は体が宙に浮いたようであった、彼は其の儘無我夢中で奉天迄走り続けた。奉天につくと彼は直ちに区長・助役・工長に事の始終を通報し、続いて五台のモーターカーを車庫より引き出し何時でも走れるように給油その他の点検をした。別にこんな事が起こる事を予想したわけでもあるまいが、皮肉にも新しいモーターカーが三台配置されたのはつい最近のことであった」*1と証言している。

このモーターカー3台の配置は、事変を予想した理由ではないと池田は考えているようだが、事変のために予め準備をしたのではないかと思わせる証言もある。

佐藤吉彦は『満鉄の線路と保線』の中で、「鉄道の輸送量の増加は線路状態を悪化し、速度の向上は軌道状態の改善を求めるようになり、又満洲ではこのほか凍上等寒地鉄道に固有な問題と外敵による襲撃に対処することも必要であった。保線に関しての機械化も進み昭和4年には電気タイタンパーの使用を開始し各7保線区に1台、大連保線区には2台配置された。ただ保線従業員のレベルは識字率で見る限り、日報程度15・0%、自名程度26・6%、無58・4%と良くはなかった。」*8と書いている。

通常は1保線区に1台、大連保線区だけには2台配置されていた貴重なモーターカー（電気タイタンパー）が3台も新たに配置されたことは、秘密裏に持ち込まれた24サンチ榴弾砲と同様に、かなり綿密な計画のもとにこの事変が計画されていたことがうかがわれるとも言えるのではないだろうか。

この満洲事変のきっかけとされた爆発も、殆どの人にとっては日常のことであったようだ。この時期日本軍、中国軍とも頻繁に軍事演習を行っており、爆発音・銃声は普段の生活の中にあった。この爆発音もその数多くの中の一つであり、軍が直ちに出動するようなものではなかった。実際、奉天に住む多くの人は翌朝、市内の騒ぎの様子からこの事件の発生を知ったようだ。

「昭和五十一年六月一日　朝五時三十分」で池田の手記は終わる。

池田熊吉略歴

明治38年（1905年）2月26日　鹿児島県国分市上小川[redacted]番地生まれ

昭和3年（1928年）1月　満鉄入社

昭和6年（1931年）4月　奉天保線区に配属される。柳条湖事件当時の奉天保線区の構成は、松尾正二保線区長、三宅善平保線助役、伊部清次郎線路工長他、線路手12名で構成されていた。

東京朝日新聞号外

東京の軍中央に事件の第一報が届いたのは、9月19日午前1時7分のことだった。奉天特務機関長・土肥原賢二大佐から、参謀総長宛の至急電である。

「十八日夜十時半頃、奉天北方北大営西側に於テ、暴戻ナル支那軍隊ハ満鉄線ヲ破壊シ我カ守備隊ヲ襲ヒ、馳駆タル我カ守備隊ノ一部ト衝突セリ。報告ニ依リ奉天独立守備隊第二大隊ハ現地ニ向ヒ出動中ナリ」

翌日の東京朝日新聞は、満洲での出来事を次のように号外を出した。

東京朝日新聞号外　　一九三一年九月十九日

「我軍奉天城内に入る

既に支那人の片影なし

奉天軍の計画的行動」

【奉天特派員十九日発至急報】十八日午後十時半奉天郊外北大営の西北側になる支那軍が満鉄線を爆破し、我鉄道守備隊を襲撃したが我軍はこれに応戦した。我軍側は午後十一時直ちに奉天の全駐在軍に対して出動準備命令を下し、十九日朝零時半日本軍はついに北大営を全部占領した。この日北大営北側にて将校の指揮する三、四百名の支那兵が満鉄巡察兵と衝突した結果、つひに日支開戦を見るに至った中での明らかに支那側の計画的な行動であることが明確となった。

「急行列車危く爆破を免る
　爆破は奉天鉄嶺間の柳条溝」

【奉天特派員十九日発至急報】　支那兵が爆破した満鉄は奉天鉄嶺間の柳条溝であるが、支那軍に爆破されたのは十八日午後四時半長春発大連行の急行列車が奉天に午後十時に到着した直後に行われたもので右列車は危うく難を免れた。

「弾薬庫へ向け攻撃を集中　北大営を完全に占領」

「軍司令部奉天に移る」

「支那側砲撃中止を嘆願」

「支那軍猛烈に反撃す」

「在鮮二個師団に非常準備命令」

【京城特電】　奉天に於いて、日支両軍の衝突の報に接した朝鮮軍司令部は突如緊張し、管下の第十九、二十両師団に対して即非常準備を行うよう指令を発した。

「爆破を企てた支那の旅長　青年気鋭の王維哲」

【奉天十九日発連合至急報】　今回の大事を勃発せしめたのは奉天軍の精鋭たる第七旅で旅長は王維哲といい青年気鋭の男である。我軍の発表によれば事件の発端は十時四十分北大営の支那正規兵四百名が突如満鉄の鉄橋破壊を企てるため、我兵はこれを撃退するため戦闘を開始するに至ったものである。

「軍の行動は司令官の命令」

【奉天特派員十九日発至急報】日本軍の出動は関東軍司令部条例により本庄関東軍司令官の命令で行われたものである。

このように国内では新聞各紙によって大きく報道され、新聞各社はこぞって特派員を増員、勇ましい記事を書き立てることで新聞は販売部数を大きく伸ばすことになった。

侵略

もともとこの満洲事変を主導した関東軍高級参謀・板垣征四郎、関東軍作戦主任参謀・石原莞爾の所属していた関東軍は、1941年（昭和16年）には71万人の最大規模となるが、満洲事変当時の兵力は、独立守備隊6個大隊と2年交替で内地から派遣される駐剳《ちゅうさつ》第二師団を合わせておよそ1万400人。これに対する中国東北軍の総兵力は約45万人。ただそのうちの主力11万人は張学良に率いられて華北に出動中であり、満洲に残っていたのは老兵、民兵などの弱兵が多かった。

事変当時北大営には張学良麾下の東北軍第七旅6800名が駐留しており、対する日本軍は奉天駅周辺の満鉄付属地に約1400名が配置されていた。

日露戦争で多くの権益を得た日本だが、その後1907年（明治40年）の第一次日露協約から1916年（大正5年）の第四次日露協約まで協約を結び、米英の中国進出に対抗するため、その秘密協定の中で満洲、モンゴルでの日本とロシアの勢力圏・棲み分けを取り決めていた。

この協定はロシア革命成立により、レーニンによって暴露・破棄されてはいたが、潜在的にロシアの勢力圏とみなされていた北満洲（吉林省、黒竜江省）に進出することは、対ソ関係を含めた国際関係に甚大な影響を与えるだろうと危惧する中央政府、陸軍と領有地拡大を指向する満州軍との間で駆け引きが繰り返された。

板垣、石原等は吉林、ハルピンまで戦線を拡大する意向であったが、陸軍中央は関東軍の軍事行動を承認せず、特に朝鮮軍の増援越境を禁じた。関東軍は軍中央の命令に従って満洲の軍事占領の機会を放棄するか、吉林・哈爾浜に戦線を拡大するかの選択を迫られた。事件後すぐに参謀総長・金谷範三、陸軍大臣・南次郎は関東軍に対して戦線の拡大を禁ずる電信を発したほどであった。

しかし、石原たちは吉林省での特務機関やハルピンでの甘粕正彦を動かし、意図的に混乱状態を作りだし、事変に対しての政府の積極的な関与を督促していた。そしてこれに呼応して朝鮮軍司令官・林銑十郎は他国に攻め入るに必要な天皇の勅令を待たずに、独断で朝鮮国境を越えて満洲へ軍を進軍させ、〝越境将軍〟の異名を得てもてはやされたが、明らかに統帥権に背くものであった。

当時、吉林省総領事だった石射猪太郎は、石原たちの命を受けた吉林省特務機関長の大迫通貞が手下の浪人を使って、街の中心部にある日本人の経営する店にピストルを撃ち込ませるなどして情勢不安を作りだしていたと回顧録の中で書いている。

奉勅命令のない独断越境は、陸軍刑法の「擅権ノ罪」に該当する重罪であった。この天皇の大権を無視した行動に対し、天皇は閑院宮載仁参謀総長に「将来を慎むよう」と言っただけで事実上認めてしまう。その後の日本の敗戦までを見ると、石原たちに見る当時の陸軍を取り巻く下克上の雰囲気と、加えてこの時の天皇の発言が大きな転換点になっているると言えるのではないか。

緒方貞子は『満州事変』という著書の中で、関東軍の独断専行を「このようにして吉林への独断派兵が決定されると、直ちに第二師団長に対し出動命令が下された。しかしながら、この出動決定は陸軍大臣、参謀総長および朝鮮軍に対しては三時間後の午前六時まで報告されなかった。」*6と、戦線拡大に於ける関東軍の自作自演ぶりと、中央を無視するあからさまな態度を書いている。

関東軍は一日で奉天、瀋陽、営口、長春など南満洲の18都市を占領したが、張学良は9月23日、東北辺防衛軍司令官公署と遼寧省政府を瀋陽の南東錦州に移転させ、東北軍に対して「今回無抵抗主義をとったのは事変を国際公判に委ねるため」だと宣言し、蔣介石も日本軍が今後どのように挑発しても無抵抗を貫き、国際連盟に提訴して事態を解決する方針を取ったため、関東軍の南満洲実効支配は比較的スムーズに進展した。

柳条湖爆破事件が仮に中国軍の仕業で、関東軍の動きは自衛のためだとして満洲事変を正当化しても、この朝鮮軍の越境攻撃は完全に明らかな他国への侵略行為であり、大陸への侵攻とか進出とか言葉でいくらごまかしても、ごまかしきれるものではない。

〝越境将軍〟と国民、マスコミからもてはやされた林銑十郎は、事変の翌年１９３２年（昭和７年）陸軍大将に、１９３４年（昭和９年）陸軍大臣、１９３７年（昭和12年）には内閣総理大臣へと出世して、１９４３年（昭和18年）に日本の敗戦を見ずに亡くなった。

板垣征四郎も陸軍大臣、陸軍大将へと昇進したが、A級戦犯として巣鴨で絞首刑に、石原莞爾は参謀本部第一部長に栄転するが盧溝橋事件で戦線拡大派に足を掬《すく》われ、東條英機とも対立して現役を去り、予備役として終戦を迎えた。

3、満洲国

日本の生命線

石原莞爾は、1928年（昭和3年）3月の陸軍大学での講義の結論を、日本の行うべき戦争は「戦争により戦争を養う」べきものであり、

「占領地の徴税物資兵器により出征軍は自活するを要す。支那軍閥を掃討、土匪を一掃してその治安を維持せば、我精鋭にして廉潔なる軍隊は、たちまち土民の信頼を得て優に以上の目的を得べし」*9と結んでいるが、石原は「我精鋭にして廉潔なる軍隊」と本当に信じていたのか。「我精鋭にして廉潔なる軍隊」は、この事変を契機に満洲全体を支配することになり、松岡洋右が言い出したとされる「満洲は日本の生命線」が日本人にとっての共通認識となっていく。そして日本の満洲支配が広がるにつれて、反日意識も潜在化し、一方で顕在化していった。

もともと石原の考えは、満洲を日本の領土とすることで、満洲の豊富な資源を活用し、将来の日本とアメリカの世界最終戦争に備えることにあったが、諸外国の反発を危惧する日本政府の事変不拡大

方針と石原たちの満洲領有戦略とのせめぎ合いの中から、関東軍は事変前の満洲領有論を一歩後退させ、親日地方政権を樹立して間接的に満洲を支配することで妥協を図ろうとした。

満洲国独立

石原たちの起こした満洲事変は、幸いにも（？）米国、英国が世界大恐慌からいまだ回復せず、ソ連は第一次5カ年計画の達成に躍起となっている最中で、蔣介石の国民政府は対共産党包囲作戦に集中しており、また一方の当事者である張学良率いる東北軍の主力が長城の南に集結していた虚を計画的に突いた軍事行動で、しかも国民党軍・東北軍も日本軍に対して不抵抗主義を採ったことで石原の画策した満洲領有計画は容易に達成されようかとしたが、事変の起きた僅か4日後には領有方針が満洲国建国へと変わっていった。

石原たちの主張する満洲領有計画は、国際連盟やワシントン条約によって構築された東アジアの秩序に対する挑戦でもあり、またその規模からも到底関東軍だけの力では処理できるものではなかったし、かといって中央政府、軍も表だって支持することもできるものではなかった。

「陸軍中央の頑強な領有案反対にあった関東軍は軍事的勝利にもかかわらず独立国家建設案への転換を余儀なくされ、ここに満洲国建国への道を歩み出していったのである」*10

もともと関東軍には独立国家としての満洲国建国の具体的な方策があったわけでもなく、急拠三宅光治参謀長、石原莞爾作戦課長、板垣征四郎高級参謀、土肥原賢二大佐、片倉衷大尉らが考えついたのが「東北四省および蒙古を領域とせる宣統帝（溥儀）を頭首とする支那政権を樹立し、在満蒙各民族の楽土たらしむ」とした「満蒙問題解決策案」であった。石原は最後まで満蒙領有に固執していたが、独立国家への流れを止めることはできなかった。

このようにして事態は満洲国建国へと急速に舵《かじ》が切られて行くのだが、それにはもう一つの理由があった。それは国際連盟の存在である。当時日本はイギリス、フランス、イタリアと並んで常任理事国を構成していたが、その日本が他国を侵略したのだから、それぞれの国が植民地国家として、すねに傷を持つ身とはいえ話は簡単ではなかった。

そこで、日本を連盟から退場させることなく、日本の侵略にもそれなりの理由があることを、連盟から派遣した調査団の口から語らせるために生まれたのがリットン現地調査団であり、リットン報告書であった。しかし日本はその真意を理解しようとしなかったのか、調査団が上海、南京、漢口、北京と回り、１９３２年（昭和７年）４月に満洲へ調査に入る直前の３月１日に、満洲国の独立を宣言した。

当初、関東軍は9月22日に関東軍内で採択した「満蒙問題解決策案―1」の中に、

「三、地方治安維持に任する為概ね左の人員を起用して之を鎮守使となす　熙哈（吉林地方）　張海鵬（挑策地方）　湯玉麟（熱河地方）　于芷山（東辺道地方）　張景影（ハルピン地方）（右は従来宣統帝派にして当軍と関係を有す）」とあるように、日本と関係の深い人物を立てて親日地方政権の樹

立を目指そうとした。

緒方貞子は「なお本案中『在満蒙各種民族の楽土』を建設することを掲げたのは、久しく青年同盟が唱えていた民族協和の理念を関東軍が政策要綱に初めて採用したものとして注目に値するものとおもわれる」*6と、民族協和のスローガンが政策要綱として、ここで初めて採用されたこと、すなわち満洲事変の動機・大義がのちに言われるが如く当初から「民族協和」「五族協和」にあったのではなく、これらのスローガンが関東軍による後付けであったことを指摘している。

しかもこれらの地方政権独立の動きは、参謀総長、陸軍大臣、陸軍次官にも相談されることなく行われ、満洲でのこの独自な動きを察知した陸軍大臣、次官は「満洲に新政権を樹立せんとする運動に干与するを厳禁」するとした指令を出したことにも現れるように、関東軍と中央の亀裂は深まるばかりだった。

その後、関東軍は新たな「満蒙問題解決策案―2」を10月2日に作成し、その中で「満蒙を独立国家として之を我が保護の下に置き在満蒙各民族の平等を期す」と片倉衷談話記録に書かれているように、清王朝最後の皇帝溥儀《ふぎ》を頂く傀儡《かいらい》国家・満洲国の建国へと歯車が回転しだした。

しかし柳条湖爆破事件が起きてから僅か4日後に「満蒙問題解決策案―1」が作成され、その10日後には「満蒙問題解決策案―2」が発表されるなど、このようなドタバタ劇は、おそらく石原にとっては想定外のことではなかっただろうか。

石原の当初の満洲領有から、地方政権樹立、そして新国家成立へ急転換した動きは、この事態がすでに石原の手を離れて動き出していることを意味していると言える。

緒方貞子は、「満洲に対する政策に関して関東軍が行った唯一にしてしかも重要な譲歩は、独立国の建設であった」*6と、指摘している。

事変拡大による世界的な批判に曝《さら》されることを避けたい政府も、中国に於ける勢力の拡大と利権の確保を狙った基本姿勢は関東軍と同じであった。一度回り出した歯車は後戻りできない、政府と関東軍は事変の落としどころを早急に作らなければならなかった。そのために在満日本人が提唱していた「民族協和」だとか「五族協和」とか、諸民族のナショナリズムを覆い隠す、矛盾したスローガンを掲げて満洲国を誕生させた。

石原莞爾の意思とは異なり、政府・陸軍の大きな組織の中に飲み込まれ、事態がより官僚化、日本化していった。その結果、石原の言う「我精鋭にして廉潔なる軍隊」などはどこにも存在することはなかった。

建国大学

ただ、石原の理念が唯一実を結んだとしたら、それは建国大学だろう。石原莞爾は1932年（昭和7年）8月に満洲を離れたが、陸軍少将に昇格した板垣征四郎は満洲国執政顧問として残り、1936年（昭和11年）3月に関東軍参謀長に就任、1935年（昭和10年）9月に関東軍憲兵隊司令官に異動してきた東條英機が、板垣の後を引き継いで１９３７年（昭和12年）関東軍参謀長となり、満洲の日本化が加速度的に進んでいった。

その動きの中で、茨城県水戸に士官学校事件で左遷させられていた辻政信が、１９３６年（昭和11年）４月に関東軍参謀本部附きとなり、第三課（政策）に配属されて来た。辻は上京した折に参謀本部戦争指導課長だった石原を訪ね、石原の満洲国建国理念に共鳴・賛同し、石原の構想した『アジア大学』を、石原と対立する東條らとの調整を経て『建国大学』として実現させた。

『建国大学』は戦争の拡大により、石原の目指した当初の目的である日本、満洲、朝鮮、蒙古、漢の五族協和の建学精神の理想から離れていくが、

「満洲国は日本政府が捏造した紛れもない傀儡国家でしたが、建国大学で学んだ学生たちは真剣にそこで五族協和の実現を目指そうとしていた。私が建国大学を振り返るときに、真っ先に思い出されるのはそういうところです。みんな若くて、本当に取り組み合いながら真剣に議論した」*11と、５期生の元朝鮮人学生・金載珍が言うほど、各民族から選び抜かれた優秀な若者が旧制高等学校の寮での生活の如く、６年間の共同生活を満洲国の首都新京（今の長春）で送った。

『建国大学』は、１９３８年（康徳5年・昭和13年）から１９４５年（康徳12年・昭和20年）の間に、約１４００人の卒業生を送り出している。

北大と満洲

中国東北地方への日本の関心・関与は日清・日露戦争によって深まり、北海道帝国大学でも満蒙研究は日露戦争直後から活発となってきた。１９０６年（明治39年）に東郷実と、新渡戸稲造と低温科学研究所の設立に助力した北大第三代学長・高岡熊雄とが校閲した『日本植民論』で、満洲に於ける植民政策を論じている。

その前年の１９０５年（明治38年）にロシアとの間で結ばれたポーツマス条約によって、日本は満洲に権益を得ることになった。

１．旅順、大連およびその周囲の租借権・該租借権に関連してロシアが清国より獲得した一切の権益・財産を日本に移転交附すること。

２．長春・旅順間鉄道とその支線およびこれに附属する一切の権益・財産、鉄道に所属する炭坑をロシアより日本に移転交附すること。

これによって満洲の開発が急がれるようになり、京都帝国大学教授・橋本伝左衛門の回想にも、「台湾と満洲に進出することは、札幌出でなくては駄目だ。駒場出は手も足も出ないということが伝え知らされた。それなら朝鮮だというわけで、朝鮮に指向したのもが少なくなかった」＊12とある。

台湾総督府に招聘《しょうへい》された新渡戸についても、「札幌閥ノ扶植にもあずかって力があった」と述べ、

「博士が台湾に関係していた数年の間に、牢固たる札幌閥が全島に出来上がり」、後藤新平が満鉄に移ってからも、「新渡戸博士はまた同社の顧問となり、南満の植民地的農業開発に関する仕事と地位は全く札幌色にぬりつぶされた」*12と、台湾総督府民政長官や初代南満洲鉄道総裁を歴任した後藤新平と札幌農学校の第二期生、新渡戸稲造とによって、北大出身者が満洲開発で大きな力を発揮するようになっていた。

1927年（昭和2年）4月8日に設立された日本食物学会の「日本食物学会設立当時に於ける『外地』研究機関等の所属会員」と題した報告書に、台湾・朝鮮・満洲に於ける研究者と学閥の一覧がある。

	東京帝国大学	北海道帝国大学	他大学	高等農林学校	地方農林学校	その他	計
台湾	2	8	3	1	5	1	20
朝鮮	11	1	0	7	4	1	24
満洲	2	4	1	0	2	0	9

京都大学 OCW より

橋本の言う通り、朝鮮は東京帝国大学、台湾と満洲は北海道帝国大学とはっきり色分けされていたことを示している。

北大と満洲開拓

満洲事変の起きた翌年1932年（昭和7年）の1月に、関東軍統治部が主催する「満蒙に於ける法制度及経済政策諮問会議」が奉天で行われ、東京帝国大学からは蝋山政道たち教授陣、関東庁、関東軍、満鉄の関係者、北海道帝国大学からは上原轍三郎農学部教授、宍戸乙熊、渡辺侃《ただし》助教授の3

人が出席した。

1月26日、27日には移民に関する「移民の招来及設定」「移民の保護及助成」が諮問され、この会議を常にリードしたのが東大農学部教授の那須皓《しろし》と京都帝国大学農学部の橋本伝左衛門教授であった。橋本伝左衛門は東京帝国大学農科大学を1910年（明治43年）卒業、那須皓は同じく東京帝国大学農科大学を1911年（明治44年）卒業の同窓の間柄であった。

彼らは満蒙開拓移民団実現運動を積極的に推進している民族主義者で、これも東京帝国大学農科大学を那須皓と同期で卒業した加藤完治や、のちに第二次近衛内閣の農林大臣となった東京帝国大学法科大学を卒業した有力な農林官僚・石黒忠篤、そして関東軍首脳部たちとすでに打ち合わせ済みの結論を持って会議に臨んでいた。

那須や橋本は満洲への農民移民を大和民族の「民族運動」「民族膨張」として位置づけ、彼らの入植地を早急に獲得し、集団移民の早期実現を主張した。上原も早期移民を実現することに反対ではなかったが、移民実施機関の形態と中国人移民の扱いに於いて彼らと意見の対立があった。

上原の主張は「入植地を自然的、社会的条件が共通する数ブロックに分け、それぞれに新国家、関係省政府の出資になる半官半民の会社を移民機関として設立することを提案……」[*13]したのに対して、那須はそれでは新国家（満洲国）の「統制下に入り日本移民に不利になるので、土地だけを新国家に提供させ、資本は日本政府が出し……『日本が実質的に之を統制』すべきだと主張した……」[*13]また大阪商工会議所書記長の高柳松一郎は、日本移民と競合する中国人による満洲への移民を全面的に禁止すべきだとした。

これに対し上原は、門戸開放を宣言している日本の立場からも、また民族的な繋《つな》がりからも全面禁止は困難であると主張したが、結局橋本、那須に押し切られることとなり、これ以降、北大は満洲移民の政策、実施決定過程から遠ざけられて行くことになった。

このように後の満蒙移民政策の道筋は橋本、那須、加藤らの主張する線で進められ、「試験移民」の実施へと動き出すことになり、1932年（昭和7年）9月の関東軍による「満洲に於ける移民に関する要綱案」、法務省の「一千戸移民案」を経て、「移民五百人送出案」が第63帝国議会を通過し、同年10月には北大農学部実科出身の山崎芳雄団長率いる「第一次武装移民」が黒竜江省佳木斯《ジャムス》に向けて東京を発《た》った。

こうして満洲においては満洲事変を境にして、政策決定での北大の影響力は小さくなっていった。このことは、1934年（昭和9年）満洲国三江省依蘭県土竜山（現在の黒竜江省樺南県土竜山鎮）で勃発した「土竜山《どりゅうざん》事件」の後、移民政策の立て直しを図るため1934年（昭和9年）11月から新京で開催された「第一回移民会議」に橋本や加藤が参加しているにもかかわらず、北大関係者が誰も召集されなかったことからも明らかである。

駒井徳三

こうした中で早くから満洲での農業研究・開発の重要性を説き、1912年（大正元年）8月、南満洲鉄道株式会社に入社し、1932年（昭和7年）3月、初代の満洲国国務院総務庁長官に就任した駒井徳三がいる。

駒井徳三は1911年（明治44年）北海道帝国大学農科大学を卒業した。駒井の卒業論文は、『満洲大豆論』として高岡熊雄が編纂《へんさん》し、発行所として東北帝国大学農科大学内カメラ会、発売所として有斐閣から1912年（明治45年）に発刊された。

その中で駒井は、満洲産の大豆は朝鮮産や北海道産の大豆と共に、日本の稲作に大豆粕として非常に重要な肥料で、その輸入額は3000万円にも達しており、また欧米市場に於いても大豆は搾油原料として大きな位置を占め、「満洲大豆問題は単に極東の一小問題に非ずして今や関係する所甚だ広汎なる世界の経済問題となれり……満洲に特殊の関係を有し又現今大豆を栽培せる本邦に取りて甚だ緊急なる要務と云わざるべからず」＊3と論じ、満洲においての農業研究・開発の重要性を説いた。

そして、「満洲が清国の領域にして大豆の生産者たる農業者亦清国人なる以上は本邦より見て満洲大豆は純然たる外国品なり、然れども満洲大豆の最大輸送機関たる南満洲鉄道は本邦の有に属し最大の輸出港たる大連は我借地内にあり加うるにその輸出業者たる大豆商及加工者たる油房には本邦人の経営に係るもの少なからず、而も此等の利権が幾多の犠牲と長年月の苦心とを払いし結果漸く本邦人の獲得し得たるものなるを思えば吾人は満洲大豆を以て直ちに尋常一般の外国品と同一視すること能わざるなり、此を以て本邦が此の商品に対して採るべき政策は先ず本邦内地に於ける大豆の生産者及消費者の利害より打算せざるべからずと雖も亦深く在満本邦営業者の利害をも考究し其利益を増進する必要なる施設をも講ぜざるべからず」＊3と、満洲に於て獲得した日本の権益と満洲農業発展の重要性を指摘している。駒井はこれをきっかけに南満洲鉄道（満鉄）に入社し、満洲の開発に尽力し満洲国の初代総務長官となっていった。

駒井と石原

こうして満洲そして満洲人と深く関わった駒井は、満洲国建国の際にも満洲事変の立役者とされる石原莞爾の理念に共感したのか、積極的に石原と行動を共にする。

駒井は石原の一面を次のように記している。

「石原中佐……彼は熱烈なる日蓮宗信徒として、確乎不動の一個の宗教的信念を有し、同時に又戦術家としては、日本に於けるナポレオン戦術研究の最権威者でもある……人間石原を表徴すべき一つの挿話がある。事変も当初の内こそ全員緊張して居たが、追々日の経つに従って、宴会もあり、料理屋も繁盛した。ところが、私の知る限りにおいて、当初に終始一貫して一度も異性に近づかなかった人が、関東軍中にただ二人あった。その一人が本庄司令官であり、他の一人は石原中佐であった。神の如く扱われていた本庄将軍にその機会が無かったことは当然であるが、壮年の石原中佐にこの事ありしは、全く彼の信念の賜であったと信ずる。或る日、彼は私と二人きりで話しておった際、語ったことがある。『私も男であり、決して女が嫌ひでは無い。然し最前線で働いている兵隊のことを考えると、どうしてもそんな気持ちになれない』いかに彼が真剣であったかは、この一事を以てしてもよく判ると思ふ」*14と。

この石原に対する気持ちは駒井自身にも通じるものがあるようだ。駒井は渡満する際の意気込みを、「更に私は二度目の妻を娶ったが、彼の女も亦、私の志と生死を倶にするだけの覚悟を持つことが出来なかった。彼女は悠々生活に於ける家庭の主婦としては忠実無二、理想的な良妻であったと謂ふものの……広野千里の大陸に我が身の骨を曝そうとする私にとっては、要するに一個の手足纏ひに過ぎなかったことを甚だ遺憾とする。而も彼の女には彼女自身の子供があったのであるから、私は彼女が将来自身の子供に生きん事を慫慂した」*14と書き残している。

馬占山《ばせんざん》

満洲国建国前、満洲は日本の総面積の3倍もの土地を、張学良などの有力な軍閥がそれぞれ独自の通貨を発行するなどして統治割拠する地域であった。

満洲事変勃発直後の12月7日、関東軍の高級参謀・板垣征四郎は駒井徳三と共に、最後まで帰順を拒む馬占山説得のため、馬占山の本拠地海倫へ向かった。

そこで馬占山に黒竜江省長の身分を約束することを条件に、日本軍への帰順を求めた。「軍事協定の締結と黒竜江省の事態収拾についての協議を行う。最終的な軍事協定調印において、馬占山の署名を求めると、馬占山は自己の学歴素養なきを率直に弁解しながら『苟も男としての馬占山が貴方方と直接面と向かって交渉した以上、断じて裏切るようなことはない。どうか馬占山の男の一言を信じて下さい』と心情を吐露して応えた。これを聞くに及んで我々も綺麗さっぱり前言を撤回し、軍事協定の調印はこれを取り止めることとした」*14と馬占山を説得したことを記している。

この馬占山の帰順により、1932年（昭和7年）2月16日、奉天で張景恵、馬占山、臧式毅《ぞうしきき》、熙洽《きこう》の四巨頭会談（建国会議）が開催され、張景恵を委員長とした東北最高行政委員会が発足して、東北地方（満洲）の国民政府からの離脱を宣言し、東北最高行政委員会は1932年（昭和7年）3月1日、「満洲国」建国宣言を行うことになった。

馬占山は、満洲帝国では黒竜江省長と満洲国軍政部長の要職に就いたが、よほど職務になじめなかったのか、僅か1カ月後の4月1日に黒竜江省の省都黒河を飛び出し、自らゲリラ組織「東北救国軍」を組織して反日武装闘争を繰り広げ、中華人民共和国成立後の1950年（昭和25年）に没するまで波瀾万丈な人生を送った。

駒井徳三はそんな馬占山を、

「緑林出身の馬占山は目になき直情朴訥の野人であって、事変発生時、時局の大勢に通ぜず彼の無学文盲に乗ずる萬副臨の部下に過まられて、虚名『英雄馬占山』に気をよくしたこともあったが、後私共の説破に勇躍あって満洲国建国運動に参加し新国家の生るるに及んで軍政部総長の重職に就いた。併しながら文明開化の今日の政治を管掌するに当たって、目に一丁字《ていじ》なき身を以て複雑煩瑣な政務を処理して行くことは容易でない。

彼の面上には日一日と悶々の情が深く刻まれて行き、見るからに文化的に掣肘された生活に耐えかねたるやに思われた。野人馬占山が秩序ある国家の組織の中に文化人と互して行くは難事と云うばかりでなく、彼にとって耐え切れぬ苦痛であったに相違ない。馬占山は後暫くすると、絶えず笑を湛へて如何にも朗らかに見えたが、この時は既に固く意を決していた時であったらしい。程なく彼は、故山に帰ることに名を借りて黒竜江省に帰るや、直ちに反旗を翻へし、再び日本軍の馬占山討伐となり、悲劇的最後を遂げることになったが、事情また已むを得ざるものであったと云う他はない」*14と評している。

人物評伝

ちなみに駒井が『大満洲国建設録』の中で、「満洲国要人列伝」として挙げた、満洲国成立時に大きな働きをした人物を駒井の言葉を借りて紹介しておく。

日本では満洲に関して、石原莞爾、板垣征四郎、東條英機、辻政信、甘粕正彦、岸信介等々多くの日本人については語られることが多いが、張作霖《ちょうさくりん》をはじめとして満洲に関わった中国人、満洲人について語られることはほとんどない。駒井徳三から見る彼らにも、彼らなりの夢も未来もあったはずだ。その意味で彼らの人物の人となりを知ることは非常に重要なことではないだろうか。

溥儀（満洲国執政）

「私が殊に氏の人格に感じるところは、氏自ら大清朝の皇帝たることを毛頭自負しない点である。私は嘗て執政溥儀氏に対して建国創業の際、国庫に資財僅少なるを知って自分が俸給を受けるに忍びずこれを謝辞したことがあったが、執政は『君がそう云うなら、自分とても建国の窮乏せる国から金を貰ふ訳に行かぬ。幸い自分は自分夫婦が何とか生活できる程度の財産があるから、今後生活を出来るだけ引締めて行き国家の財産を豊富にすることに努めよう』と語られた。この一例を以てしても、執政その人が如何に真面目に新国家の将来のためを計られているか容易に頷けることと思う」＊14

鄭孝胥《ていこうしょ》（満洲国初代国務総理）

福建省出身の鄭孝胥は満洲国人に知己朋友は少ないが、

「氏が宣統帝溥儀氏を擁して清朝復辟、帝政復興運動を計画したるは昨日今日のことでなく遠く十数年来のことであり、その間氏は一意専心溥儀氏のために挺身尽力を惜まず。愈々満洲国成るに及んで歳古希を過ぎたる老躯を以て国務総理の重任に当たり更に身を顧みることなきを見ては、今更執政溥儀氏に対する尽忠の念固く一点私心なきに感嘆せざるを得ない。氏は又一面に於いて現存する満洲国人中に於ける一流の詩人であり得難き王道学者である」＊14

張景恵（参議府議長・二代目国務総理）

緑林出身で、張作霖からも兄事せられた東北四省の政治家である。第一次奉直戦争の際、奉天軍の総司令官として参戦したが大敗して、張作霖を激憤させたが、

「併し流石の張作霖も景恵君には一目おいていたものと見え、彼一流の残忍行為に出で得なかったらしい。彼は新国家に於いて満洲生まれの長老として衆望を担っている有力者であって、事実その人物も大きく茫漠として清濁併せ飲むていの為人である……彼は日本と満洲との関係をよく理解し又極端に赤化嫌いで結局満洲は日本の力に倚るほか他に発展の道なしと云う強い信念を有っている点に於いて何人も彼の右に出るものがないと思われる」＊14

臧式毅《ぞうしきき》（民生部総長・奉天省省長）

「君は奉天省生まれで、日本陸軍士官学校第九期の騎兵科出身で日本人を良く理解している……曽て張作霖爆死事件の際、その喪を一ヶ月以上も秘して何人にもその真相を極めしめず東北四省の治安維持を保持し続けたあたり……遼寧省政府主席として省民の衆望を一身に集め……更に彼は四省中最も

重要なる奉天省の省長として省政の発展に努力せねばならぬのであって、満洲国として彼に期待するところは頗る多大である」＊14

熙洽《きこう》

「君は興京の産であり、藏君同様日本の陸軍士官学校第八期騎兵科の出身であるが、今や満洲国の財政部総長、吉林省の要職にあってその前途は洋々たるものである……事変勃発するや、逸早く時局の大勢を洞察して敢然東北政権に対して独立を宣言し専心省内の治安維持に努め、その効《かい》あって吉林省城は事変のために殆ど影響さるるところなく省城内平和を保持し得た……彼は自ら一介の武弁に過ぎずと称しているが、明察力に富む寡言実行の人であり、彼自身大清帝朝の準皇族であって、加うるに彼が実権を握れる吉林省は財力、兵力二つながら四省中最も充実しているために、彼の新政府内に於ける実質的勢力は非常に重きをなしている」＊14

溥儀と婉容《えんよう》

溥儀の弟溥傑が浩《ひろ》（侯爵嵯峨家の長女）との結婚式を間近に控えた1937年（昭和12年）、溥儀と植田謙吉関東軍司令官との会談がもたれ、植田から次の帝位継承に関する覚書が示され、溥儀に署名が求められた。

覚書

康徳皇帝ニ帝男子無キ場合ニ於ケル皇位ノ継承ニ関シテハ関東軍司令官ノ同意ヲ得テ左ノ如ク之ヲ定ム

一　康徳皇帝ト帝后トノ間ニ帝男子無キコト確実トナリタル時ハ皇位継承ハ一ニ天皇ノ叡慮ニ依リテ之ヲ決定スルモノトス

一　康徳皇帝ニ帝男子無キ場合、帝位ノ継承ヲ決定セル時ハ天皇ノ叡慮ニ依リ帝位ヲ継承セシムル旨、皇帝ヨリ之ヲ宣スルモノトス

一　歴代皇帝モ亦此規定ニ拠ルモノトス

康徳四年二月一七日　　満洲国皇帝　溥儀

そして、「覚書」に続く「節略」として、

一　皇帝男子がないことが確実なときは関東軍司令官の同意を得て側室を置けること

一　皇帝男子は日本に留学させ、学習院に学ばすこと

一　皇帝男子は必ず軍人にさせ、皇帝女子は必ず軍人に嫁がせること、これができない特別の事情が有る場合は必ず関東軍司令官の同意を得て決定すること

などが了解された。このことからも満洲国が日本の傀儡国家であることが明々白々であろう。

私は2015年（平成27年）、1909年（明治42年）に、当時の有名な建築家太田毅と吉田宗太郎によって設計・建設された、ルネサンス風バロック様式の旧大連大和ホテルに泊まった際、係員の

案内でホテル2階にある溥儀と妻婉容の2人の写真と、彼の執務室とそれに続く寝室を見ることができた。

写真の婉容の体は華奢で細く、顔は細面、色白で、まさしく薄倖の女性といった感じだった。彼女は1906年(明治39年)北京で生まれた満洲人で、天津のミッションスクールで学び、1922年(大正11年)17歳の時に溥儀の正妻となった。溥儀自身は古い習慣だとして反対したが、モンゴル人の文繡《ぶんしゅう》を側室として同時に迎えた。

溥儀に性的な能力が無かったのか、関心が無かったのか、幼い頃から染みついた女性に対しての偏見があったのか、西洋風の教育を受けていた婉容と文繡との確執もあったのだろう、溥儀と彼女たちが同衾《どうきん》する機会も少なく、子供が生まれることはなかった。

溥儀と婉容との間の子供がいなかったが、実は婉容は子供を一人産んでいた。溥儀は『わが半生「満州国」皇帝の自伝』の中で婉容に「許し得ない行為」があったと記している。

「許し得ない行為」とは婉容には愛人がおり、満洲国皇后時代に娘を出産したことだとされる。溥儀はよほど確信があったのか、婉容が否定しても自分との間の子供とは認めなかった。婉容との不義を疑われた侍従は追放され、子供は生まれてすぐにボイラーに投げ込まれたとも言われている。

1924年(大正13年)の政変で溥儀たちは紫禁城を追われ、日本の租借地である天津の張園に逃げ込み、さらに張園から静園に移り住むことになるが、文繡は張園からの脱出を機に溥儀との離婚を果たす。婉容との確執が文繡を離婚に至らしめたと考えた溥儀との夫婦関係はさらに破綻をきたし、この頃から婉容はアヘンに手を染めることになる。

満洲国成立とともに新京に移り住んでからも婉容はアヘンを絶つことができず、1945年（昭和20年）のソ連軍の侵攻で、溥儀は単独で日本への亡命を果たそうとするが、8月19日、侵攻してきたソ連軍に奉天で捕まってしまう。溥儀から取り残された婉容は、溥傑や浩たちと共に中国軍に捕らえられ中国各地を転々とする。

当時すでに、婉容はアヘンに体を侵されており、視力も失われ、自分で立ち上がることさえできなかった。収容施設でアヘンを絶たれた婉容は、食事も受け付けず糞尿にまみれて1946年（昭和21年）6月20日に亡くなったとされる。

日本化

満洲国が形作られるにつれて、駒井徳三も自身の目指す国作りと現実社会のギャップに悩むことになる。

駒井が満洲国の初代国務院総務長官に就任すると、早速大きな問題が起きた。それは何人ぐらいの日本人を満洲国政府に採用するかということだった。駒井は満洲国建国当時、中央の官吏総人員は700名ほどを予定しており、そのうちの約2割の150名ほどを実務に通じる日本人官吏が占めると考えていたが、満洲人側の閣僚からの猛反対に遭うことになった。

その理由は満洲国建国の精神に反し日本人官史が多過ぎるというものだった。反対する彼等を説得し当初は駒井が考えていたように日本人官吏が登用されていたが、

「然るに程なく満洲国政府の人事全般を処理監督する総務長官の了解を経ずして、何処からか、又た如何なるつてを頼ってか、幾多の日本人が採用されている事実が明らかにされた。その数は次第に増して約四百名近くに達した」*14

このように「総務長官として群がり来る利権屋達との折衝は並々ならぬ苦労を要した。世界恐慌のあふりを喰らった日本本国が疲弊困憊のどん底に呻吟していた関係からでもあったであろうが、日ごと日ごと数名の利権屋が色々の紹介状を携えて私を訪れ、自分勝手な利権に関する理屈を述べ立てて私を煩わすことが甚だ少なくなかった」*14

そのため「それ等利権屋の排撃と表面に国家思想を振り翳しつつ、その実、新国家に或る利権なり地位なりを獲得せんとする各種団体の人々に対して、私が余り強硬に出で過ぎたためか、一種のギャング式の行動によって私の身辺を襲わんとする者が少なくなかった。併し、そう云うことを俱れてをったのでは、満洲国建設の大業は到底完成しないと云う強き信念の下に、私は飽くまで彼等と戦ひ続け、遂に彼等を完全に排撃した。

私の総務長官たることが永久的でない以上、私の従来執り来った政策は時の経過とともに或は変更廃棄されるかも知れないが、せめて私自身在職中に於いて、かかる弊害を醸すを潔しとしなかった。この一徹頑固な所は私生来の性癖であり、同時に又た不評の根源であったことは、私自身も百も二百

も承知の上であったが、私としてはその地位にある以上、そうあらねばならなくして、ひたむきに衝き進んだ。私は日本の政界が動揺常なきを見る毎に、日本には自己の信念の下には水火をも辞せないアイアン・ウイルを持つ政治家の少なきためであると歯痒く思ふ」*14と書き連ねている。

こうして47歳の若さで初代総務長官となった駒井徳三だったが、同年10月総務長官を辞し、満洲国皇帝の諮問機関である参議府の参議となるも、1933年（昭和8年）7月に帰国する。駒井の去った後、満洲国には6人の総務長官が登場するが、6人すべてが東京帝国大学法学部出身であり、そのうち4人が内務省出身官僚であった。

満洲国建国当時は70人から80人の北大農学部卒業者が、建国活動や初期の農政に関与していた。のちに満洲国の鉄道事業に大きな痕跡を残し、第8代満鉄総裁になった大村卓一もその中にいたが、1937年（昭和12年）頃になると、「このころ実業部機構もその中の農務司機構も複雑化し、上層官僚に法・経出身者が多くなってきた」*14と指摘するように、先に記した1927年（昭和2年）当時の「学閥」に比べて、満洲国の中枢を東大出身官僚が多く占めるようになり、満洲国が日本の傀儡国家である姿が明らかになってきた。

この満洲国の日本化は、1932年（昭和7年）10月に国際連盟理事会に提出された満洲事変の調査報告書『リットン報告書』にもこのように書かれている。

「『満洲国政府』に於ては日本人官吏は枢要の地位を占め日本人顧問は総ての重要なる部局に附属す。国務総理及其の大臣は総て支那人なりと雖も新国家の組織に於て最大の実権を行使する各総務部の長は日本人なり。最初日本人は顧問として任命せられたれども最近に至り最も重要なる地位を占むる日本人は支那人と同一の地位に於て完全なる官吏と為されたり。地方政府若は軍政部及軍隊又は政府の企業に於ける者を除き中央政府のみに於て約二百名の日本人は『満洲国』官吏なり」＊4

しかも、リットン調査団の報告が公表される前の9月15日に、日本は満洲国との間で日満議定書を取り交わし、満洲国を承認した。その内容は満洲での日本の既得権益の確認、関東軍の無条件での満洲駐屯、中央・地方の官僚にも日本人を登用するが、その人選は関東軍司令官の推薦とし、解職には関東軍司令官の同意が必要とするなど一方的なものだった。

建国神廟

このように満洲国は日本の傀儡国家であったが、傀儡国家たるものにしたのが関東軍参謀長の下に置かれた第4課・政策主任参謀であった。内面指導と称して、この第4課がことごとく満洲国の政策立案に干渉した。

1932年（昭和7年）3月12日に閣議決定した「満蒙問題処理方針要綱」には、

「一、満蒙ニ付テハ帝国ノ支援ノ下ニ該地ヲ政治、経済、国防、交通、通信等諸般ノ関係ニ於テ帝国存立ノ重要要素タルノ性能ヲ顕現スルモノタラシメムコトヲ期ス」と書かれ、すべての政策が日本の指導のもとでなされることが求められているが、

「六、以上各般ノ施措実行ニ当リテハ努メテ国際法乃至国際条約抵触ヲ避ケ就中満蒙政権問題ニ関スル施措ハ九国条約等ノ関係上出来得ル限リ新国家側ノ自主的発意ニ基クカ如キ形式ニ依ルヲ可トス」として、あくまでも形式上は満洲国からの要請によってなされているよう、姑息な方法がもとめられている。

その最たるものの一つが、建国神社の建設であろう。1940年（昭和15年）溥儀は日本の皇紀2600年の式典のため2度目の訪日を果した際、伊勢神宮、橿原神社を巡行し「日本建国の大精神を深く御感得あらせられ、畏くも日本肇国の精神と満洲建国の理想とは、全く一致すると同時に、満洲国の隆昌は一に皇祖　天照大神の御神徳と、八紘一宇の御神意を承継がせらる丶日本　天皇陛下の御稜威の然らしむるところであるとの深き御信念から」[*110]

日満の関係は「一徳一心」であるとし、建国神廟に関する国本奠定《てんてい》詔書を発した。

「朕茲ニ敬テ建国神廟ヲ建テ国本ヲ悠久ニ奠メ国綱ヲ無新彊ニ張ルカ為ニ爾衆庶ニ詔シテ曰ク我国建国ヨリ以来邦基益固ク邦運益興リ蒸蒸トシテ日ニ隆治ニ躋《わた》ルノ淵源ヲ仰キ斯ノ丕績ヲ念フ……

康徳七年七月一五日

国務総理大臣　張景恵

宮内府大臣　熙　洽」[*111]

として、天照大神を奉祀する建国神廟を建設することで、日本の神道を満洲国の礎に置こうとするものであった。

しかも、1940年（康徳7年）6月21日付で、満洲帝国国務総理大臣・張景恵から満洲帝国駐箚大日本帝国特命全権大使・梅津美治郎宛てに下記の書翰《しょかん》が送られた。

「帝国陛下ニオカセラレテハ今次皇紀二千六百年御慶祝ノ為御訪問遊ハサルヲ機トシ国体ヲ明徴シ特ニ其ノ根基トシテ日満不可分関係ヲ〇明シ以テ国家正教ノ源泉ヲ確立シ国家意識ノ向上ヲ図ル為建国神廟ヲ創建セラレ其ノ御祭神ハ満洲国建国ノ本義ニ鑑ミ天照大御神ヲ建国ノ元神ト崇メ奉祀セラレ又建国神廟ノ摂廟ニ建国ノ聖業ニ殉シタル者ノ〇位ヲ祀ルノ御意ヲ排シ候ヲ以テ茲ニ本大臣ハ右思召ヲ閣下ニ伝達致候……」（「満洲国建国神廟創建ニ関スル仲ヲ決定ス」国立公文書館）

このように建国神廟の建設は溥儀からの提案だとして、新京特別市の帝宮内に直ちに造営され、同時に皇帝の勅隷機関として祭祀府が新たに設置されて、7月15日には鎮座祭が挙行された。祭祀府総裁には陸軍中将・橋本虎之助が任命され、ご神体は三種の神器を模した銅鏡と昭和天皇から下賜された剣であった。ただ、昭和天皇自身は満洲国が天照大御神を祀ることに気が進まなかったともいわれている。

日本の後ろ盾がなければ存立し得ない満洲国皇帝としての溥儀の立場、そこまでしなければならなかった必死さと哀れみが感じられる一方、満洲帝国の存在が中国民衆からいかに浮いていたのかが分かる。

1941年（昭和16年）の満洲国の慶祝日は、1月1日・元旦、2月6日・萬壽節（満洲国皇帝溥儀の誕生日）、2月11日・紀元節、3月1日・建国節、4月29日・天長節（日本国天皇誕生日）、5月

2日・訪日宣詔記念日、7月15日・建国神廟創建記念日となっていた。

4、大陸へ

東亜勧業株式会社

満洲への関心は、先にも述べたように日露戦争終結当時からあったが、この満洲事変と日本国内の経済状況とが相まってより大きくなってきた。

すでに満洲には1916年（大正5年）南満洲製糖株式会社設立を皮切りに大規模な資本投下が続き、1917年（大正6年）に東洋拓殖株式会社が満洲に進出し、奉天・大連を本拠地に積極的な土地の買収が行われた。

また、日本でも1918年（大正7年）の米騒動を契機に米の供給体制の整備の必要性が叫ばれ、それにより満洲米の日本向け輸出を目的とした会社の設立計画が持ち上がり、李完用等朝鮮側有力者による在満朝鮮人救済を目的とした運動と結びつき、東亜勧業株式会社が1921年（大正10年）2月に奉天に資本金2000万円で設立された。出資者は南満洲鉄道、東洋拓殖株式会社、関東庁で、朝鮮総督府からも毎年数十万円の補助金が出されたこともあって、国策会社的な会社でもあった。

東亜勧業株式会社の業務内容は、奉天周辺の日本人所有の農地を取りまとめて水田事業を行い、そこで生産された米を日本に輸出し、そのための労働力として在満朝鮮人を雇い入れて、彼らの生活の安定をも図ろうとするものであった。

しかし、土地買収による満洲進出はこれに反対する中国側の抵抗によって、いわゆる土地商租権問題の解決は思うように運ばず、同社の事業は所期の目的を達成することはできなかった。このため1929年（昭和4年）には資本金を1000万円に減資したが、満洲国の成立により期せずして事業環境が好転し、会社の事業は1936年（昭和11年）に設立された満鮮拓殖に引き継がれ、1939年（昭和14年）に満洲拓殖公社に統合された。

『満洲農業移民概況』にもこのように記されている。

「満州事変勃発を契機として満洲に対する国民の関心は異常なる関心を示し、此際我が帝国の生命線を永遠に確保する為根本的国策を樹立すべしとの輿論は全国に漲った。而して之が具体的方策の一として農業移民の重要なることも亦、国民一般に強く認識せらるゝに到ったのである。蓋し満州移植民の緊要なるは敢て要せざる処、之によって満洲国の産業開発に資すると共にその文化の向上、国防の充実に対しても多大の貢献を寄せ得べく、又彼我が民族の融和提携を促進助長し、他方行詰まりたる我が農村匡救の一助としても最も有効適切なるものと謂い得るからである」*15

朝鮮開拓

かたや、朝鮮では１９１０年（明治43年）、日本の韓国併合を機に開拓事業がすでに始まっていた。『不二農場之事業』という小冊子には、北朝鮮鴨緑江河口の「平安北道龍川郡府羅面府内面の海岸に堤防を築き四千町歩の干潟地及び草生地を拓く」*17と記してある。

不二農場は１９１３年（大正２年）に事業を始め、総事業費70万円で１９１８年（大正７年）に１０００町歩を開田した。

「西は龍巌浦の東南里途西湖浦から鴨緑江の末流に沿い獅子島に達す約二里半に築造する堤防西大堤、東は外下面石串島の南端より西方耳湖浦西大堤に達する約一里の東大堤」*17を構築した。耳湖浦は日清戦争の際に日本軍の上陸した地点でもあった。

不二興業の前進は、朝鮮に於いて大規模な開墾干拓事業を行う目的で設立された資本金１００万円の藤木合資会社であった。当時日本国内の米の消費量は生活の向上とともに拡大し、国内の生産量だけでは間に合わない状態となってきた。このため不足分を朝鮮・台湾等国外に求めることとなり、朝鮮にある未開拓の土地を開墾して、本格的に食糧問題の解決を図ることとなった。不二興業はその先駆者となって開墾・開拓事業に取り組み、１９２８年（昭和３年）時点での同社の完成した主な事業を挙げればこのようなものがある。

不二全北農場と臨益水利組合　３４００町歩（内不二全北農場１５００町歩）
不二北鮮農場と大正水利組合　７６００町歩（内不二北鮮農場３２００町歩）
不二沃溝農場と益沃水利組合　９５００町歩（内不二沃溝農場１９００町歩）
不二鉄原農場と中央水利組合　８８００町歩（内不二鉄原農場４０００町歩）

内閣拓殖局の『不二農村移住規定要綱　植民地ニ於ケル食料供給及移住計画ニ関スル照規定』では、不二興業が開発した現在の韓国の南西部黄海に面し、全州市を道庁とする全羅北道の干拓地での募集・分譲する方法・内容についてこのように規定している。

「営農者は満二十歳以上の男子にして配偶者を有し身体強壮労働に堪え意志堅実勤勉なる者にして農業に経験を有し将来朝鮮農民の模範たり得る資格ある者に限る」*19とされ、一戸当たり田として3町歩、畑として1町歩内外を、朝鮮総督府の承認を受けた価格に年6分の利息をつけた譲渡価格を3年～5年の据え置き期間の後15年～25年の元利均等年賦払い込みの方法で支払いを完了させることとし、完了するまでには自作農として分譲された土地を自作する必要があった。

また、不二興業は入植した移民たちの農事指導を行い、種苗・肥料・農具・耕作牛等の貸し付けや移住地の環境整備を行うこととされた。

不二興業

このように日本が満洲開拓に向かう以前から、不二興業に代表される企業が朝鮮の開拓事業に携わっていた。

1928年4月22日の『国民新聞』には「食糧問題の解決に貢献する不二興業会社の偉業」サブタイトルとして「施業面積三萬三千町歩に及び一ヶ年の増収籾は七十余万石」とあり、

「わが国内地に於ける米の消費高は約六千五百万石であるが、国内生産額は五千八百万石に過ぎず、年年これが不足は朝鮮、台湾並に諸外国より移輸入によってこれを補っている現状である。しかも内地人口は年々約七十万の激増を見つつあるに加えて国民生活の向上は一人当たりの消費量の増加を来たし、食糧問題は今やわが国刻下の重大問題として、解決の急に迫られているのであるしかして内地に於ては未懇地はすでに開墾し尽されて耕地増加の余地なく、且つ土地改良と耕農法の改良に力を尽すも到底今日以上の米の増産は到底不可能の状態にあり食糧問題の解決の如きはけだし思いも及ばざるところである。しかしながら幸いに朝鮮には未墾の沃野茫々として横わり、これに開墾開拓を施し、水利の便を与うれば、朝鮮総督府が計画せる三十五万町歩の土地改良も易々として行われ一般農事の改善と相俟って優に八百二十五万石の米も増産され、見事にこの難問題も解決され居るのである。しかして、朝鮮農界の先駆者として、開墾干妬事業に成功し、穣々たる美田に優良米を収穫し居れる、不二興業株式会社の業績は、実に叙上国家的の悩みである食糧問題の解決点を示唆し、対策の確立を促進したる原動力であって、その功績は千載不朽の偉業といわねばならぬ。

不二興業株式会社はその前身を藤本合資会社と称し、現社長藤井寛太郎氏の刻苦経営せる会社であるが同社が現在の如く朝鮮に於ける一大農業王国を形造り社運の誇るまでには実に多大の苦心と努力が払われたことは今更いうまでもないことである。元来朝鮮の農業は悪政の結果荒廃に帰し、且連年相次ぐ旱水害のため大部分の土地は徒らにろてきの生ずるに委している有様であった。しかるにわが国に併合さるるに及び、不二興業株式会社（当時藤本合資会社）は、朝鮮の開発は農業の発展に待たねばならぬとして専らこれ等荒廃せる土地の改良に手を染め、爾来よく不毛の原野や、甚だしきは海波洋々たる海面をさえも稲作地に代えると共に、巨資を投じて水利組合を起して旱水害にも抗し得る様にし、遂いに今日の如き一大農業の国を築くに至ったのである」*18と紹介されている。

国内情勢

1929年（昭和4年）に始まる世界大恐慌の波は日本にも押し寄せて来た。恐慌の震源地であるアメリカの景気の落ち込みの影響は、日本の主要輸出産物であった生糸に深刻な打撃を与え、生糸相場の大暴落に触発された農産物価格の下落と、1930年（昭和5年）の空前の大豊作に起因した米価下落によって日本史上初めての豊作恐慌が起こり、翌年の1931年（昭和6年）には逆に冷害によって東北地方が壊滅的な打撃を受け、生糸と稲作に頼ってきた日本の農村社会はどん底に落ち込んだ。そしてそれに輪を掛けるように、東北地方太平洋沿岸では1933年（昭和8年）3月3日、昭和三陸沖地震による大津波が発生し甚大な被害に見舞われた。

もともと我が国の自然富源は貧弱で、人口過剰を賄えるものではなかった。大正11年から昭和3年の7年平均で見ると、輸出が輸入を上回っているものは園芸・水産物だけで、農産物・食用・工芸・畜産物・林産物・鉱業物に於いて輸入超となっている。農産物でも米・小麦・大豆・粟《あわ》・麻・砂糖は輸入超過で、茶・蚕糸だけが輸出超となっており、その外貨の稼ぎ頭の蚕糸が決定的なダメージを与えられた。

都会では景気の低迷で失業者が街にあふれ、彼らが故郷に帰農しようとしても彼らを養う田畑はそこには無かった。それでなくとも日本農家の耕地面積は一戸当たり1町歩、北海道を除いた平均は9反余りで、土地のない小作人は農民の34パーセント、500万人（100万戸）にのぼり、国別の耕作地1平方キロメートル当たりの人口を比較しても、日本1101・8人、大英国780・0人、北米合衆国85・2人と日本の方が圧倒的に多く、日本の農村にはこれ以上余剰な人間を抱えるだけの余裕も無かった。

1925年（大正14年）10月1日の、「重要工業都市又は主要鉱山所在地二十四地方に於ける第一回失業者統計調査」では、調査世帯数1418872世帯、人員2355015人に対し、失業者は10万5612人で4・8パーセントにのぼり、1930年（昭和5年）の国勢調査でも、同じ地域で失業者15万5575人、全国では32万2527人と増加している。また、内務省社会局の調査では、全国の失業者は1931年（昭和6年）9月42万5526人、同12月47万7336人、1932年（昭和7年）1月48万5886人と、その数は増え続けていた。

満洲移民

1920年（大正9年）の日本の人口は約5600万人、10年後の1930年（昭和5年）には約6500万人と増加して来ており、政府は早くから日本人の海外移民表を進めていたが、その効果は次表にある通り大きな成果はなかった。

そして、このような状況で世間の関心が向けられたのが、満洲事変を境にした満洲だった。それま

海外移住者推移

	渡航許可の員数	帰国移民数	差引海外移住者数
大正10年	12,944	18,755	－5,811
11年	12,879	14,912	－2,033
12年	8,825	10,784	－1,959
13年	12,098	12,579	－481
14年	10,696	13,918	－3,222
昭和元年	13,184	14,549	－1,365
2年	18,041	14,736	3,305
3年	19,850	15,004	4,846
4年	25,704	14,073	11,631
5年	21,829	15,432	6,397
計	156,050	144,742	11,308

満蒙事情総覧＊2

でも満洲への移住者は徐々に増えつつあったが、決して定着率は良いものではなかった。

満洲移住者数の推移

	満洲への移入者	満洲より移出者	差引定住者	移住者と定住者との比率
大正12年	392,286	286,765	105,521	26.9
13年	429,254	232,720	196,534	45.8
14年	490,142	214,547	275,595	56.2
昭和元年	592,343	299,392	292,951	49.4
2年	1,050,828	341,599	709,229	67.5
3年	938,472	394,247	544,225	59.8
4年	1,046,292	621,897	424,395	40.5
5年	748,213	512,793	235,420	31.6
計	5,687,830	2,903,960	2,783,870	48.9

満蒙事情総覧＊2

加藤完治

このように、満洲移民は国内の農民の貧困の解決、資源の補給基地として、軍事的にはソ連の南下政策の防波堤として位置づけられることになってくるわけだが、この流れは満洲事変以前からあり、その中心となったのは「開拓の神様」とまでいわれた加藤完治に代表される民族運動、精神運動であった。

「加藤君は天成の教育者である。常に自己を磨くと共に教え子を同時に磨く教育者である」*20と那須皓にいわれる加藤完治は、1884年（明治17年）隅田川近くの炭屋の長男に生まれ、早くに父を亡くし母と祖母・叔父の世話で育てられた。

母は再婚するが、貧乏のどん底に落ちながらも「裏店に住んで居ても心は武士の娘だ」と、心に誇りを持ち続けた母の姿を見て育ち、加藤のこうした幼年期の生活経験が物質的制限を精神力で乗り越えるという精神主義を生んでいったとされる。

府立一中から1902年（明治35年）第四高等学校へ進学、米国人宣教師のミス・ギブスンに傾倒し一時はキリスト教に改宗、卒業後は内務省帝国農会の役人となって農村問題に取り組む中、博愛主義・アメリカ式慈善事業に疑問を持ち、筧克彦《かけい》の「古神道」に傾倒し、神道のヘーゲル化、「天皇はヘーゲルで言う絶対精神に代わるもので、天皇は日本帝国という大きな生命の中心にあり……国民はその天皇の大御心を奉して各自の受け持ち分担を果しながら大日本帝国という大生命体の栄え行く様に努力奮闘する、それが真の忠である」*21との考えに至るようになった。

農民道場

のちに加藤完治の推進した国民高等学校の原型は、1915年（大正4年）山形県立自治講習所と呼ばれる「農民道場」として誕生した。内村鑑三の弟子で山形県教育主務課長の藤井武がデンマークの国民高等学校（農村の子弟が学校の農場で働きながら学ぶ方式）を模倣・計画し、山形県立自治講習所を設立する。

この設立の背景には日露戦争後、内務省を中心としての全国運動「一国興衰の本源は懸かって地方の風紀および行政の良否に因るものにして、地方の自治は一国の基礎なれば、国運の発展上ますますこれが改良発展を図らざるべからず」*22とした「地方改良運動」があった。

この農民道場は農林省の管轄で農村の中核人物養成を目的として全国に作られ、文部省管轄の学校とは全く系統を異にし、年齢制限はなく何度入っても良く、年限は1年でも2年でも本人の希望通り、男女の区別もなく、教える方も教師の資格を問わず、農場がすなわち教科書だという農林省の意見に基づいていた。

しかし、山形の「農民道場」の場合は藤井自身がその指導に当たらず、初代所長には加藤完治が選ばれ、10年間にわたってこの講習所の運営に当たっている。農林省の力の入れ方は格別であって、指導理念は加藤完治の極度な精神主義的な農民訓練の方法が貫かれていた。そこでは日本精神の鍛錬のためとして「農民道場」が位置づけられ、その精神鍛錬の中心にあるのが二拝二拍手一拝という簡単明瞭な形式による「神社参拝」が求められた。

加藤の自治講習所「農民道場」での経験が茨城県友部の「国民高等学校」に、そして「満洲開拓団」「満蒙開拓青少年義勇軍」へと展開していくことになった。

完治と寛治

1932年（昭和7年）正月、加藤完治の満蒙植民地論にかねてから共鳴していた、山形在住の退役中佐・角田一郎の訪問を、浅草の日本国民高等学校販売部にいた加藤が受けた。加藤は角田の熱意に押されて荒木陸軍大臣に面会を申し込み、陸相官邸へ乗り込んだ。

この時、有名な加藤の得意話がある、加藤は荒木貞夫陸相にアポなしに訪問し、満洲開拓の必要性を説き、有力な後援をもらったと力説している。しかも、陸相邸を訪れる際に、1921年（大正10年）米国ワシントンD．C．で開催された国際軍縮会議（ワシントン会議）に主席随員として参加した海軍大将の加藤寛治と同姓同音のため、守衛が加藤寛治と勘違いして陸相に面会させたと自慢げに語っている。海軍の加藤寛治は陸軍皇道派の真崎甚三郎を通じて、同じく皇道派の荒木貞夫陸軍大臣と知己の中であったらしいのでまんざら嘘ではないだろうが、出来すぎた話だ。

荒木貞夫は当時皇道派の頭領として、若手将校に絶大な人気があり、その人気の源の一つに、訪れるものは何人たりとも断らず、

「彼が直接に下級の隊付将校と、私宅や旅先の旅館などで気軽に会談し、しかも彼らを『純な若者』としてチヤホヤした点にある。正月とか祭日になると、少尉、中尉が千鳥足で泥靴のまま陸相官邸に現れ……陸軍大臣をとらえて、酔いに任せ呼び捨てにできるから青年将校達は感激する」*23ほどであるから、なにも加藤が会えたことを自慢げに話すことでもない。

しかも、海軍大将の寛治は1870年（明治3年）生まれ、1884年（明治17年）生まれの完治より14歳も年上であり、荒木が陸相であった当時、寛治は61歳、対する完治は47歳、ガッシリした感じの寛治と細面の完治を陸相邸守衛が間違えるはずもなく、この話は加藤が得意の法螺《ほら》の一つだろう。

後年、思想史学者の武田清子が荒木にこの面会のことを問うた時、荒木はそのような面会の記憶は全然無いと答えたという。

この面会で荒木は、満鉄などが除隊兵を使い行った植民が失敗に終わった例をあげて満洲移民に反対したが、加藤の熱心な説得により説を曲げ協力を約束したとされる。加藤は陸相官邸を出るとその足で子爵・斉藤実邸へ向かい、斉藤と面会し協力を取り付けたという。

六千人移民計画

その後加藤は、当時農林次官をしていた親友の石黒忠篤に満洲移民の必要性を説いた。加藤と石黒の接点は東大時代にあると思われる。加藤は１９１１年（明治44年）東大農科大学卒、石黒は１９０８年（明治41年）東大法科卒業であって、石黒は満洲移民に関心のある東大の那須皓教授を紹介する。那須は石黒が１９４０年（昭和15年）に第二次近衛内閣の農林大臣に就任すると、石黒のブレーンとして彼を支えることになる。

この時期、満洲においての様々な問題についての会議が開かれることとなり、関東軍から農業問題で那須と、京都大学から橋本伝左衛門が招かれた。

ここで「四面楚歌の声の内にあった満蒙移民の必要性及び可能論を徹底的に論じた処、本庄将軍を始め板垣大佐、石原中佐におかれては特に両君の意見に傾聴され……」＊23とし、「場合によっては日本国民高等学校に移民に必要な土地と建物を提供してもよいと迄話された……」とされる。これ以後、この４人が満洲移民を理論的に先導することになる。

加藤たちは早速「六千人移民案」を作成し、閣議に通してもらうべく拓務省に働きかけた。しかし当時は拓務省内には満洲移民不可能論者が多く、生駒管理局長の賛同を得てやっと事態は動き出すことになる。

行政的には理解者も得られたが、実際の開墾労働経験者がいなかった。そこで朝鮮の京城に本社のあった不二興業で朝鮮での開拓事業に11年間携わり、群山開拓地の開拓計画に携わっていた中村孝二郎に協力を求めた。中村は1932年（昭和7年）、突然加藤完治から長文の手紙をもらうことになる。そこにはいよいよ満洲の開拓に乗り出すことになったので、拓務技師として計画に参加してほしい旨が記されてあった。中村孝二郎は、

「先輩の三井君、友人の久保君が賛成ならはせ参じてもよい……」との返事を加藤に伝える。

それ以前、加藤の関心は朝鮮半島にもあった。

「大正十一年の春、（山形県立）自治講習所の講堂にて（加藤完治の）精神講話が終るや、四人の生徒が加藤先生に『私達は一生懸命働こうと思っても働く場所がない』と泣いて訴えた。ここに加藤先生の大陸進出は始まったのである……当時の満洲は張軍閥の暴政によって我が民族の発展は到底望むことが出来なかった。そこで止むを得ずその前進基地としての朝鮮半島にその教え子を送って新農村を建設することになった。これは大正十四年の出来事で、群山の不二農村山形村、江原道の平康産業組合がこれである。何れも難行の干拓地か高原痩薄の地であったが、青年達は一心同体の実をあげ相扶けつつ落伍者もなく堂々今日の盛況を築き挙げたのである」＊24

中村孝二郎

不二興業で朝鮮開拓に取り組んでいた中村孝二郎は、東京都江東区の隅田川近くの廻米問屋の次男に生まれ、トルストイの著作に影響されて、農村の生活に愛着を覚え農科に進学するために、東北帝国大学大農学部（今の北海道大学農学部）へ進学することを決めたが体を壊し、そのため退院もままならず、北大予科の受験の機会を逃し旧制六高へ進学し、結局六高から東大農学部に進学して卒業後は朝鮮に渡った。

朝鮮では京城に本社のあった不二興業に勤務し、群山開拓地の開拓計画に携わることになり、そこに加藤完治の送り出した日本人移住者が入植したことで加藤完治と知り合うことになる。

日韓併合前には7万人余りだった中国東北部に住む朝鮮人の人口は、日本政府と朝鮮総督府の政策により1943年（昭和18年）には141万人にも増加し、彼らは主に得意とする稲作に携わった。この朝鮮人の中国東北部への大規模な流入が、のちに起きる万宝山事件の背景にもなった。

このように拓務技師として朝鮮開拓と満洲開拓移民団事業の当初から関わることになった中村は、1935年（昭和10年）暮れ、満洲拓殖（株）が創立すると事業部長となり、満洲開拓に深く携わることになる。

「六千人移民案」廃案

ここからは加藤完治の著書『武装移民生ひ立ちの記　前編』＊25から、加藤の言う武装移民団派遣までを見てみる。

加藤は茨城県友部に満洲移民計画に必要な訓練宿舎を建てる構想を持ち、満洲に向かう途中、朝鮮ホテルで「イミンアンハツブレタ、ケンチクハトリヤメタ、アトフミ」＊25の電報を受け取る。結局「六千人移民案」は閣議を通過することはなかった。満洲開拓移民団構想に反対する高橋是清の「移民なんてかわいそうだから、やめとけよ」の一言で否決されたともいわれている。

加藤たちの考えた「六千人移民案」の骨子は以下のようである。

一　趣旨　満蒙植民は今が千載一遇の絶好機である、何でも一刻も早く、而も出来るだけ多く彼の地に植民する事は我国の現状に照らして最重要の事の一と確信する……但しこれは第一期計画であって、年を追うて事業を拡張し、五十年後に満蒙在住日本人を最小五百万人に達しせしむるを事を目標とする。

二　移民の募集　在郷軍人を主体として全国的に募集する。募集人員は植民幹部三百名、植民者六千名とし……

三　植民教育　満蒙植民は皇国農民の天職を自覚し満蒙農業に対する知識技能を習得せる人物を以て

始めて成功する。茲において左記の通り植民教育をする。

内地教育　植民幹部の養成　日本国民高等学校に於いて三百名を養成する。全部寄宿舎に収容し精神教育、農場実習、武道、教練等を実施する。

植民者養成　昭和七年度は植民者募集を山形、岩手、長野の三県に分配し各県二千名計六千を養成する。彼等全員を寄宿舎に収容し精神教育、農場実習、武道、炊事、教練等を実施

四　移住地　大倉華興公司農場　三千町　六百人

勧業公司　三千町　六百人

満鉄会社敦化土地　一万町　二千人

勧業公司（開魯土地）　五万町　一万人

移住地に於いて満蒙農業に関する知識と技術とを授く。

五　組合組織　移住者は組合を組織する

六　警備　農村の警備は十二分にせねばならぬ。それが為には先ず軍憲に於いて匪賊の絶滅を期し、更に地方の治安維持を厳行すべきものなれども、尚其の絶滅は困難なるを以て農村には屯田兵を組織し警備の要あり。屯田兵の五人を以て分隊とし、五分隊を以て大隊とし、大隊数隊を以て連合体とする。

石原莞爾

六千人移民計画を潰された加藤は、奉天に向かい石原莞爾中佐と会う。加藤は満洲移民の実例を示すための土地、建物の貸与を申し入れると、石原は北大営の一部を貸し与えると申し出た。加藤、石原は本庄司令官と会い、加藤の移民計画を説明し承諾を得る。本庄は北大営附近には植民をする場所はないが訓練所に使用するのなら貸し与える、と三つの条件を出した。

無闇に宣伝せず黙々とやる事

自ら額に汗して働いて農業労働の範を示す事

附近の満人農家とよく協調を保って行く事

「之は又我等の願う所であるので直に誓約して北大営拝借の手続きを踏む将軍の内諾を得たのである」＊25

本庄から承諾を得た加藤は、奉天省長の許可を得るべく奉天省の最高顧問・金井章次と接触、そこで加藤だけの厚遇は関東軍内で不協和も生じかねないと聞き、金井の知人でもあり奥さんが日本人でもある韓景堂氏の所有する鄭家屯の三林駅奥の土地を勧められる。

ならばと、加藤はここに決めようとしたが、この土地は匪賊《ひぞく》の出没する地域で土地も痩せていることもあり、結局は石原の力を得て北大営に訓練所を建設することを改めて決定し、奉天省長の許可も得ることができた。

この開設された北大営の移民訓練所・日本国民高等学校は、公主嶺農業学校から数人、加藤が友部の日本国民高等学校から数十名の生徒を送り込み、友部の農場主任の野々山氏が学校の経営に当たることになった。

1932年（昭和7年）5月15日、五・一五事件が勃発、犬養毅内閣は斉藤実内閣に替わり、拓務大臣となった永井柳太郎から再度移民案を提出するよう加藤に指示があった。加藤は拓務省の中村孝二郎技師が挙げた移民に適している何カ所かの候補地を腹案として携え、石原莞爾と面会をし、土地を探している旨を告げる。

そこで加藤は石原から吉林省の方なら1万町歩くらいの土地を提供できると申し出を受ける。その際、石原から7月に新設される予定の屯墾軍の計画を知らされる。もう1人の「開拓の神様」東宮鉄男《とうみやかねお》の立案した屯墾軍は、吉林省の治安を回復するために幹部には日本人を、その他のほとんどを朝鮮人で組織する屯田兵を送り込もうというものであった。この計画を東宮は石原を通して参謀長に提出したが、時期尚早との判断で差し戻されていた。加藤は東宮の計画に賛成し、石原は加藤と東宮を引き合わせることとなり、加藤と東宮は奉天のホテルで会い、お互いに満洲開拓の想いを吐露し合ったという。

東宮鉄男は1928年（昭和3年）6月4日の河本大作大佐の引き起こした張作霖爆殺事件で、実行者として爆破スイッチを押した人物とされる。彼は1937年（昭和12年）、歩兵第102連隊大隊長として上海郊外でで戦死することになる。

武装移民

東宮は牡丹江から東方の樺川県など江東十県に出没している3万人の匪賊に対しては、自ら治安を維持できる集団武装移民でなくてはならず、日本人には満洲移民は無理なので「朝鮮の同胞を先ず送り込んでその中に内地人を入れていこう」という考えであったようだが、加藤は「内地の農民は立派な農民である。導きによっては立派に満洲移民は出来る」という考えを持っていた。

結局2人は、1集団500人として10カ所で5000人を入れる案でまとまり、東宮は500人を受け入れる宿舎と、将来百姓となるときに必要な1万町歩の手配、越冬するための食糧、燃料、武器を関東軍と連絡を取り合って準備すること。加藤は「兎に角500人の在郷軍人を内地で集めて、それを哈爾浜に9月末までに集結することを引き受けた」。

ここからが大変だった、加藤のロビー活動が始まった。関東軍では本庄繁司令官、板垣征四郎大佐、石原莞爾中佐の了解は取れたが、関東軍参謀長からの承諾の返事はなく、参謀本部次長・真崎甚三郎からは、「そう云う事をこの忙しい大切な時期に於いて出先の一大尉が考えていることは怪しからん」とまで言われ、陸軍省の小磯国昭次官からは承諾の答えがあったが、部下の平井主計官からは「次官一人で此の問題を勝手に考えて決めると仰ってもお引受は出来ない。よく研究してみましょう」と半ば断られる始末だった。

しかし関東軍からの後押しもあって、どうにか１０００人の武装移民を満洲に送り込む計画を作り永井拓務大臣が閣議に諮り、斉藤実首相、後藤文夫農林大臣、荒木陸軍大臣のお墨付きをもらうまでこぎ着けた。

大蔵大臣の高橋是清は時期尚早と反対をしていたが、他の多くの国務大臣が賛成に回ったため意を翻し、こうして加藤たちの「一千人移民法案」は１９３２年（昭和７年）６月に開かれた第六十二回臨時帝国議会で、少額ではあったが満洲移民費の皮切りとして、移住適地調査及び産業調査費が可決され7月30日、ついに議会を通過した。

同じく8月の第六十三回臨時帝国議会で満洲試験移民費を提案して、議会の協賛を得ることができ、同年中に約５００名の試験移民を送り出すことが決まった。

満洲特別農業移民

以後、順次移民団が満洲へ送り出されて行くわけだが、当初の移民団は満洲への試験移民として位置づけられていた。移住形態も第一次、第二次はそれぞれ移民団を組織し団本部がその経営の中枢機関として活動し、第三次移民は開拓組合なる名称の移住組合を設け、開拓事業に取り組もうとしていた。

「満洲特別農業移民に就いて」*[26]の中で中村孝二郎は次のように指摘している。

（一）「従来海外に移住した日本人は、日本内地に於ける生活の破綻者が多かったようである。従って近年のブラジル移民に就て観るも、移住地に於ける目的が農業であるにも拘らず、純粋の農業者が非常に僅かの割合しか占めて居なかった。それでもブラジルに於ては、比較的成功の機会が多いが」*[26]満洲では、そのような形での移民の成功は容易ではなく、「満洲特別農業移民の募集条件の第一は農業者しかも自ら現に農耕に従事して居る真の意味に於ける農業者に限らなければならなかった」*[26]

（二）応募者の兵役関係では、第一次では既教育者在郷軍人に限定した。自営のための武器を貸与したことで武装移民なる別名を付けられた。第二次では既教育者の在郷軍人だけでなく、未教育補充兵をも含む広義の在郷軍人に改め、第三次では在郷軍人以外の一般青壮年も採用したため、農業者は兵役関係に全く制限されることはなかった。

（三）年齢の最高制限は第一次、第二次では30歳、特殊技能を有する者は35歳。第三次では既婚者を多数募集する意味からも制限を5歳延長した。実際に第三次移民の第一回採用者の平均年齢は26歳に留まった。

（四）満洲特別農業移民では既婚者を優先的に採用しているが、実際に農業に従事する次男三男は30歳近くまで結婚して居らず、第三次の募集では既婚者は2割ほどでしかない。

（五）移住者の募集は特定の地域で行われ、第一次は東北地方、第二次は東北、北陸地方、第三次は東北、中部地方、初めて山陰、山陽、四国、九州からも募集した。第三次までの募集でベスト5は、山形116名、福島106名、新潟105名、宮城104名、長野88名。東京3名、神奈川9名、大阪・愛知・京都は0名。

（六）移住者の募集は地方庁の社会課と帝国在郷軍人会支部が協力して第一次銓衡を行い、1カ所に集合させて1ヶ月訓練を行いこの間に二次銓衡を行う。「或期間根限り働かせて見て、その間に自ら現れる真剣味を観察して判断の資料とする事が必要である」

（七）一般移民に対する短期訓練以外に、満洲移民の訓練を目的とする常設機関があり、官設の機関としては文部省管轄の昭和8年より第一、第二拓殖訓練所が盛岡、三重高等農林学校に付設され、両校併せて1年間で約50名の修了生を出し、第一回修了生20名は第三次移民に加わって渡満した。

民間では日本国民高等学校協会が運営する奉天北大営の日本国民高等学校分校があり、常に数十名の生徒の訓練を行い、そこの修了生は第一次から第三次移民団に135名が参加している。これらの特殊訓練機関に於ける訓練は1年間の長期に亘るもので、中堅移民の訓練機関として重要な位置を占めている。

民間移民

このようにして本格的な満洲移民が始まる前に、満洲では先に述べた東亜勧業株式会社の手によって、すでに民間主体の移民団がいくつか生まれていた。

天照村　日本初の満洲移民団は、東京深川の失業者支援施設である天照園の収容所主・小坂凡庸夫が、収容所の労働者に満洲で新農村を作らせる計画を立て、関東庁等の援助により昭和7年から東亜勧業株式会社所有地に小作人として移住させ、昭和10年までに渡航人数は116名、うち84名が昭和9年度から移り住んだ興安南省通遼県銭家店で営農をしている。

天理村　天理教団が満洲で天理教の教理に基づく村を建設するためとして、浜江省哈爾浜郊外阿河に東亜勧業株式会社の土地を取得し、1934年（昭和9年）11月より移住を始める。62戸、330名の移住者が天理教団本部から資金を受け、教会・小学校・診療所を設けるとともに、昭和11年度からは哈爾浜市、天理村間の軽便鉄道の敷設、新部落の建設等事業拡大を図っている。

鉄路自警村　満洲国鉄路総局が沿線に於ける治安の保持、産業開発を目的に独立守備隊の除隊兵で満洲に永住を希望する者の中から農業体験のある者を国鉄従業員として採用し、業務の傍ら農業牧畜の経営を行わせる目的で、1935年（昭和10年）に奉山線（奉天～山海間）沿線など6カ所に69戸、136名を入植させた。

ただ、成功例だけではなく失敗した民間移民団もある。満洲国産業発展のため1932年（昭和7年）吉林省寧安県鏡泊湖畔に学生役200名で創立した鏡泊学園について、拓務省は学園にその設立意義に鑑み補助金1万円を公布したが、指導者・山田悌一が匪弾に倒れ、1935年（昭和10年）第一回修了生を出して閉校となる。残された在校生150名のうち、第四次移民団に33名が参加している。

遡れば、山口県の愛宕村と下川村の出身者が、1914年（大正3年）関東都督の福島安正陸軍大将の世話で関東州大魏家屯附近に集団移住した愛川村移民も、荒地の開墾に時間がかかったことと水利が悪く、農民の3分の2が離農し失敗に終わっている。

一千人移民法案

拓務省の満洲移植民計画の大綱は、満洲農業移民の特殊性に鑑み相当多数の者を移住させるために、一戸当たりの割り当て面積を自ら耕作しかつ経済的に成立しうる程度を目標に自作農を設定すること。満洲農業移民には入植前、内地または現地にて特殊の訓練をほどこすこと。内地農村の窮状をより見て相当程度の補助金を政府より支出すること。農村の青壮年の体強壮、志操堅実な者を選ぶことを内容とするものだった。

そのため、まず第一期計画として10年間に10万戸を送ることを目標とし、早速、拓務省は1000

名の試験移民送致計画に着手する。初年度は予算の関係で2班に分け、とりあえず５００名を試験移民として陸軍省、帝国在郷軍人会、各関係地方庁の協力で移住させる予算措置を行い。１９３２年（昭和7年）10月、吉林省樺川県永豊鎮に５００名の第一次試験移民が送られることになった。

続いて、１９３３年（昭和8年）7月には、依蘭県湖南営に５００名の第二次試験移民が送られたが、昭和9年に土竜山事件が勃発して第一、第二次移民が予想外の被害を受けたことで、経費の一部をこれに充てたために第三次試験移民は３００人とし、１９３４年（昭和９年）10月、浜江省綏稜《すいりょう》県に送り、１９３６年（昭和11年）3月に、第四次移民団５００名を浜江省密山県城子河に３００戸、哈達河に２００戸の2団に分けて送られた。

この満洲農業移民を実施するにあたり、事前調査の必要性を認め、満洲移民敵地調査班を組織し関東庁、朝鮮総督府、満鉄、東亜勧業等機関の協力を得て、昭和7年以降南北満洲を調査を行った。

この試験移民には一集団ごとに農事指導員を配属し、農事・経営全般についての指導に当たらせるとともに、予備役の警備指導員を配属して開拓地の治安維持と自営警備の指揮に当たらせた。

また、各戸に訓練費・渡航費・家畜費・農具費・住宅費・被服費・生活費・農舎費・開田助成金として合計１０６０円の助成金を交付し、初年度から毎年交付される医師の赴任旅費・俸給のための医療施設費、共同宿舎・共同浴場・共同周囲壁費・共同井戸掘削費などの名目で5年間に及ぶ共同施設費助成金を第一次試験移民団の場合、一戸当たり３００円を支給することで、5年間で移住者一戸当たりの助成金額は約１３００〜１４００円（白米価格を参考にすると今の金額で約２６０万〜２８０

万円相当）に達した。

拓務省実施の満洲試験移民は第四次をもって終了し、１９３６年（昭和11年）度からは今までの実績を基準とした本格的な集団移民を実行する運びとなり、これらの動きに呼応するように１９３５年（昭和10年）11月には東京に満洲移住協会が設立され、満洲移民の宣伝、奨励・斡旋《あっせん》に、12月には新京に移住土地の取得・管理、移住者に対する金融事業を目的に満洲拓殖会社が創立し、満洲移民が本格的に動き出した。

満洲移住協会

これらの動きに連動する形で関東軍からも、延長されつつある満鉄沿線の産業開発と鉄道擁護のために、日本から移民を早急に送り出す体制を整えるよう要望が出されている。日本人移民の前に、すでに朝鮮人たちの満洲主要各地への移動が始まっていることへの危機感もあったようだ。

満洲農業移民事業の宣伝・促進と移住者の斡旋や訓練などを担った満洲移住協会は、１９３５年（昭和10年）に設立された。

『満洲移住協会設立状況問い合わせに関する件』　特務部発第一四四四号

昭和八年八月九日　関東軍参謀長　小磯国昭

陸軍次官

「満鉄沿線就中吉敦沿線ニ於ケル産業開発及ビ鉄道擁護ノ為ニスル移民ノ実施ハ最モ急施ヲ要スト思料サルルニ拘ラス拓務省ハ八年度予算ニ之カ経費計上ナキ為ニ年度内実施困難ナリト認ム而シテ曩ニ移民助成団体設立ノ目的ヲ以テ中央ニ於ケル満蒙委員会幹事会ノ採択ヲ経テ拓務省カ設立準備及寄付金募集ニ着手スル様打合済ナル満洲移住協会ノ設立ヲ見ルニ於テハ之ヲ利用スルコト亦一案ナルヘシト思惟シアル處之亦遅々トシテ前進ノ見込ミ相立タサルモノノ如シ斯クテハ開通以来日々多数移住ヲ見ツツアル鮮満人ニヨリテ主要地ノ地点ヲ保有サルル事トナリ将来邦人ヲ入植セシムルニ多大ノ障害ヲ生スル点アリ依テ此際一日モ早ク邦人入植ノ手段ヲ講スル要アルモノト認メラル就テハ拓務省ニ於テ講スル要アルモノト認メラル就テハ拓務省ニ於テ最近ニ於ケル移住協会設立状況聴取方特ニ依頼致シ度而シテ若シ其進行遅々トシテ前途ノ見極メ相立サルニ於テハ至急貴方ニ於テ移住協会ヲ設立シテ其ノ経費ヲ以テ取敢ス年度前ニ移民ヲ招致スルコト致度ニ付何分ノ指示ヲ乞フ」（アジア歴史資料センターから）

5、永豊鎮

移住地

『満洲移民団に関する座談会』*27の中で、第一次移民団団長の山崎芳雄と第二次移民団団長の宗光彦が、北満を入植の候補地にした理由について語っている。

・北満では南満と違い人口も少ないし、南満の土地のように何百年と耕作してきた農民の土地に対する執着心も少ない。

・南満では一段歩30～40円する土地が10分の1以下で買える。

・南満の地味は長年の耕作で決して良いとは言えない、その点東部内蒙古方面の地味は良くないが、北満全体では大概の作物が出来地味は非常に良い。

・北満では米が出来る。果物と綿花は出来ないが代わりに小麦、亜麻、甜菜が出来、綿羊が多数飼育出来る。南満よりは良い。

・森が近く木材、炭、石材が豊富であり、砂金、石炭も産出する。

宗は「私が第一に必要な条件だと思いましたのは、先住の満人農民が多くいないと云う事でありまして、その点から申しまして、現在の移住地は理想的だと思います……この満人が沢山いると云う事は、こちらから行って、入り難いと云う事ばかりでなく、満人に対しても脅威になると云う事であります。従って民族の闘争と云う様な方面も余程考えなければならないと思います。独り脅威を与えるのみじゃない、いい方面も勿論ありますけれども、先住民が脅威を感ずると云う事は争われないと思います」＊27と言い、先住中国農民との諍《いさか》いの起こることを心配している。

司会の竹内正己から、

「北満に移住地を選定した理由はよく判りますが、特に永豊鎮を選んだ理由がはっきりしません。昭和七年八月の臨時会議で予算が成立して直ちに実行に移った第一次の移民ではそれだけの調査が充分に出来ていたのでしょうか」＊27と質問が出される。

これに対して移住協会の中村孝二郎から、

「あの当時北満方面に就いてはそう云う計画がちっともなかったのでありまして、満鉄本線とか安奉線、京図線辺りを先ず候補地に挙げて調査して其処に入れると云う計算はして居ました。処がその地方は、その頃は（昭和七年）匪賊が多くて調査にも入れなかったので困って居った……」＊27と発言がある。

ちょうどその時、たまたま東宮少佐から永豊鎮ともう1カ所候補地が提示され、そこは吉林軍が充分護衛しているから匪賊の問題はないとのことだった。そこでこの2カ所を候補地として検討してい

たが、

「何しろ時期が迫って居ったものだから至急に移民を入れなければならないと云う関係もあって、永豊鎮と云う事に定まった訳です」*27と、永豊鎮への入植が事前の下調べも不十分なままで強行されたことが明らかとなる。

しかも、この入植地決定には石原莞爾の意向がかなり反映されていたようで、中村が、

「加藤さんを攻撃する様ですが、すっかり膳立てをして持って行っても話の具合でツと変わる。あの銭家店の附近にも可成り入る可能性があった、その案をすっかり携えまして、第一、第二案として持たしても、相談して帰ってくるとすっかり忘れて了ってそんな事もあったかと云う風であった」*27

と発言するが、座談会に同席していた加藤完治は、

「僕は中村君に怒られた事があるんですが、あの銭家店の問題があった時でも石原君がピシャッと定めて了った、石原君はとても強い信念の人ですが、今考えてみればやはり要点をちゃんと押さえて居たんですね。中村君には大分叱られたが石原君が絶対反対だったから……」*27と、石原の意向が入植地選定に大きな影響があったことを証言している。候補地選定には石原と東宮の間にもいろいろな葛藤があったようだとも言っている。

これより先、加藤は山崎芳雄を入植する佳木斯の土地の下見に満洲へ向かわせた。というのも拓務省などから入植先がどんなところなのか、匪賊はどうなっているのか判らないような所へ派遣するのは無謀であるとの意見が多く出たからであった。加藤は石原宛に紹介状を書き山崎のことを依頼し、

石原は山崎に東宮を紹介した。

　東宮は依蘭に着いた山崎を訪ねてきて、

「『山崎さんですか、此処から帰りなさい』と云う。山崎君はああ云う男であるから『兎も角土地は何処か、場所を見なければ帰れない』と頑張ったので『案内するが、兎に角匪賊も何にも心配はないと云って呉れ』と云われてそれから佳木斯の町へ行って三階の家に上がって四方を見て帰途に着いた。そんな事で実は移民地なんかには行かなかったのである。それで移民地は非常にいいと云った。併し拓務省では誰も行った人がないので之は問題にならなかった」*25と、実際に入植する開拓団の団長の山崎も、実際に現地を見ていなかったことを証言している。

　入植地の一番の問題は匪賊の存在であった。拓務省の中でも山崎の報告だけでは判断できない、軍の責任者の判断も仰がなければということになった。そこで帰京中の満洲国軍政部最高顧問の多田駿に拓務省で意見を聞いたところ、

「多田さんは生駒君から『匪賊の状態は』と訊ねられたところ『匪賊は心配ありません』と如何にも心配ない様に平然として云われた」*25

　これによって拓務省も動き始めることになった。しかし実際に移民を予定している地は匪賊の巣窟のど真ん中だった。

　加藤は言う。「この時多田さんが、一寸間違って口を辷らしたら、滅茶滅茶になって出来やしなかった。若し多田さんが匪賊は相当居りますと云われたら、拓務省の役人はみんな反対する。さすれば

第一次移民は決行できなかったのである。実によくいったもので、総てが暗々裡に巧く行った。今考えればまるで一本橋を渡ったような感じである」*25

こうして第一次開拓団の派遣が決定した。拓務省の反対により第一次移民が決行できなければ、移民計画それ自体も暗礁に乗り上げ実行されなかったか、行われたとしてもその時期はもっと後になってからかもしれなかった。

武装移民団

「一千人移民法案」が議会を通過すると、早速9月1日には移民の第一次募集が開始された。第一次募集500人は青森、岩手、秋田、山形、福島、宮城、新潟、群馬、茨城、栃木、長野の11県から募集された。

第一次移民団は「武装移民団」とも呼ばれ、幹部としては市川中佐、山崎団長、佐藤・平田指導員、熊谷大尉、工藤・須永・沓澤中尉等が、開拓団の団員は当時冷害等で疲弊していた地方の特に次男・三男を対象に募集され、その方法は村長、在郷軍人会長の推薦する軍隊経験のある予備役の中から身体検査、身上調査を経た者が選ばれた。選定要項には「年令30才以下で独身、妻帯者は問わないもの渡満後3年間は独身生活に差支えない者」とある。

応募した400人余の者は、岩手県六原道場、山形県大高根道場、茨城県友部の国民高等学校へ配属され3週間の訓練を受けた。そこでの訓練は加藤完治独特の精神訓練、農業実習、武道と農業上の講話であった。

1932年（昭和7年）10月3日、軍服にリュックサックを背負った入植者たちが明治神宮外苑に集合した。北大営に於ける68名を含めて492名が4個中隊に編成され、「佳木斯屯墾大隊」と命名された。4中隊はそれぞれ3個の小隊（20人）に編制された。

神宮の大鳥居の前には石原莞爾中佐が立っており、石原が加藤に「加藤先生」と呼びかけた。「見るとそれは……石原莞爾中佐その人であったのである。『あっ石原中佐殿』『出来ましたな』中佐は情熱的にあらゆる意味と喜びを込めて加藤校長の手を握った。『すべてみな貴方のおかげです』そういう加藤完治の頬には感激と感謝の涙が伝わっていた」*28

神戸港から「バイカル丸」に乗って出発したのは10月5日正午、大連港に到着したのは4日後の10月8日の午前であった。

ちなみに当時、日本から満洲・新京までの交通手段は幾つかあったが、参考までに1943年（昭和18年）の東京から新京までの経路、所要時間をあげてみる。

飛行機	羽田―新京	9時間40分
	新京―羽田	8時間40分
船・汽車	東京―神戸―大連―新京	75時間20分
	東京―門司―大連―新京	71時間20分

東京—門司—釜山—新京　55時間30分
東京—敦賀—羅津—新京　83時間42分
東京—新潟—清津—新京　82時間12分

釜山から新京まで乗り換えはなかったが、車中で二泊した。昭和14年発刊の『新京案内』によると、釜山—新京には、特急「あかつき」、急行「ひかり」、「のぞみ」の3種類の列車が走っており、所要時間は特急で55時間30分であった。

東宮の日記によると、「十月八日移民隊を大連港に迎へ、奉天北大営迄案内す」[*28]とある。奉天北大営から松花江を下り佳木斯に着いたのは10月14日夕刻、船内で一泊した夜、早速匪賊の襲撃に遭遇する。日記には「十月十四日日没佳木斯着、夜午後十時、午前一時二回匪襲あり……」[*28]と、佳木斯に到着するとすぐに匪賊の襲撃を受けた。

隊員の回想によると、当時の佳木斯は「白昼市街へ用便に出るにも武装で出ねばならない。夜歩き等は到底覚束ない。何処からともなく流れ弾が飛ぶ。犬の遠吠えが不気味に市民の恐怖をそそった」[*28]とある。

もともと東宮少佐が推進した武装移民の狙いは、ソ連の極東政策、南進政策を阻止牽制する目的があった。南満に居る日本人も多くは北満に於ける移民の無謀さを口にしていたが、東宮は人々が心配する佳木斯よりもっと奥地への移民を考えていた。彼は「国境を不動なものにせよ、北進せよ」と主張していた。このことからも移民団の位置づけが判る。

佳木斯

第一次移民団がまず目的地とした当時の佳木斯は、哈爾浜から船で松花江を下ること一昼夜、人口3万人の大都会であるにもかかわらずあまり知られてはいない三江省樺川県にある街であった。街には3階建てのデパートもあり、充分とは言えないが電気も通り電話も通じていた。

第一次移民団がこの佳木斯に到着した1932年（昭和7年）11月14日から、彼らは匪賊の襲撃の的となり、日本軍が周辺の匪賊討伐にかかりきりのため、翌年の3月末に移住地の永豊鎮に移動するまで佳木斯に滞在し、自分たちで警備に当たることになった。

その佳木斯から南へ約60キロ下る草原の中に、現地では孟家崗と呼ばれる第一次移民団の目的地・永豊鎮がある。移民団は11月21日に初めて永豊鎮まで行軍したが、そこは紅槍会匪の巣窟であった。人家は200戸ほどあったが、その3分の2は空き家であり、婦女子はおらず、道沿いには焼け落ちた商家の残骸がいくつもあり、村の北門には生首が吊るされているほどであった。

永豊鎮はまさに匪賊の跋扈《ばっこ》する土地そのものであり、武装移民として第一次開拓移民団の目的の一つがこの匪賊の討伐、治安の回復にあった。

翌1933年（昭和8年）2月11日、各中隊から選抜した屯墾一個中隊が警備指導員の熊谷大尉を隊長に佳木斯を出発し、永豊鎮へ先遣隊として吉林軍の2団と共に東宮大尉も同行し出発した。途中で横道河子に一泊し、13日の夕方永豊鎮に到着した。

14日には吉林軍の駝腰子への匪賊討伐が始まり、屯墾隊からも54名が援軍として参加した。

「駝腰子の附近は大金鉱地であつて七千の匪賊が占領して砂金採掘に従事して居て、屯墾隊が来れば襲撃して移民を断念させるといふデマを飛ばして居たのである。此処を討伐しなければ安心して移民事業を進めることが出来なかったし……」＊29

この駝腰子には、永豊鎮にはない建築に必要な松材が豊富にあった。

15日未明からの攻撃で駝腰子を制圧することはできたが、この戦闘で開拓団の福島小隊の渡辺熊治を失うことになった。同時期に岩手小隊の3名が、孟家崗で200名の匪賊に襲われ命を絶った。この事実からしても満洲開拓団の満洲への進出は、決して歓迎されるものではなかった。

山崎芳雄・談話

『満洲農業懇話会報告書』＊30から、当時の山崎の談話を書き出してみる。

昭和7年11月20日、「三個中隊を編成して鉄砲と機関銃と迫撃砲を持って佳木斯から吾々の入植する現地を見に行こうと云うので入っていったのであります。二日掛かって現地に着きました。佳木斯から永豊鎮に向かって行きますと、彼処に匪賊の始終出入りする峠がある。其の峠を越した所から吾々の入植すべき現地がある訳です」＊30

そこは一望の草原で、東に山脈が走り、山脈の一部が盆地になっていて、永豊鎮はその盆地に当たる。東の山脈には満洲には珍しい樹林地帯で建築に必要な紅松が、その他紙の原料の楮《こうぞ》、橅《ぶな》、白樺、白楊、槐《えんじゅ》等の豊富な木材が自生し、石炭、砂金、ドロマイトなども産出される土地であった。

周囲には資源が豊富にあるにもかかわらず、畑はほとんどが芥子《けし》畑であった。

「芥子が砂糖であれば、百姓は油虫であります。匪賊は蛾であります。蟻と油虫と砂糖が一緒に混ざがって其処に居ったのです。永豊鎮は有名な匪賊の巣窟であったのです」＊30

良民のような格好をして百姓をしていても、彼らもまた匪賊であることが多く、彼らの家の屋根には銃剣が刺してあり、屋根裏には紅槍会の赤い房のついた槍が何十本も隠してあった。

「全く私共が入った時には戦国時代でありまして、満洲国だってまだはっきりして居ませぬし……そこで私共は誰が與えるともなく、又與えられた訳でもなく、自ら此の鉄砲を持って居て匪賊を守りながらの植民だったのです……能く今日では南洋と云うことが言われますけれども、私は北を忘れた南洋はない。北を忘れて南洋に出ましても其の南洋とは忽ちにして足が切れる。また北を忘れた支那大陸の経営はないと思うのであります。大陸に足場を持たない大陸経営はないと思うのです……やはり日本海を取巻いた日本の周辺の大陸こそが日本の真の足場だと思うのです。此の足場を忘れて東亜建設はないと思うのです」＊30と、永宝鎮の紹介と北満に対する想いを山崎は語っている。

永豊鎮

第一次開拓団が入植した永豊鎮とはどんなところだったのだろうか。永豊鎮は東経130度20分、北緯46度20分の位置にあり、北海道稚内市は北緯45度41分にあるので、稚内とサハリン・コルサコフ（大泊）との中間より、むしろコルサコフに近い位置にある。

永豊鎮と札幌の気温を比較

永豊鎮と札幌の気温を比較すると下記の表のようになり、永豊鎮は札幌に比べて緯度は高く、標高は180メートルと高いところにある割に夏期の気温は高く、作物の生育には適している。

しかも北海道から東北地方にかけてのように冷害による不作は少ない。唯一9月に入ると急激に気温が下がり、初旬に降霜することが農業上の欠点にはなる。また、永豊鎮での雨量は年間を通して内地の半分ほどの約500ミリ程度であり、7、8月は年間降水量の半分ほどが降る雨期となるが、北満では雨の多くない方が農作上良い。しかし、のちにこの8月の雨が、多くの開拓民に困難をもたらすことになった。

11	12	平均	緯度	標高
(−) 10.3	(−) 17.7	1.3	46.2	184.0
3.1	(−) 3.2	6.9	43.0	16.9

永豊鎮の利点は、満洲の一般家屋より多くの木材を使用する日本式家屋を造るために必要とする建築材料が、容易に手に入ることにあった。燃料としての薪炭に恵まれており、付近に石炭も豊富にあるが、薪炭に恵まれているので手をつける必要もない。また、建築に必要な石灰も豊富に産出していた。

強いて欠点と言えば、

「此の永豊鎮移住地はすこし趣を異にし、相当起伏のある高原地帯にあって山に近く其の景観は満洲の内では余程日本内地に似て居るが、欠点と云えば少し高度が高い為無霜期間が長いことと既耕地が少ないことである……何にせよ其入植当時は満洲事件勃発後一年経ったか経たない昭和七年十月であったから、その入植当初の輸送の困難さは実に筆紙に尽し難きものがあり、同地方の治安不良と相俟って、同移住地の経営は非常なる支障を受けたことは事実である」＊31

「佳木斯から永豊鎮に至る陸路も、昨秋を以て満洲国の国道が完成したので、一年中自動車が通る様になったが此の国道の完成を見るまでは甚だしき悪路の連続で、七八月の雨期になれば満洲特有の大車（荷車）の交通すら杜絶する有様であった。然も佳木斯永豊鎮の中間にある弥栄峠

永豊鎮・札幌気温の比較　昭和8年

月	1	2	3	4	5	6	7	8	9	10
永豊鎮	（－）19.8	（－）16.6	（－）8.0	4.2	12.8	17.3	20.8	18.7	11.4	2.3
札幌	（－）6.3	（－）3.4	1.7	7.3	10.4	14.8	19.2	20.9	16.3	9.7

『弥栄村要覧』＊29

附近は有名な匪賊の出没地であって、悪路と相俟って移住者の往来並びに物資の輸送を妨げたものである」*31と、中村孝二郎は永豊鎮を紹介している。

1937年（昭和12年）に開通したばかりの現在の図佳線に乗り、第一次開拓団が開拓した弥栄村の中心にある「弥栄駅」に降り立った足立茂藤英《もとひで》は、『満洲の移民村を訪ねて』*32の中で、「ここの部落の名を永豊鎮と云ふ、我々の着いた日は生憎とヒドイ雨降りだった。村の本部は部落の街はづれにある。駅から本部までの五六町の間僕らは泥濘の道になやまされた。泥の中に沈んだ永豊鎮と云ひたい位だ……かつて内地から招かれた妻子が十数日を費やしてハルピンから水路佳木斯に来、更に佳木斯から三日も馬車に揺られて悪路と戦わねばならなかったのに、今は鉄道も通じ鮮満国境から僅々十八九時間で来られるとは往時をかえりみて隔世の感がある」*32と書いている。

その後、1936年（昭和11年）2月に組織を完全な自治農村とし、名称も弥栄村と改め自治行政の事務の一切は弥栄村役場で行い、経済活動は弥栄村協同組合が担当することになった。

「弥栄村村長と共同組合長は、共に移住者から慈父と仰がれる主席指導員の山崎芳雄君が之に当り、その他の指導員之を援け……」*31と、山崎芳雄が中心となって開拓地の運営に当たることとなった。

弥栄村の追憶

第一次開拓団に長野県から「俺の生きる道は満洲だ。思う存分頑張ってみよう」*33と応募し、1

941年（昭和16年）に弥栄村から初めて応召し、敗戦とともにシベリアへ抑留された小倉幸男の手記から弥栄村の歴史を振り返ってみる。

小倉の応募した「武装移民」とか「試験移民」ともいわれた第一次開拓団・一個大隊500人の応募条件は次のようなものであった。

・軍隊の既教育兵であること。
・30歳未満にして志操堅固、困苦欠乏に耐え在隊成績良好なる者。
・3年間は仕送りを要しない者。
・理想郷建設に邁進し北満洲に骨を埋める確固不動の精神を持つ者。

1932年（昭和7年）
8月20日　松本連隊区司令部へ出頭　長野県で42名の採用決定
9月5日　茨城県友部の国民高等学校へ入校　訓話・開墾作業・駆歩の連続
食事は麦飯・粟飯・一汁一菜
9月25日　訓練修了、帰郷
10月3日　午前7時明治神宮外苑に集合。市川大隊長抜刀　指揮による明治神宮参拝、拓務省で永井柳太郎大臣の訓示、東京駅から神戸港へ
10月5日　正午乗船、7日朝、大連港着、荷物の陸揚げ後奉天へ

10月7日　奉天着、北大営旧張学良の兵舎へ、関東軍によって準備されていた武器弾薬・軍服・防寒具の支給を受け完全武装
10月11日　奉天出発
10月12日　哈爾浜着、松花江を佳木斯へ、開拓地への入植は匪賊の横行による治安問題と寒さのため年明けになる
・農事関係　山崎芳雄団長、佐藤修、平田静人、堀北獣医、堀江軍医
・警備関係　市川中佐、熊谷大尉、沓沢中尉、工藤中尉、須永中尉

1933年（昭和8年）
2月11日　山崎団長以下先遣隊零下30度の中を出発、永豊鎮入植
2月15日　物資収集班が匪賊と交戦戦死1名
3月20日　伐採班警備隊が匪賊と交戦3名戦死
3月27、28日　関東軍東宮大尉立ち会いの下に市川隊長、山崎団長と満洲樺州県町唐純礼、地歩移民代表孫徳氏との間で土地協定締結
4月1日　本隊入植
4月12日　小隊長会で弥栄村部落用地に関する議定書作成、12部落（小隊）用地決定一斉に共同家屋（満洲式長屋）3棟建設着手

各小隊は永豊鎮本部から1~3里くらいの所にばら撒って点在して、小隊間は2000~3000メートル離れているが、1200~1300メートルと接近した所もある。

8月15日　東本願寺高橋麗真師着任、弥栄本願寺を開設

本部は永豊鎮中心に土塀を巡らした中に3棟の建物、元紅槍会匪賊の本拠地永豊鎮には購買部・木工班・農産加工・製材・鍛工・自動車輸送班・医務室、本部には市川隊長・山崎団長・農事指導員・本部要員など12名

満鮮人の出入りは自由、夜間警備も手薄

1934(昭和9年)

2月16日　夜中1時頃本部に匪賊襲来、幹部3人負傷、武器弾薬を奪われる

紅槍会匪賊(大刀会匪賊)小銃の外短い槍の先端に赤い「ふさ」をつけ、呪文を唱えながら、銃弾などものとせず立ち向かう狂信的な集団で、精鋭名日本軍も手を焼いていた

9月　治安も回復し、既婚者の家族を召致する

1935年(昭和10年)の9月には第二次花嫁部隊を召致、1936年(昭和11年)には未婚者全員を対象に第三次花嫁召致が計画され、全国から65人の花嫁が新潟に集まり、4月22日、新潟港から清津へ、図們経由でハルピンから佳木斯に着いたのは4月25日のことだった。

「佳木斯出張所で大休止の後、出迎えの貨物自動車に分乗、昼過ぎには弥栄村本部へ無事到着した

……翌日、弥栄神社で、山崎団長以下関係者の出席を得て伊佐間神官による集団結婚式が行われ……花嫁一同も弥栄村人となり後に大活躍をしたのである」＊33

全団は出身地ごとに分かれ、栃木村・青森村などそれぞれ出身地名を部落名とし数十戸で一部落を構成していて、村長は団員の中から選ばれ、全団に自治制がとられていた。

農地の経営は１９３６年（昭和11年）までは共同経営方式をとってきたが、１９３７年（昭和12年）2月11日より完全な独立経営に移行し、各戸に幅１００メートル、長さ１０００メートルの耕地が分与され、昭和12年度には１７００町歩の作付けが行われた。家族の内地からの招致も行われ、現地での出産もあり、総人口は１０００名近くに膨らんだ。

匪賊

『満洲の移民村を訪ねて』＊32の中で、著者の足立茂藤英は当時の弥栄村について、次のように語っている。

「団本部即ち弥栄村の役場は……かつて移民団が佳木斯より進撃を続けて永豊鎮を占領せる際、敵の本営をそのまま本部に使用せるものである。即ち永豊鎮は開村前李根と称する紅槍会匪の頭目の占領するところであり、現在の役場は頭目の住家であった……匪賊の夜襲、包囲にあうこと十数回、物資の欠乏、団員の動揺等あらゆる艱難辛苦を経てきた。その辛苦は出発当時四九二名を数えた団員が現

在の三三六名に減じたる一事を以ても察することが出来る」＊32

また、「この村は一万町歩の可耕地と一万町歩の放牧地とを有し、この団の特色は、その位置環境からと、団長山崎芳雄氏の人格思想とによって、自墾自耕自給自足を理想とし、満人を交へざる純日本村の建設を目指し堅実なる発達を一歩あゆみつつあることは、開拓の遅々たる点に一部非難を加ふる者もあるが、国策移民の理想型として、全移民団中の範とされている……仲間から多くの退団者を出しながら最後まで踏みとどまった立派な人達である。涙のにじむ様な苦心談を聴かせて貰い、頭の下がる感がした。村の諸君の述べられる様に土地の選定にも計画にも誤りや失敗のあったことは事実だ。『我々を試験移民とは何事だ』と憤慨されるのも尤もだ」＊32と書いている。実際に匪賊との戦いで11名が戦死、病死も11名、合わせて22名が死んでいる。

昭和7年

10月14日　佳木斯到着後午後8時頃匪賊数百名の襲撃

11月17日　佳木斯東方8キロ附近で日本軍が襲撃を受け、東宮大尉が屯墾隊員21名を引き連れて応援に

12月16日　午前4時頃松花江を挟んだ対岸から50発余りの砲撃あり

12月22日　午後11時半頃襲撃、翌23日午前5時まで続く

昭和8年

2月14日　吉林軍の応援で54名の応援隊を出す。最初の犠牲者福島小隊の渡辺熊治が出る

3月20日　200名余りの匪賊の襲撃で岩手小隊の3名が戦死

5月15日　孟家崗の土民から匪賊の襲撃ありとの連絡で出動、4名射殺

5月28日　佳木斯道路補修に出動した木工班が就寝中使役していた満人に銃2丁を奪われる

6月20日　伐材班の宿舎が襲撃され3名惨殺され、強奪の上放火される

7月26日　永豊鎮南方1800メートル附近で襲撃を受け福島小隊佐々木善吉軍曹死亡

8月15日　午前1時頃黒槍会匪賊に秋田小隊が襲われる、少人数で居るのを察知された

10月2日　哈爾浜からの馬の輸送隊が襲撃される情報を得て応援隊25名を派遣

昭和9年

2月26日　午前1時頃100名の黄旗槍会匪が本部を襲撃、3名の重傷者が出る

3月11日　午前10時頃柳河子で山形小隊が4、500名の匪賊に襲われ内海龍之介が戦死

3月12日　午前8時依蘭へ匪賊討伐へ

4月10日　午前4時、永豊鎮北、西、南三方を匪賊に包囲され戦闘に、損害は僅かだが、匪賊は50を超える死体を残す

4月29日　小麦種子の輸送に佳木斯に向かった20数名が4、500の匪賊と遭遇、現役兵4名死亡、

屯墾隊に2名の重傷者

7月30日　湖南省から籾を輸送してきた石田小隊長一行が200余りの匪賊と遭遇、永豊鎮と湖南営から応援に、人的損害はないが籾30石が焼かれる

9月21日　秋田小隊の家族30名ばかりの匪賊の襲撃を受けるが被害なし

12月20日　鉄嶺付近で秋田小隊佐藤興太郎戦死

昭和10年

6月20日　土屋少尉指揮する家族輸送隊が300名の匪賊と遭遇、土屋少尉戦死

7月28日　群馬小隊で雇い入れた苦力が匪賊に寝返り銃器を持って逃亡

9月9日　佳木斯からの輸送隊が土屋少尉戦死の附近で約50名の匪賊と遭遇、2000ほどの物的被害

10月1日　福島小隊大内清助、南山南方で戦死

このように弥栄村では匪賊との戦いに悩まされていたが、それればかりではなく、いくつかの感染症との闘いもあったようだ。山崎はこうも書いている。

「翌八年の夏に多数の下痢患者が出ました。これは吾々入植した日本人ばかりでなく、一般の土民の間にもこの病気が流行ったようでありました……昨年（昭和八年）子供が疫痢で二人ほど亡くなりま

した……一昨年窒扶斯に類した患者も出まして、これで二人ほど亡くなりました……尚天然痘の如きも土民の間には若干流行するように聞いて居りますが、これは種痘によって予防する……」＊29と。

また、開拓民を悩ました風土病にカシン・ベック病がある。これは動植物が腐敗・溶けた水を飲用することで起こるとされた病気で、関節と骨の変形や腫れを主な症状とした。

永豊鎮移民の現状

このように第一次開拓団は、１９３３年（昭和８年）３月上旬、永豊鎮に入植し12部落に分散して農耕に着手、４００町歩の播種と木材の伐採を行うが、入植後に匪賊の襲撃と多くの下痢患者を出し、耕地のほとんどを放棄したため収穫は激減する。伐採班も匪賊の襲撃を受け３人の犠牲者を出し、木材の運搬も思うようにできず住宅建設が遅れたため、急遽満工人を雇い入れ、どうにか約30名の家族を日本から招致することができた。

１９３４年（昭和９年）には、土竜山事件（依蘭事件）が勃発し治安は再び乱れ、伐採運材作業も中止になり、その年の播種作業も僅か３８０町歩に終わったが、極力個人家屋の建築に力を入れたために約70戸の個人住宅を完成させることができ、秋には１４０名余りの家族を呼び寄せることができた。この年の11月には佳木斯、永豊鎮間の国道も完成し、寧佳線の移住地通過も確定した。昭和９年末現在、家族を合わせて団員は５００余名に達したが、入植時の約三分の一以上の中途脱落者があった。

山崎は1935年（昭和10年）『永豊鎮移民の実況』＊34の中で現状をこう言っている。

「小麦は非常に宜しい、大麦も良く出来る……その他作物としては高粱、粟、稗、玉蜀黍、大豆、小豆、それから菜豆、鶉豆ああいうのは非常に良く出来ます……工業作物としては砂糖大根（シュガービート）これは非常に良く出来る。煙草、ホップ、西瓜、柑瓜、トマト、茄子キャベツ、内地から持ってきた大根は根に虫が付くので対策を考えている。畜産も申分ない」＊34

また、内地の稲作と比べても、

「昨年は匪賊の害を受けまして適期に種を下ろすことが出来ませんでしたが、五月二十六日に種を蒔きまして、それが立派に成熟しました。二町歩程作ったのでありますが、白米で三十石の少し上を収穫したのであります……これは無肥料で而も粗放な作り方をして尚これだけの収穫が全然あった訳で、之を日本の内地の水田に較べて寧ろ私は面白いと感じたのであります……日本人が本気に稲作をやる場合は少なくとも一反歩から籾で四石、玄米二石前後の収穫は必ず平年に獲り得るとこう信じて居ります……而も内地より尚面白いと思うことは稲作の期間が非常に短いのであります……除草も二回で済む。こう言う点は寧ろ稲作上有利じゃないかと思う位であります」＊34

そして、「然らば将来どのように地方に移民を余計に送ったならば宜しいかと申しますと、これは私一人の腹案でありますが、私は今度の移民の行く前からこの東部シベリア国境に近い東部の山間地方この辺りを全く日本と同じ色に塗ってしまうのだ。極簡単にそういう風に考えて居りました。今尚そういう風に考えているのであります。戦争をする時は拠点というものが必要であります。それと同じように移民する場合にも拠点を造ったら宜しいと考えているのであります。その拠点は満洲の東北部に求めたら極簡単であります。尚それ以上には黒竜江省なり遼河の附近にも移住地は求め得られると思います……少なくとも将来に於いて満洲の世論を左右し得るだけの日本人があの地に入らなければならん、而も農業移民が可能性が多いと認めて居ります。出来れば一千万人位満洲に農業移民を入れたい。大負けに負けても五百万位どうしても入れたいと考えるのであります」＊34と将来の展望についての私見を語っている。

農村としての永豊鎮

第一次開拓団移住地区の面積は約4万町歩に近く、そのうち容易に開墾できる可耕地は約5000町歩に達する見込みであり、山崎は入植してからの2年間と今後の永宝鎮での農業について、以下のように述べている。

稲作　永豊鎮でも稲作は行われており、内地の東北地方のような冷害に見舞われる心配をしていたが、被害もほとんどなく、質は少し劣るものの稲作は大丈夫と自信を付けた。

「従って満洲移民で最も心配されて居た所の、日本人が行っても米が食えないから駄目であろうということは、山間部の水の多い地方を移民地とすれば当分の間は心配ないかと思われる」＊35

小麦　小麦は非常に良質で相当の収穫が期待できる。日本の小麦のみで製粉すると粉の質が悪いが、カナダの小麦に代えて「満洲からカナダの小麦と同品位の小麦を生産して内地に送ることになれば、内地の産業を脅かさないばかりでなく……日本としても移民としても有り難いことである。そのほか大麦も非常に良く出来る」＊35

特用作物　麻、亜麻、甜菜、煙草、ビール醸造用のホップ、蔬菜類全般が良く出来る。

畜産　日本人は家畜の育成が極めて苦手だが、牧草地も広大で畜産に有利であって、乳牛、緬羊《めんよう》、豚の飼育には適しており、「こういう家畜を飼うのに非常な天恵であると考えられることは、伐木した跡の草原には牧草として使える野草が非常に多い……」＊35

他に農耕馬、鶏、ガチョウ、アヒル、養蜂、養蚕などの飼育実験も行っている。

家　拓務省から一人あたり２５０円の補助金を貰ってはいるが、実際はもう少し欲しいところで、昨年（昭和９年）は個人住宅を76戸建て、今年は少なくとも１５０戸、上手く行けば２００戸を目標としている。36名いる長野小隊は昨年19人分の家を建て、17名の岩手小隊は10人分の家を建てた。その反面全く家を建ててない小隊もあるが、「個人家屋に入った連中は非常に和やかな日を送って居る」＊35

人員「三百余名の隊員に、家族が百七十名近く入って居る。この三月の初めに五十九家族ばかり連れて行くようになって居り、秋までには少なくとも三分の二は家族持ちになること、思う。若い元気のよい者ばかりであるから、出産率も可なり高く、今年中には五十名ぐらいの赤坊が生まれる

というはなしである。盛んに生めば、拓務省は金のかからない移民が出来る訳で、結構なこと、思われる」＊35

健康状態　入植時は良くなかった。赤痢、チブスが発生し2人罹患《りかん》し、子供も2人亡くなった。入植してから病死者を11名出している。団員の体重を毎月量っていて、月々増えてきていて、この10月の平均体重は男性16貫（60キロ）、女性は15貫強（56・3キロ）であった。老人は71歳のお婆さん、61歳のお婆さんとお爺さんがいる。

内地の農村対策としての満洲　内地農村の行き詰まりを解決するために、

「朝鮮満洲を捜して見たが、朝鮮はどうも物足らず……朝鮮は所に依っては違いがあるが大体に於いて土地が非常に痩せて居る。南満の綿は無肥料でも可なり伸びるが、私が朝鮮の鉄原で作ったのは、初め双葉が出て、それから本葉が出てあとは少し伸びただけでどうしても太らない……この意味からして我々の入って居る地方は、日本の子弟が行って、充分にやって行けることを二カ年の経験で一層確信した訳である……今日この重大なる国策遂行の時に当たって、満洲移民はいけないとか何とか云う詰まらぬ宣伝が社会の一部に考えられることは洵に心外に

収容可能農家数　昭和8年

	現在農家	収容可能農家	計
奉天	1,736,309	378,325	2,114,634
吉林	800,502	663,159	1,463,661
黒竜	335,496	670,693	1,006,189
計	2,872,307	1,712,177	4,584,484

満洲年鑑

堪えない次第である」*35

第一次開拓団用地議定書

1929年（昭和4年）に満鉄が調査した満洲・東北三省の土地利用の実態は下記のようなものであった。その中で一番大きな面積を持ち、ソ連国境と接する黒竜江省に多くの開拓団が入植するようになった。

第一次開拓団が入植した永宝鎮は、可耕地1万町歩の7パーセント（700町歩）が既耕地であったが、第二次開拓団が入植した千振開拓村は、買収面積の71・2パーセント（約8850町歩）が既耕地となっていた。

東北三省の土地利用　昭和8年

	総面積（町）	現在耕地	森林	その他	農地%	森%	他%
奉天	18,654,859	4,748,396	1,646,075	12,260,396	25.5	8.8	65.7
吉林	26,969,342	4,985,235	10,521,446	11,462,661	18.5	39.0	42.50
黒竜	58,683,149	3,882,768	24,000,000	30,800,363	6.6	40.9	52.50
計	104,307,350	13,616,399	36,167,521	54,523,420	13.1	34.7	52.3

満洲年鑑

東北三省の耕地区分　昭和8年

	総面積	既耕地面積	未耕地面積	可耕地面積	不可耕地面積	森%	他%
奉天	18,654,854	4,748,386	1,702,462	6,450,847	1,220,007	8.8	65.7
吉林	26,969,342	4,985,125	5,968,439	10,953,674	16,015,668	39.0	42.50
黒竜	58,683,149	3,882,786	9,054,360	12,937,146	45,746,004	40.9	52.50
計	104,307,345	13,616,297	16,725,261	30,341,667	62,981,679	34.7	52.3

満洲年鑑

第一次開拓団では、開拓地確定の独自の土地協定が1933年（昭和8年）3月28日に孟家崗の元紅槍会本部跡の移民団本部で結ばれた。出席者は唐県長、東宮大尉、土民代表の孫徳増と団長の市川隊長の4名で、農事指導員の山崎芳雄が陪席した。

この頃はまだ中国の土着農民に対しての配慮が働いていたのか、入植地は唐県長からの要請もあって、なるべく民地に重ならないように匪賊横行の場所ではあったが、官地の多い永豊鎮の東側に、民地の多い西側を避けるように設定された。

議定書の内容は次の通りである。

「第一条　用地ハ成ル可ク一地ニ集団スルコト
第二条　現在農耕中ノ満人ノ生活ニ脅威ヲ及バササルコト
第三条　未耕地ヲ主トシテ選定スルコト
…
第七条　私有地ハ屯墾軍ニ買収ス
第八条　耕作代地ヲ向陽山及ビ八虎刀河岸地区ニ与フ
第九条　移住スルモノニ対シテハ別ニ委員ヲ設ケ之レカ　指導補助ヲ行フ
第十条　当分用地内ニ居住ヲ希望スルモノニ対シテハ現耕地ノ約半分ノ耕作ヲ許可ス
但シ耕作及期間決定ニ関シテハ屯墾隊長ノ承諾ヲ受ルモノトス

昭和八年・大同二年　三月二十八日　永豊鎮ニ於テ
屯墾隊長　市川益平　樺川県長　唐純礼　屯墾隊顧問　東宮鉄男
地方民代表　孫徳増」＊29

この第一次土地協定による用地は4万5000町歩、うち森林は2万5000町歩、草生地が2万町歩で、草生地の内訳は放牧可能地1万町歩、可耕地1万町歩、可耕未墾地が9300町歩、既耕地が700町歩、熟地が500町歩であり、協定区域内にすでに土地を開墾して耕作している地主や小作人が、合わせて99戸、400人もいた。

実際にはこの人数より少なかったようだが、開拓団が入植して立ち退き料を払うことが発表されたことで、匪賊を恐れて逃げていた住民が帰ってきたために人数が増えたと思われる。

立ち退き者には大人子供を問わず、一人当たり5円の立ち退き料が支給され、移民団が手をつけないとされた永豊鎮西部に移り住んでいった。また、1000町歩の私有地の買収も同時に行われ8月に終了した。こうして、第一次開拓団の永豊鎮での入植が動き出した。

商租権

土地の商租権は、日本が得た満蒙権益のうち最も重要なる一つに数えられている。これは満洲人と日本人の土地の売買のことを指し、土地の売買について、優先権のある隣接地主の承認を受けてから売買契約書を作成し、県公署に登記すると同時に日本領事館へも届け出る必要があるとされる。

地主の中には登記税の支払いを避けるために売買済みの土地でも登記をしていない者も多く、実際の隣接地主が誰であるか確かめるのは容易ではなかった。

移住者が商租する面積は、地方により違いがあるが、東北満州では移住者一戸当り農耕地を約10町歩、山地・草地を10町歩、合計20町歩見当が移住者に長期低利年賦で分譲された。しかし、満州事変の直後には、満洲の広大な土地を無償で貰えると勘違いして渡満した人も結構いたようだ。

満洲国民生部土地局が「商租について」と題して、1935年（康徳2年11月・昭和10年）に出した資料によると、商租とは1915年（大正4年）5月25日、『対華21ケ条要求』に対して締結された日支条約『南満洲及東部内蒙古に関する条約』第2条に規定されている法人の土地に関する権利であって、そこには「日本国臣民は南満洲に於て各種商工業上の建物を建設する為、又は農業を経営する為、必要なる土地を商租することを得」とあり、また同条交換文には「商租の文字には三十カ年までの長き期間附きにて尚無条件にて更新し得べき租借を含むものと了解致候」とある。

しかし、支那側は調印後すぐの6月22日、土地の商租を禁止する大総統令『懲弁国賊条例』や『国土盗売禁止令』を出した。これは日本人に土地を貸与した者は公開裁判を経ずに厳罰に処すとするもので、このため支那人は危険を冒してまで日本人に対し土地商租を行わなくなった。

もともと満洲での土地取引は省政府発行の売主の有する地券をもって行われ、その地券には「此の地権は若し外国人に抵当又は密売したる時は直ちに無効とす」という朱印が押されていた。しかも仮に支那人が地券を外国人に売り払ってしまっても、すぐに紛失届を出せば若干の手数料で再発行することもできたので、買い取った土地をすぐに実効支配しなければ売買自体が意味をなさないものであった。

しかもこの商租権の言葉自体が条約によって生まれた妥協の産物で、商租権の細目が検討されてもおらず、所有権・地上権・賃借権的をすべて含む概念としての商租権であり、1934年（昭和9年）には領事館が認証した商租契約の件数は939件にも膨らんでしまっていた。

土地収用法

満洲事変によって満洲開拓の事業環境が好転したとはいえ、石原莞爾たちの目指した植民地であれば日本本土の法律制度を運用さえすれば良かったが、俄《にわか》に出来た満洲国は独立国家としての法的準備が全くなされていなかった。そこで執行できる法令が皆無である以上、今まで通り中華民国の法令を運用するしか方法がなく、土地収用法の早期の制定が求められた。

このことは、1932年（昭和7年）満洲国が成立した直後の1934年（昭和9年）に特務部第五委員会がまとめた報告書「満洲国土地収用ニ関スル法令制定ニ関スル件」*16の後段「説明」の中に、「現在満洲国に於ける土地収用に関しては民国十七年（1928年・昭和3年）七月二十八日施行の民国土地徴収法が援用せらるるものと解するも……」とあることからも明らかである。

　また、中華民国の国是ともいえる、孫文が１９０５年（明治38年）中国革命で提唱した三民主義が満洲国の国家運営にそぐわない主張であるとの考えから、

「三民主義の思潮の下に縣の徴収委員会の委員は民間より選出するもの多きに失し収用価格が不当に高価に決定せらるるの處あるのみならず日本法人が国の委託を受けて公共事業を起さむとする場合には同法の適用なき等満洲国の現実の法的要求に副はざるの点あるを以て満洲国独自の立法を要求すること切実なるものあり殊に最近不在地主及過大地主の土地の所有権及用益権を公用徴収する方法並び移民事業用地、鉄道及道路用地を強制取得する方法等につき満洲の国情に適したる立法を要望するもの多きに鑑み茲に満洲国土地収用に関する法令を制定せしむとす」＊16と、満洲国としての土地収用の法的根拠の確立を求めた。

　この思想は法律の条文からもはっきりと読み取ることができる。第三条には土地の収用審査委員会の構成メンバーとして、省長を会長として「事業認定官庁の高等官より一人、その他の高等官より二人、学識経験者より二人」で構成されており、その審査結果は明らかであり、第四条の補償の対価については「土地の収用又は使用に因り関係人の通常受くべき損失は起業者之補償するも土地の価格に就いては土地の登記価格に照らして之を補償することを妨げざること」と、実勢価格での補償を否定している。これでは立ち退いた農民が新たに同程度の土地をよそに求めるのは全く困難なことは明らかである。

『満洲国土地収用ニ関スル法令ニ関スル件』*16

特務部第五委員会　　昭和九年四月

要綱

第四　土地ノ収用又ハ使用ニ因リ関係人ノ通常受クヘキ損失ハ起業者之ヲ補償スルモ土地ノ価格ニ就テハ土地ノ登記価格ニ照シテ之ヲ補償スルコトヲ妨ケサルコト

第五　収用又ハ使用スヘキ土地ノ地主及同居家族ノ所有スル総テノ土地カ一定地価ヲ超過シ且左ニ各号ノ一ニ該当スルトキハ勅令ノ定ムル所ニ依リ起業者ハ其ノ超過分毎ニ累進率ヲ以テ前項ノ保証価格ヲ逓次低減スルコトヲ請求スルコトヲ得ルコト

一、収用又ハ使用スヘキ土地ハ其ノ地主及同居家族カ自己ノ労働力ヲ以テ之ヲ現実ニ用益セサルモノナルトキ

二、収用又ハ使用スヘキ土地ハ其ノ地主及同居家族カ其ノ地目ノ用法ニ従ヒ之ヲ現実ニ用益セサルモノトナルトキ

説明

現在満洲国ニ於ケル土地収用ニ関シテ民国十七年（1928年）七月二十八日施行ノ民国土地徴収

法カ援用セラルルモノト解スルモ収用ノ裁決機関カ三民主義ノ思潮ノ下ニ県ノ徴収委員会ノ委員ハ民間ヨリ選出スルモノ多キニ失シ収用価格カ不当ニ高価ニ決定セラルルノ虞アルノミナラス日本法人カ国ノ委託ヲ受ケテ公共事業ヲ起サムトスル場合ニハ同法ノ適用ナキ等満洲国ノ現実ノ法的要求ニ副ハサルノ点アルヲ以テ満洲国独自ノ立法ヲ要求スルコト切実ナルモノアリ殊ニ最近不在地主及過大地主ノ土地ノ所有権及用益権ヲ公用徴収スル方法並移民事業用地、鉄道及道路用地ヲ強制取得スル方法等ニ付満洲ノ国情ニ適シタル立法ヲ要望スル者多キニ鑑ミ此ニ満洲国土地収用ニ関スル法令ヲ制定セムトス

『土地収用法第四十条ノ規定ニ依ル補償価格ノ低減ニ関スル件』*16（勅令案）

昭和九年三月　特務部第五委員会

第二条　土地収用法第四十条ノ規定ニ該当スル地主及同居家族ノ所有地全部ヲ収用又ハ使用スヘキトキハ其ノ地価ノ合計ヲ左ノ通区分シタル地価ニ左ノ率ヲ乗シタル額ヲ土地収用法第三十九条ノ規定ニ依ル土地ノ補償価格ヨリ低減スルコトヲ得

七百円ヲ超ユル地価　百分ノ一

千弐百円ヲ超ユル地価　百分ノ二

八千円ヲ超ユル地価　　　　百分ノ三十

一萬円ヲ超ユル地価　　　　百分ノ四十

第三条　収用又ハ使用スヘキ土地カ其ノ地主及同居家族ノ所有地ノ一部ナルトキハ先ツ其ノ所有地ノ全部ヲ収用又ハ使用スヘキ場合ト仮定シ之ニ前条ノ規定ニ依リ区分シタル地価ニ実際収用又ハ使用スヘキ土地ニ相当スル部分迄該当最高率ヨリ順次之ニ次ク高率ヲ乗シタル額ヲ土地収用法第三十九条ノ規定ニ依ル土地ノ補償価格ヨリ低減スルコトヲ得

幹部排斥運動

入植の翌年1933年（昭和8年）7月には、早くも永豊鎮で幹部の排斥運動が起き、その波紋は第二次開拓団にまでに及ぶことになり、東宮大尉、加藤完治が鎮撫に当たった。山崎は「撃ち殺されるのではないかと思ったことはありました」＊27と、かなりの危機感を抱いたようだ。

実際開拓地各地区に散らばっている小隊を回っても、ほとんど仕事をしないで、「病人と同じ様に、フラフラして居る。ごく真面目な者だけが畑へ出て仕事をしていましたが、全体的に云いますと殆ど仕事をしなかったと見てよい位でしょう、私が行くと少しは出て来ますが、大部分休んでしまっていた」＊27そういう時期が少しあったという。

主だった者たちが永豊鎮の本部に来て会議ばかり開いていたので、

「若し君達にとって、われわれがそんなに癪に触るならば、吾々は何時でも自決してもいい、ただおまえ達が徒党を組んで幹部を排斥すると云うようなことは、止めたら宜しかろうと注意を致しました……一時は実際落着いて行って呉れるか知らんと、心配して居りましたが、秋時分から随分と良くなって来まして、昨年はすっかり良くなった。昨年の春も二十名余り退団者が出ましたが其後はずっと良くなりました」＊27とする。

排斥運動の大きな原因は、打ち続く匪賊の襲来と、夏期の風土病でのアメーバー赤痢で500人の隊員中400人が罹患し、所持金も使い果たし不満が爆発したものだったが、もう一つ住居の問題もあった。

当初、山崎はとりあえず現地人の住居を買い上げるかどうかして、そこに住みながら自分たちの手で住居を建てることを考えていたが、

「処が加藤先生が御出で下さいまして、今迄利用して居りました土民の家で冬を越すと云う事はどうも面白くない、この際是非共共同家屋を建てたが宜しかろうと云う事になりまして、急に思い立って土民の手を借りまして、全く請負で共同家屋を作ったのであります」＊27

ところが、その出来映えが金が掛かった割にはあまりにも粗末で酷い出来だったため、昭和9年度に建設委員会を立ち上げ、話し合いの結果、個人住宅の建設は各小隊に任せることになり、早速宮城小隊ほか7つの小隊が自分たちの手で個人住宅を建て完成させた。その結果、団の雰囲気も大きく改善したと分析している。

この山崎の発言内容がいたく加藤の気に触ったようで、

「今だけの言葉であると、却って移民のためにならなかった様な風に聞こえますから、その点は瞭り云って置いて貰わないと困ると思います」＊27と発言している。加藤はあくまでものちの満蒙開拓青少年義勇軍で行われたような、共同住宅での共同作業を考えていたようだ。

東宮は自身でこの排斥運動の原因を、

「外部よりの扇動等は絶対になきが如し、これは要するに全体が一種の神経衰弱症にかかりたるものにして、幹部排斥の如きはその一発作行動に外ならず」＊42として、いくつかの原因を挙げている。

・2月15日、駝腰子に於て匪賊との戦闘で亡くなった渡辺熊治に対して、陸軍の扱いが当初の軍嘱託扱いから一転して「遺骨は荷物扱いだ」＊42とまでされたことが流言し、これが幹部の責任だとされた。

・佳木斯、永豊鎮間の道路建設に、開拓団の建築班が転用されたことで、自分たちの模範住宅の建設が遅れ、団員家族の渡満の遅れが心配しだされたこと。団員の炉辺の話は家族、女房の話ばかりになり、「同情すべき心理なり」＊42となってきた。

・通信連絡の設備が不備のために、全体の状況が判らず孤立感が深まってきた。

しかし、この排斥運動の兆候を東宮はすでに感じ取っていた。

『満洲開拓史』＊42の中に、東宮の提出した「第一次武装移民の精神動揺状況および第二次以後の人選に関する要望書」＊67昭和7年12月8日　在佳　東宮大尉が掲載されている。その中で東宮は、

一、「内地における予備訓練時において、すでに決心動揺せるを、取扱者の甘言により渡満せるもの、農業経験なきものが、満洲熱に浮かされて応募し、まず内地の訓練所に入り、加藤完治氏の教育方針に基づく至厳なる農業精神の訓練に挫折し連隊区司令幹部に相談せるに○○より、内地の訓練は単に精神陶冶にて渡満せば農工業の美化（如何なる意味か不明なるもそのまま記す）をなすものにして、殊に表面には表せざるも、金鉱業等有望のもの多し、とも角行けと励まされ、渡満後忽ち悲観せるものあり。

第二次以降はまづ印刷物によりて明確に示し、相当熟考の期間を与え、さらに希望者を各県庁（連隊区司令部）に集合せしめ、然る上志望せしむを要す」

二、奉天にて決心動揺せるもの

「……帝国の移民と満洲国警備とを混同するか如きは想像に余る所なる。事実その後今日に至るまでに、移民隊を去りて満洲軍人たらんとする希望者頗る多し、これまた最初の人選法の不備に基因す」

三、「僅かの困苦欠乏に堪えず決心動揺せるもの」として、佳木斯上陸後、入浴設備の完成が1カ月遅れたこと、高粱飯《コーリャンめし》に対する不満を挙げている。

四、警備勤務に辟易《へきえき》せるもの

現地の日本軍と同様の勤務を行わせたことによる不満。

五、現地視察後、却って悲観せるもの

「寒天下に約十三里余り移民地まで徒歩行軍し、疲労したる後荒涼たる原野を眺め……」

1．河より遠く交通不便である

2．大森林、大炭田、大金鉱があると聞いたが何も無く

3．こんな所に来る嫁はない

4．北満は南満より不良である

5．鉄道沿線を離れては移民は困難である

六、貧困により恒心を失うもの

「禁を犯し、酒食に所持金を使いはたし、軍装せるを奇貨として満洲人より金品を強奪し、または兵営内にても窃盗をなすものあり……その心境は支那人に劣るものあり。これが我が国民教育の欠陥の暴露にして、将来移住地に憲兵または領事警察官を派遣取り締るより外当分方法なし」

七、北大営国民高等学校出身者は最も可なり

「佳木斯到着以来一名の非行者なく、常に移民隊の中堅たり。これが為思想正統にして意志確固、困苦を厭わず、進んで難局に当たり薄志党との間に不和を生ぜしことすらあり、警備に当りても勇敢なり」

八、貧困者にして活路を満洲に求めんとして渡満せるものは可なり

「第二次以降は年令等に拘泥することなく、かかる方面より多数採用するを要す」

九、純真の青少年は可なり

「将来青少年中よりも採用するを可とせん」

十、薄志弱者は左の如き者に多し

「1．農村に生まれながら小学問をなし農耕に従事せず事務員等を為したるもの。

2．内地にして比較的裕福なる生活をなし、新聞雑誌の満洲熱にあおられて志願せるもの。

3．頭髪を延ばせる者（頭髪を延ばせる者の中にも勿論真面目の青年もある）除名希望者として申出たるものは、全員髪を延して所謂ハイカラな男なり」

と、的を射た分析をしている。この分析の後、東宮の考えは第二次以降の開拓団に反映されることになり、またのちの満蒙青少年義勇軍の思想的裏付けにもなった。

特に加藤完治の農業精神だけを強調した精神教育に疑問を呈しているのは面白い。ほとんどの開拓、開拓団関係の書籍・回顧集には「開拓の神様」として加藤完治と東宮鉄男の写真が載せられており、中でも加藤の写真は圧倒的に多い。東宮は戦場で亡くなったが、生き残っていたならば、どこかで加藤とぶつかっていたのではないだろうか。

女性問題

この幹部排斥運動の陰には、もう一つの大きな問題があった。それは住居問題とも密接に結び付いている問題だ。団員のほとんどは家族を日本に置いて単身で満洲の地へ来ているわけで、『満洲移民団に関する座談会』[27]に出席していた原鉄五郎から次のような発言がある。

「群馬県で、特別農業移民に参加し満洲へ行っていて逃げ帰って来た人の話を聞きますと、あっちへ行っていては女の顔なんぞ容易に見られない、それで六ヶ月も経つと、実に頭が変になってしまう。野生に帰ってしまう。其一つの事例として、陸軍で通州事件で行っていた者が、夕方までパチパチ機関銃を撃って、もう暗くなって戦争が出来ないようになると、中隊長から、小隊長、士官までみんな一緒に、八里の山越えをして女の処へ遊びに行く……なんのことはない野性に還って、花柳病があってもそんなことは構はない、醜業婦の処まで八里の山を越していくという、まあそんな状態ですが……」[27]

これに対し第二次移民団団長の宗は、

「……隊員の間では随分そう云う話をして居るのが私の耳にも入ります。女のないと云うことは余程苦痛でしょう」[27]と答え、団員たちの結婚、妻帯者の同伴について話が進む。

すると加藤は或る将軍から聞いた話として、

「軍隊でさえ一年間女なしに置いておくと云うことは到底出来ない、軍で以て統制をして行ってさえ出来ないものが、軍隊でない、統制のない移民団に於いては、それはそんな事を言うのは不可能だ……」[27]とし、家族を持つためにも、

「君等一軒の家を有って、独立自営の人になるには自重せねばいかんじゃないか、一家の主人としてやっていくにはそれでは駄目じゃないかと、色々言えば、大抵解らない者はいない」[27]と、お決ま

りの精神論を述べ、実際、昨年加藤の学校（日本学園）を卒業した21から24歳までの子は一人も妻を持ってはいませんと強調し、現に朝鮮の平壌辺りに行っている人は、充分に土地に慣れてから家族を呼んでいる、それが親切だと強調した。

これに対して宗は、できるだけ早く妻を持たせることが大切で、そのために第一次移民団では無理だったが、できるだけ早く共同家屋を準備し、一つのオンドルに希望があれば二家族位入れても移住者の希望を叶えることが大切だと力説している。

6、山崎芳雄

山崎芳雄

『満洲の移民村を訪ねて』＊32の中で、足立茂藤英が、

「この団の特色は、その位置環境からと、団長山崎芳雄氏の人格思想とによって、自墾自耕自給自足を理想とし、満人を交へざる純日本村の建設を目指し堅実なる発達を一歩あゆみつつあることは、開拓の遅々たる点に一部非難を加ふる者もあるが、国策移民の理想型として、全移民団中の範とされている」＊32とした第一次移民団団長の山崎芳雄とは、一体どのような人物だったのだろうか。

山崎は、当時東洋畜産株式会社の専務理事だった中村孝二郎を介して、加藤完治と関係を持つことになる。

「だんだん仕事が進むと、どうしても今一人其の方面に人間が必要との事で、中村君の意見により丁度其の時朝鮮の不二興業株式会社の鉄原の小作地に居られた山崎芳雄君―北大の実科を出られ後に第一次移民団長―が良かろうとの事になり、私も同君を知っているので、私達二人で同君を推薦して茲

に同君の拓務省入りが決定したのである」*25と、山崎を紹介している。

日本が満洲に初めて送った第一次開拓団の団長山崎は、私の母校北大の出身であったこと、そして後に麻山で命を落とす貝沼洋二が、北大の先輩でもある山崎の下で農事指導員として働いていたこと、そのことが私に満洲開拓団に深く関心を持つきっかけになった。

山崎が1912年（明治45年）6月6日に北大に提出した入学願書が残っている。当時の北大学長・佐藤昌介は札幌農学校第一期生で、初代北海道帝国大学学長であった。

　　山崎芳雄　農学実科入学願書

　　　住所　東京市京橋区炭町十番地

　　医師　山村啓吉

　　資格　東京医科大学別課卒業

右検査致候処相相違無之候也

明治四拾五年六月弐二日

入学願書

私議東北帝国大学農科大学農学実科へ入学志願ニ付別紙学業履歴書中学校卒業証明書体格検査証写真並検定料金参円相添此段恭願候也

　　但シ試験ハ東京ニ於テ相受度候

第二号証明書

福岡県宗像郡神湊町●●●●

平民山崎文吉長男

山崎芳雄　明治弐四年十二月生

右ハ明治四十一年四月当館第一学年ニ入学　明治四十五年三月全科卒業シタル者ニシテ在学中品行上
不都合ノ行為ナカリシコトヲ証明ス

明治四十五年五月三十一日

福岡県立中学校修猷館長　柴崎鐵吉

身体検査証

福岡県宗像郡神湊町●●●●

平民戸主山崎文吉長男　山崎芳雄　明治二十四年十二月十六日生

一、体格　強健　一、身長　１６０・５センチ　一、体重　54・３キロ

一、胸囲ノ差○○　一、視力　左右２・０　２・０　一、脊柱　正

一、聴力（障害有無）尋常　一、耳疾　一、歯牙　完　一、呼吸器　異常なし

一言語　明瞭　一、疾病　無　一、身体異状ノ有無　無シ

履歴書

明治四十年四月福岡県立中学修猷館へ入学

明治四十五年三月卒業
右之通リ相違無之候也
福岡県宗像郡神湊町●●●●
平民戸主山崎文吉長男
東京市神田区北神保町壱弐番地五稜館
明治四十五年六月六日
山崎芳雄　明治二十四年十二月十六日生
呼吸器　肺気管支、肋膜等異常ナシ
神経系　中枢及末梢共異状ナシ
皮膚　異状ヲ認メズ
歯牙　○歯二個
脊柱　正
身体　異常ノ有無　ナシ
既往現在疾病又ハ畸形　未嘗テ顕著ナル疾病ヲ○推リタルハナク現在ノ疾病及畸形等ヲ認メズ
右検査候処相相違無之候也
明治四十五年六月六日
東京市神田区錦町三丁目七番地

東京外国語学校校医　医学得業士　菅能近一

入学願書

私議東北帝国大学農科大学農学実科へ入学志願ニ付別紙履歴書学校長卒業証明書体格検査証写真並検査料金参円相添此段恭願候也

但シ試験ハ東京ニ於テ相受度候也

第二志望林学科ニ有之候

福岡県宗像郡神湊町●●●●

平民戸主山崎文吉長男

東京市神田区北神保町壱弐番地五稜館

明治四十五年六月六日　山崎芳雄

東北帝国大学農科大学長農学博士佐藤昌介殿

（●非公開　○判読不明）

当時はまだ平民、氏族、華族の区別があり、入学希望者のほとんどの生徒が「平」・平民出身者となっている。山崎の生まれは玄界灘に面している現在の福岡県宗像市神湊町で、山崎は緒方竹虎や中野正剛の出身校で福岡藩の藩校が始まりの名門、修猷館《しゅうゆうかん》中学校を卒業している。

体格は強健で身長１６０・５センチ、体重54・３キロ。当時の男性としては平均より少し低いが、

BMIは22とベストな値で、全く申し分のない肉体の持ち主であったようだ。

山崎が何故、九州福岡から北大を受験しようと思ったのか志願理由は定かではないが、第一次希望として農学科、第二志望に林学科を志望していることから、自然を相手の仕事を北の地で学ぼうと思ったのだろう。

札幌農学校『文武会会報』第七十九号*37 1916年（大正5年）発行の「撃剣部報告」には、「五月二十日午後一時半より、本学道場に於いて卒業生諸君の送別会を催せり。此の日部長高岡先生を初め撃剣部諸先生及び多数の部員の来会ありて盛会なきり」*37と、山崎が撃剣部に所属し、文武合わせた青春時代を送っていたことが分かる。撃剣部の送別会は、札幌に現存する時計台、当時の演武場で行われたのだろう。

また「本年度卒業生諸君の姓名左の如し」として、11名の名前が記載され、その中に「山崎芳雄君」の名前がある。山崎は1916年（大正5年）8月に北大を卒業しており、当時農学実科の修業年限は3年間であることから、一年間休学か落第（私が在学当時に使う言葉で「ドッペル」）しているようだ。

卒業論文

東北帝国大学農学科大学規則の第三章には、

第一条　東北帝国大学農学科大学に農学実科、林学実科、土木工学実科、水産学科を附設す
第二条　農学実科、林学実科、土木工学実科の定員を各90名とし、水産実科の定員を１８０名とする
第三条　各学科の修業年限は３カ年とす
第四条　学科に入学することを得る者は中学校を卒業したる者若しくは専門校入学者検定規定に拠り検定を合格したる者とす
第五条　希望者多ければ試験を……（以下略）

授業料は１学年30円で３期分納（９～12月12円　１～３月９円　４～６月９円）と定められており、修業科目は英語、修身、専門学科、農業実習と２年生までは兵式体操が課されている。

「農学実科ニ於テハ夏期休業ヲナサス専ラ実習ヲ課ス、但シ実習ノ都合ニ依リ臨時休業スルコトアルベシ」*38と規定されている。

ここで学んだ山崎は卒業論文に、石狩平野の北端、滝川市と深川市の中間に位置する妹背牛《もせうし》町での農場計画をテーマに選んでいる。妹背牛はアイヌ語で「イラクサの繁茂する処」という意味になるが、私が学生時代、大雪山系に初めて登山に行った時、車窓から「妹背牛」の駅名をたまたま目にして、なんと良い名前だろうと、当て字を考えた人のセンスに感動した記憶がある好きな地名だ。

山崎の卒論の前段にも、彼の武人としての心構えを感じる。

『北海道石狩国雨竜郡　深川村ニ於ル農場計画』*39

孫子ニ「知彼知己百戦不殆　不知彼而知己一勝一敗　不知彼不知己毎戦必敗」トアリ、之兵法而已ナランヤ、比世ニ生キトシ生キル者ノ日々ニ生存総テ之戦争也、商人ハ顧客ヲ相手ニ学者ハ学理ヲ相手ニ何レモ相戦ヘルナリ吾人ガ一農場ヲ経営スルモ亦之戦争也

今此処ニ農場有リ是ヲ経営スルニ当リ彼ヲ知リテ己ヲ知ラバ是ガ経営ハ完全ニ円満ニ行ハレ若シ彼ヲ不知己モ亦不知則失敗又失敗遂ニハ収拾スル可ラザルニ至ラム故ニモ一農場ヲ経済的ニ有利的ニ経営セムトセバ予ノ其方略ヲ定メ入ルヲ計リ出ヲ防ギ彼ト是レトヲ程良ク調節シ以テ勝利ヲ不可不期我今茲北海道石狩国雨竜郡深川村字妹背牛ニ百七十町歩ノ土地ヲ持テ之ヲ経営セントス而シテ比農場タル如何ニ組織シ如何ニ利用セバ最モ〇リ其経営目的ヲ達スルニ庶幾キカ之予ノ設計ヲ企ワル所以也設計ノ初ニ当リ敢テ一言ス

大正五年七月一日　山崎芳雄

満洲へ

北大実科卒業後、朝鮮で朝鮮江原道鉄原に創設された農蚕学校長を2年務めたのち、付近のゴロゴロした安山岩の地表転石で有名な鉄原原野の荒れ地を購入して「六頭舎」の看板を掲げ、郷里から呼び寄せた数名の青年と共に、開拓事業に従事した。その間に野砲兵連隊に3カ月間勤務演習に応召してから、予備役野砲兵中尉に昇進した。弥栄村入村時の肩書は砲兵中尉となっている。

農蚕学校時代のある時、山崎は生徒らを率いて堆肥の材料の馬糞を集めに出かけたところ、与太者に絡まれたという。そこで山崎は、

「馬糞は農家の宝なのだ、このままにほっておけば、飛び散ってしまう。しかし拾い集めて肥料に用いれば、作物はよく実り、それを売れば、町人も喜び、生徒もうまいものが食べられるのだ。君らもひとつ生徒と一緒に働かないか」＊61と言って与太者を誘い、一緒に働くようになったという逸話がある。

山崎はすでに結婚していたようで、奥さんは結婚前から古銭収集の趣味があったが、山崎が応召当時の連隊長から紹介された男にすべて持ち逃げされたという。

「夫人のたびたびの入院やその被害などで山崎君も大変困った時があった」＊61と、『あゝ満洲』の中で、須田政美の証言があることから、山崎の奥さんはこの時からあまり身体が丈夫ではなかったようだ。終戦の何年か前に新京で亡くなっている。

鉄原の後、山崎は大連の北、営口の南、満鉄が経営する熊岳城農事試験場で約5年間、畑作作業の研究に従事する。加藤完治とはここで繋がりが出来たのか、大正の末から昭和の初めに加藤完治は満洲へ旅行した折、「山崎君はよく宿に訪ねに来てくれて、将来は朝鮮で開拓移民の仕事に従事したいとの希望を述べていた」＊61と書いてある。

1932年（昭和7年）春、満洲開拓が始められることを知り、まず拓務省の嘱託の身分で、満洲各地の調査に従事したいと拓務省に出頭してきたときに加藤と再会している。

山崎は加藤の使いで奉天の石原莞爾の元へ向かい、そこから石原の指示で東宮鉄雄を追いかけて依蘭に行き、大洪水の後の佳木斯で百貨店の屋上から、遠くに広がる日本人開拓民を送り込む原野を眺めたという。

また、山崎は満拓の用事で上京した折、よく秩父宮邸に招かれていた加藤完治や宗光彦らと同行したこともあるようだ。

「宮様はいつも……平服でおでましになり……余人は一度もそのお部屋にいれられない、全く友人同士が、下宿で話し合うような風に行き届いたご配慮でしたと、山崎君が話してくれた」*61と、山崎の北大での先輩・草間正慶が書いている。

皇帝御巡狩

山崎はしばらくして弥栄村と名付けた永豊鎮から離れることになる。日本初の本格的な移民団を率いて満洲開拓に臨んだ山崎は有名人となり、多くの会合に出席し多くのインタビューにも応えたようだが、山崎にとって一番の栄誉は皇帝溥儀の前で、永宝鎮への入植から弥栄村の建設までを上奏したことにあるようだ。

そのとき山崎は、新しい任務地の嫩江《のんこう》の訓練所から皇帝に上奏するため弥栄村に戻ってきた。当時の気持ちを『新満洲』*40に「弥栄村に　皇帝陛下の御巡狩を仰ぎて」弥栄村開拓団長、山崎芳雄謹記として載せている。

1939年（昭和14年）8月13日、「今般、皇帝陛下の御巡狩を村で迎え奉ることになったにつきなるべく早く帰村して貰い度いとの親展書が弥栄村から嫩江へ届きまして私は夢ではないかと悦びました」*40と書き、皇帝溥儀の御巡狩の際、皇帝に弥栄村への入植から村の建設に至るまでの経過を奏上するため、赴任先の嫩江青少年義勇隊訓練所から弥栄村へ戻って来た。

8月24日、小学校の校庭に朱塗りの車に乗った皇帝を迎えた。御便殿で上奏が終わると昼食後、午後1時半に学校校庭で在郷軍人分会、勤労奉仕隊、協和青年団、協和少年団、国防婦人会への御閲があった。2時25分駅に到着し、「私共は駅頭に御召列車の遠くなるのを何時迄も御見送り申して居りました」*40と、山崎の喜びは大きかったようだ。

山崎は皇帝への上奏で、自分の理想の3カ条を申し上げたという。

一、新しき満洲の農村は精神的にも経済的にも独立したものであり度い。都会に追従した農村であってはならないこと。

一、新しき農村は都会や其他の社会を顧みなくともよいものであって農村人を農村に引きつけるに足る文化をもつこと。

一、是等理想を実現するのになるべく吾々農村人の手を用い度い、人手は借り度くないこと。

ここに山崎芳雄の満洲開拓に対する自立自尊の想いがある。

移民団長会議

山崎の開拓団に関する強い思い入れは、１９３７年（昭和12年）９月14日（火）から18日（土）まで、日満軍人会館で満洲拓殖委員会の主催で行われた第一回移民団長会議に於いての発言からも読み取ることができる。

出席者は、各移民団長、関東軍関係官、大使館関係官、大蔵省主計局事務官、満洲国関係官、協和会職員、満拓公社関係職員、満鉄関係者、移住協会職員他、加藤完治も日本国民高等学校長として参加している。

開会の辞の後、冒頭、関東軍参謀長で満洲拓殖委員会会長でもあった東條英機からの「移民団の自粛に関する件」が稲垣事務局長から示された。

「移民団の自粛に関する件
【指示要旨】移民団の自粛に関しては茲に八月十一日附軍参謀総長より委曲通牒ありたる處なるも時局に鑑み其の趣旨を体得し更に一段の自粛更張を望む。
移民団に与える注意（昭和十二年八月十一日附　参謀長通牒）」＊41

として、移民団員の第一線での活躍を型通り賞賛した後で、

「然るに近次一部の団員中建設の進展に伴い或は創業の艱苦を忘れて浮華軽佻に奔り或は入植先遣の

困難に厭伏せられて矯激自棄に陥り世人の顰蹙を買うやの風評あるを関知するには誠に遺憾に堪えず固より移民諸氏は何れも国策遂行の選士にして資質優秀加うるに訓練の情熱を重ねあるを以て斯くの如きは世上の流説に過ぎざるべきこと、は本職の信じて疑わざる所なるも諸子は日満両国官民の全幅的支援の下に其の人格並に行動に対し絶対の信倚を享けつゝあるものなるを以て他面一朝此の信倚に背かんか其の憬仰を失い品位を傷づくること頗る大なるものあるを知るべし……」*41と、いかにも関東憲兵隊司令官から関東軍参謀長に昇進した東條の東條らしい言葉がそこにあった。

この東條の発言の対象は、当初の「試験移民団」から「集団移民」と呼称が変わることになる、5月から募集されたばかりの最後の試験移民団となった第五次移民団1000戸はまだ入植しておらず、大量国策移民事業は8月に決まった第六次開拓団18集団からであって、第四次開拓団までの1800戸を頭に入れてのものである。

翌1937年（昭和12年）の調査によると、第四次までの入植総数は1800戸、そのうち病死28名、戦死30名、退団者は404名で22パーセント、補充者が44名で、総団員数は1367名、団員の妻子が2415名の合計3782名となっている。

つまり、東條の発言はこのおよそ3800名に対してのものとなる。どれだけ東條は開拓団の厳しい実情を知っていたのか。400名にのぼる退団者の多くは内地に帰ることもできず、奉天やハルピンの街の下層で埋もれて生活をしていた、その彼らを見ての発言なのか。

しかも、『満洲開拓史』では第五次開拓団までの移民団の、

「団長、指導員は人格識見ともに高く、衆望を担うに足る人材を広く天下に求めることができた。従って第一次から第五次までの団長は、主として専門学校ないしは大学卒業の人士たちがこれに当り、それぞれ粒々辛苦、満洲開拓事業の基礎を築くにいたり、その功績は実に開拓史上燦たるものがあった……大量送出の第一年度である第六次となっては、移民団数も一層増加し……前述したとおり学識経験者のみを重点として専攻することもできず……例えば村長、産業組合長、小学校校長等の顔触れが次第に現われ……」*42と、入植地経営責任者の質が変わっていったと指摘している。

これが直ちにどうこうと言うことはもちろんできないが、見識の高い団長の下でも東條の指摘するモラルの低下があったとしたら、それ以降大量の開拓民が渡って行くことがどのような結果を招いたかを想像することは難しいことではない。

「移民団の自粛に関する件」について、稲垣事務局長からも指摘が続く。一点は、

「一人の不徳が万人の不徳であるかの如く思われ易い、そして他の者ならば問題とせられずに見逃されるような問題でも移民団なるが故に、問題とせらる場合も存するのでありまして……能く団員に自分の立って居る地位と云うものがどう云うものであるかと云うことを自覚させるようにせられて……第二の点は……今や国を挙げて支那軍閥の膺懲をし国民を挙げて緊張をして居る時でありますから……この際一層緊張せられて、団員各自相戒めて自粛の精神に反せぬように御指導願いたい……」*41と、団長たちに説いている。

山崎の要求

団長たちの形ばかりの発言が続く中、唯一、山崎だけが自分たちの置かれた状況からの切実な要求をしている。

山崎は移民団間の連絡網について、

「相互扶助と云う意味から言いましても、横の連絡が必要でありますと同時に、又今後吾々の仕事を有機的に運行して行く場合にも非常に役立つこと、思います」[*41]と、移民団同士の横の連絡網構築の必要をあげた。また、

「今年は雨が多かったせいで、夏に非常に多くの病人が出て医者も倒れる始末、各移民団にある病院の他に地方地方に総合病院が欲しい」と発言するが、第五次の信濃村青木団長から「そんなに金を掛けて作ることはない、移住地のものは診療所程度に引き下げた方が経済的にも助かる」との反対意見が出されている。

第五次永安屯の木村団長から、入植してから健康診断を実施したところ、団員の中に結核菌の保有者が多く見つかり、痔核《じかく》・痔瘻《じろう》も多く医療設備が完全でないため治療を行うことができない。花柳病も血液検査で14パーセントくらいの出現率であって、募集の際にもっと厳格に体格検査を実施してほしいとの要求があり、満洲人の衛生観念が乏しく、「移民団に附近の防疫に関する権限を充分に与え

て頂きたい……医療費の拓務省から年一千円の補助が出ているが、これでは不十分だ、もう少しの増額を望む」*41との要望も出る。

山崎はこの他にも発言し、多くのことを要求をしている。

・開拓団員間に自分の土地を小作をやらしている者がいて、それに農事合作社が金を貸し付けていることを聞く。事実なら小作については団としての方針もあり、団に話を通してほしい。

・先遣隊の訓練中の病人に掛かる医療費の一部を自己負担にしているが、医療費の増額を願いたい。

・現在の事務所や村役場を、内地の村役場同様に扱ってほしい。領事館等を経るなど、いろいろの願書や届け出を出す場合に手続きが遅れる。

・移民地建設要綱なるものを作って、各団の統一規格を作ってほしい。

・経理事務指導員を置いて指導してもらえないか。

・先住者の立ち退きに対しての立ち退き料を、国家の負担にしてもらえないか。

・移民団間の通信網、交通網の整備をしてほしい。

・セメントの安価な提供を、無理なら移民団用のセメント工場の建設を願いたい。

・歯科医師の設置が必要だ。

・有事の際を考慮して貸与になっている兵器の程度を高めてほしい。

・独立経営に移行する中で、家畜を病気等で殺処分にすることがある。家畜に対する傷害保険、農業全体の農業保険を考えてほしい。

・これから増える子供たちの教育、教員も内地で一応の訓練をして団に派遣してもらいたい。
と、多くの要望点を披瀝した後、

「それから名称の問題でありますが、獣医と云うことを言わないで畜産指導員と云うことにして戴いたらどうか、ともするとあの人は獣医であると云うので指導員扱いをしないような気分もたまにあるようであります。以上を以て終わります」*41と付け加えて話を終えた。

すると、セメントの件で、同席していた国分中佐が山崎にかみつく。

国分：「さっきの自家用『セメント』工場を作りたいと云う問題ですが、そこ迄御要望になるには研究になって言われること、思いますが、然らば五年後には何噸要ります、来年は幾ら要ります」

山崎：「そこまで研究して居りませぬ。私が申し上げましたのは今年佳木斯から『セメント』を買った所が非常に高かったから工場を作ったらどうかと云うのであります」

国分：「自家用のセメント会社を作りたいと仰っしゃるには相当御研究になって仰っしゃるのだろうと思いますが、経済的に引き受けられる基礎があるのですか……あなた方の『セメント』の需要がどの位あるのか知らぬが、恐らくそれは微々たるものであろうと思います。少量のものですから出来るだけ安く買ってやると云うことで宜しいと思います」*41

この国分中佐の発言、セメント量の需要予測などを開拓団団長に求めること自体筋違いであり、おかしなことではないか。この中佐の発言からも関東軍が開拓団をどう位置づけているのか、垣間見ることができはしないか。この高飛車な目線の先に敗戦時の混乱があるのではないだろうか。

加藤完治の訓示

移民団長会議の最後に加藤が発言した。加藤の発言はここでも「人の問題・精神論」で終始しており、彼の農民観もよく現れている。山崎の要望した家畜に関する保険の件で加藤は言う。

「例えて申しますと山崎君から保険と云うことに付きましてもお話しがありましたけれども、私は実は家畜保健に付色々真剣に話したことがあるのであります。所が農民の精神が悪ければ自分で家畜を殺して金を取るべく骨を折るのであります。そう云う時の責任は誰が負うか、現に自分の子供迄殺して金を取ろうとする奴が出てきたではないか。それでありますから要求は宜しいけれども、其の要求に応ずるような自分たちの自粛が肝心であります」*41と、加藤の農民観の真髄を披露している。

満洲で家畜を飼うには病気との兼ね合いをどうするか、加藤は第一次武装開拓団の時にも馬についても諭したことがあるという。

「馬を闇雲に飼うことを言いましたから、出来るだけ少なく飼うようにと云うことを懇々と申したのであります。羊の問題だって同じことであります。私は実を申しますと、いざとなれば鍬と鎌と食物と寝る所さえあれば土地が肥えて居るのだから、其処に飛込で行って農業をする、とそう云う心構えが大事だと思うのであります」*41と、ここでも心構えが大事だと説く。

団員に対しての貸し付けられた金の利息についても、

「……それで突破出来ない場合には利子が付いた金を戴いても戴ける丈有難い、其の腹を持たないと団員に響く、団長が利子がどうこう言っていると、移民団員に今度は食付かれることになりますから、是は先ず団長が第一に徹底する、斯う行かなくっちゃならぬと思います」*41と、団長自ら率先しての自粛を要求している。

「お医者の問題にしましても、お医者と言うものを、頻りに要求して居るけれども、私などは五十位迄は医者にかゝらなかった。肺腺加答兒が多いと云うならば灸だって一つの方法だ、漢方の薬草栽培をやらしたら宜いじゃないか、自分でやってみてそれから要求して戴きたいと思います」*41と、素っ気なく、全く非科学的である。肺結核の初期症状の肺腺加答兒（肺腺カタル）が灸で治るくらいならば、結核は当時〝死の病〟などと言われなかっただろう、ここまでくると暴論ここに極まれりと言うしかない。

さらに加藤は続け、

「私共は、陛下の大御心の那辺に在るかを拝察して、常に農民として、陛下の大御心を体して満洲国建設の聖業に努力すると云うのでなければ死んだほうが宜しい、そこの所さえはっきりすれば今迄茲に色々あったことが徹底すると思う……満洲に於きましては神の命である所の満洲国の聖業に吾々が参加して民族協和、日満不可分関係、王道楽土の建設の徹底を図り、内のことを顧みましては　陛下の大御心を奉じて日本帝国の弥栄に貢献する、それが為に日章旗を立てるのであり、君が代を合唱するのであります」*41と結ぶ。

これが東京帝国大学農科大学で科学を学んだ人間の発言だろうか。山崎は卒業論文で妹背牛村での開発を、後述する貝沼洋二は朝鮮での農業の分析をテーマとして書き上げている。少なくともそこには加藤の言う精神論は存在しない。

国分中佐の訓示

二日間会議に立ち合った国分中佐が、最後に「軍の移民主任参謀と致しまして、軍の上司の意図を体しまして、聊か苦言を呈したいと思っております」*41と発言する。

第一に感じたことは、「お互いにもう少し信と云う言葉を忘れないようにして戴きたいと云うことであります」で始まる。確かにお互いの信頼感は大事なことだが、国分の言う信頼は少し意味が異なるようだ。国分は「自分を信用させる為には、自分は他を信用しなければならぬ……」*41と言う。

あなた方は自分の希望・要求ばかりを話すが、

「自分の準備如何と云うことになると、其の点は私共はまだ釈然としない、自分の方の準備なしに政府に向い委員に向かってご要求になると云うことは如何かと存ずるのであります……皆様が黙々として聖業の一部、自分に負わされた仕事に精進専念して居られますならば、傍で見ております吾々としては、それこそ止むに止まれざる念慮が出まして……皆様の御要求以上のものを致します。それが協

同であります」＊41

　第二は、「感謝報謝の念を忘れては社会生活は出来ない。畜生道に入ると思うのであります。もう少し恩を感ずる感謝の念を以て基調としたならば……」＊41今までのような議論にはならなかったとする。

「お互此の社会に於いては忍苦、忍耐と云うことが必要ではないかと思う、人間の欲には限りがありませぬ。満洲に来て居る国策移民は大事であると云う其の念慮を履違えてられて、自分の反省を忘れて他に要求することばかり言われては困ります。是はそう云う方自身が国策移民を害するものだと思います。其の点はお互いに反省しなければならぬのではないかと思います」＊41

　この国分の発言、そして加藤の発言を、同席していた山崎はどのような気持ちで聞いていたのであろうか。特に第一次移民団団長の山崎の要求は、決して過剰な要求ではなかったはずだ。もちろん山崎もすべての要望が通るとは思ってもいなかっただろう。少なくとも移民団の置かれた現状を理解してもらいたかったのではないだろうか。

　自分の耕作地を小作人に貸し出し、不在地主として自分は街に住むような者がいたことも事実だし、肺腺カタルなど人里離れた奥地で薬草などで治るわけもなく、医療費、建築資材、歯科医師などは団の運営上、切実な問題であったはずだ。

　このように農本主義をかかげ、加藤イズムとも呼ばれる精神至上主義と軍の対ソ防衛の前衛としての開拓団に対する思惑が絡み合う形で、日本の満洲開拓は行われた。

加藤の唱える自給自足できる自作農の確立と、軍の望む兵站《へいたん》としての開拓団、自給自足であるならば中国人を追い出す必要はなかった。満洲にはまだ多くの未墾地が残っており、中国人との農地の棲み分けはできたはずだ。しかし、それだけで軍は満足しなかった。米・小麦・大豆・羊毛等の生産資源は日本本土、そして中国で活動する日本軍にとって必須な資源であった。

満洲は日本の広大な兵站基地であった。自分の農地を自分たちの生活のためだけに耕すことを軍は求めていなかった。加藤もそのことは十分に承知していたはずだ。承知していた上で、多くの開拓民と多くの青少年を満洲東北部に送り込んだ、彼らの多くはソ満国境周辺に配置された。そして、敗戦とともに数え切れない悲劇が生まれた。

その後

ここで自身が言うように、山崎芳雄は第一次移民団の団長として弥栄村の基盤を築いた後、加藤完治が提唱して実現した満蒙開拓青少年義勇軍の訓練施設に活動の場を移して行くが、弥栄村を離れてからの山崎の行動についての詳細は明らかではない。移民団を率いた情熱を持ち続けていたのかどうか、僅かに札幌農学校同窓会誌の中に、山崎の活動した痕跡を見つけただけである。

『同窓会々報』第21号*43　札幌農学校実科同窓会名簿から

1937年（昭和12年）12月（『同窓会々報』第22号）

山崎芳雄　満洲国三江省佳木斯野戦局気付
　永豊鎮移民団　満洲国三江省　佳木斯移民団長
1938年（昭和13年）12月
山崎芳雄　満洲国訥河青少年訓練所長
　満洲国黒竜江省訥河同上内
＊訥河《とつが》…現在の黒竜江省斉斉哈爾市の北東160キロのロシア国境沿いに位置する
1939年（昭和14年）『同窓会々報』第24号
山崎芳雄　満洲国訥河青少年訓練所長
　満洲国黒竜江省訥河同上内
1940年（昭和15年）『同窓会々報』第25号
山崎芳雄　満洲国嫩江青少年訓練所長
　満洲国北安嫩同所内
＊嫩江…現在の黒竜江省黒河市訥河嫩江県、訥河からさらに北東へ約100キロのロシア国
　境沿いに位置する

このように山崎は5年ほど永豊鎮（弥栄村）での開拓に関わり、その後新たに創設された満蒙開拓青少年義勇軍の現地訓練のため永豊鎮を後にし、満洲開拓の最前線で働き続けたようだ。

7、土竜山事件

湖南営へ

新京の西、公主嶺の農事試験場長として働いていた、京都帝国大学農学部出身の宗光彦を団長とする第二次移民団は、第一次開拓団から遅れること1年の1933年（昭和8年）7月に、永豊鎮から南西に8里ほど下がった湖南営の東方に位置する七虎力《ちふり》（この地名が千振《ちふり》郷の由来となっている）に入植、軍事訓練と開墾の生活が始まった。

移住地の可耕面積は概算で1万町歩、このうちの既耕地が2650町歩ほどで、残りの7440町歩が今後開墾しなくてはならない未墾地であった。

もともと湖南営には満人の市街が形成されており、市街地を外す形で農地の一括買収を始めたが、このことによって現地満人たちの間に動揺が広がり、それがのちに起きる土竜山事件の一つのきっかけともなった。

入植時には485人いた団員は9月には430人に減る。この理由は8月の初めに突然匪賊に襲われ、最初の犠牲者が一人出たことに拠るもので、1年後の1934年（昭和9年）7月には13人の戦死者を含め、4割ほどの退団者が出て320人までに団員が減った。退団原因の多くはいわゆる屯墾病（一種のホームシック）によるものとされるが、同年3月に起きた土竜山事件による治安の乱れも大きく影響している。

しかし、「千振郷に於ける長野県出身者二十九名に配する花嫁は、九年十一月の三名を首《はじ》めとして、十年五月に十六名、同九月に三名と漸次これを迎えて」＊44家庭を営んでおり、千振郷の人口も、10月には団員家族30人が入所して350人となり、翌1935年（昭和10年）の5月には内地から130人の家族たちが来て540人に、9月にはさらに40人増えて580人となっている。

「又婦人は妊娠率一〇〇％というような状況で、この二月三月の如きは非常な勢いで出産します。恐らく百名位生まれるでしょう。それに新しく今年の春家族が来ますから今年のうちに八百人になるという見当です」＊62と、開拓団にベビーブームが来ていると団長の宗は答えている。

土竜山事件

第一次移民団も第二次開拓団も匪賊の襲撃に悩まされることになったが、治安の安定していない地域に進出していくのだから、当然と言えば当然であったが、この匪賊問題は以後、開拓団の入植地を検討する過程で大きな問題となってきた。

満洲国では、法治国家としての体裁をとるために、建国後間もなく「反満抗日運動」→「匪賊討伐」に対処すべく、「暫行懲治叛徒法」＊45が1932年（昭和7年）に公布施行された。「暫行懲治叛徒法」の第七条には、「軍隊部隊ヲ為ス盗匪ヲ剿討スルニ当リテハ臨陣格殺シ得ルノ外該軍隊ノ司令官其ノ裁量ニ依リ之ヲ措置スルコトヲ得」＊45とある。これは早い話、匪賊と思われる人物はその場で処分しても構わないと規定するものだ。満洲国では匪賊討伐により1万4000人が検挙されたというが、公式の数字上でさえ、それ以上の約6万6000人の匪賊と覚しき者が討伐＝殺戮されている。

このような背景の中で、第一次・第二次開拓団が本格的な開拓作業に掛かろうとする1934年（昭和9年）3月に起きたのが、農民たちが武器を持って立ち上がった土竜山事件である。

11月24日の満洲日報はこう伝えている。

【新京電話】「北満に於ける日本人土地商租問題は一時謝文東党一派の匪賊の乗ずる所となり今春土竜山事件の発生を見、一部的ではあるが無智の農民を駆りてその禍中に巻き込み恰も農民暴動の如き現象を見、之れが鎮撫に赴きたる飯塚少佐は遂に匪賊の毒手に斃れ双方感情的に激化するものあったがその後日日満両国民の理解と協力とによって一切氷解し……」＊46と。土地商租問題に絡み無智な農民を煽り立てた謝文東一派と反満抗日勢力が起こしたものだとしている。

第二次開拓団は開拓予定地の千虎力に向かう途中に第一次開拓団に立寄った際、団員から匪賊に関する情報を聞き、隊員達もかなり精神的に動揺したようだ。

「湖南営は先住満人の、穀物その他の市場として既に市街を形成して居ったので、此部分の地域を除き、農地を一括買収した。そして日本人を入植せしめるために、満洲農民の転居を勧めた。それが昭和八年七月である。入植準備に着手すると共に、先住満人の動揺が始まった。由来此地方は匪賊の巣窟であった」*47

土地の買収と共に各家が匪賊対策に備えておいた武器の供出も行われ、それと同時に天然痘の予防注射も実施されることになり、「反満抗日分子がこの注射は日本が子種を絶やすために行う注射だというようなデマを飛ばしたのである。さらにまた当時の治安維持会が、全国一斉の民間の銃器回収を実施することにもなったので、住人は自衛のための武器まで取り上げられるということについて、多大の不安を持ったのである。このような悪条件が重り合って、『土地は奪われ、子種は絶やされ、反抗しようにも武器は取上げられる。そしてその後には、あの嫌な屯匪（武装移民団）が多量に入って来る。このままでは死を待つより他にない』という窮鼠猫を噛むような絶望的な怒りが爆発したもの、それが土竜山事件であった」*48と書くのは、日本人だけでなく満洲人、漢人、朝鮮人、蒙古人を含めて約4000人の卒業生を出した「大同学院」の学院史『大いなる哉満洲』*48であった。

「大同学院」は1932年（昭和7年）7月に作られた官吏養成機関で、『渺茫として果てもなし：満洲国大同学院創設五十年』*51の巻頭には学院の名前大同の由来を五経の一つ「礼記」から、「……人をおとし入れる謀略などたえて見られず、社会を総攬する者も現われない。そこで民衆は、家に戸はありながらおよそ戸締まりを考えない。こんな社会を大同というのだ。」*51と、「大同学院」は理想の政治を目指すことを目的にした、満洲国の官吏養成機関だと謳《うた》っている。

満洲国総務庁弘報処長を務めた武藤富男は、満人官僚の中には鄭孝胥のように秀でた者もいたが、「高邁な精神を持つ者も多くは無く、事務能力において劣る者が少なくなかった」*51と満洲国官僚の養成と質の向上が急務だったことを証言している。

先に述べた1938年（昭和13年）に開校された「建国大学」と趣旨では重なるところもあったが、「大同学院」の入学者は大学、高専の卒業生で、「建国大学」の卒業生も入学することがあった。

講師には駒井徳三らが呼ばれ、石原莞爾も関東軍参謀副長の時に、「『今日の軍人は政治に興味をもち、軍人に賜りたる勅諭に違背している者が多い……関東軍司令官の内面指導権の撤回について』諄々と講和された」*51と、暗に当時の関東軍参謀長・東條英機を批難する講演を行っている。

土竜山事件勃発時、その収拾のために隣県の勃利県参事官として滝本実春が赴任したのは1934年（昭和9年）4月上旬のことであった。そして彼がそこで聞いたのは、日頃新聞紙上で伝われているものとかなり異なった土竜山事件の事実だった。

この事件の起きた根本理由は、関東軍が対ソ連戦略上からソ満国境沿いに武装移民団を大量に送り込むべく、そのためにはじめた土地買収が発端だった。この施策を推し進めたのは関東軍であり、実施の中心に居たのが東宮大尉だった。

大規模な土地買収が行われ、第一次・第二次移民までは地方軍閥や匪賊の暗躍する土地や、国有地が主体であったため大した問題は起きなかったが、第三次以降の土地買収の対象には一般民農地が広く加えられるようになってきた。そしてこの買収の表に立った機関が政府機関、県行政機関ではなく満鉄の関連会社、東亜勧業公司であった。

東亜勧業公司の買収員を関東軍の兵士が護衛し、1晌《しゃん》（７反５畝《せ》）を荒れ地、耕作地を平均１円で買い上げ、のちには10円になったとはいうが、余りにも不当で乱暴な買い付けが行われた。地権（権利書）を出し渋るものに対しては「兵隊が銃床で民家の壁を破り、その中に隠された書類を取り上げるような例も珍しくはなかったとのことである」。＊[48]

こういった農民の不満が彼等に武器を取らせ、彼等をまとめたのが依蘭県城東方50キロにある土竜山部落に住む、依蘭県第三区の保長兼自衛団長であった謝文東だった。彼等が蜂起したきっかけは「朝鮮人の通訳が、日本軍の某中佐の命令と称して金製の環や指輪、メタル等を部落から暴力的に没収したことに始まる」＊[48]、それが３月９日のことであった。

謝文東の率いる騎馬隊７００人は初陣として、土竜山警察署を襲撃し24名の警察官を武装解除した。これに対して哈爾浜に司令部を置く姫路第10師団麾下の依蘭駐屯第63連隊が対応に当たった。もともと東亜勧業公司の土地の買収方法に異議を持っていた連隊長・飯塚朝吾大佐が謝文東の説得に当たろうとしたが、途中で待ち伏せに遭い憤死する。

結局関東軍の出動により、この農民一揆は沈静化に向かうが、その後5年間にわたって謝文東のゲリラ活動は関東軍を悩ますことになり、彼が帰順したのは１９３９年（昭和14年）３月のことであった。帰順した謝文東は協和会員として空路新京入りし、新京市民の大歓迎を受けることになる。

謝は終戦後依蘭県の山中に立てこもり、中共軍と戦うが、１９４６年（昭和21年）、捕らえられて佳木斯で晒《さら》し首となる。「おもえば義によって起ち、義によって倒れた北満の雄、満洲佐倉宗五郎の数奇な運命は、われわれが忘るることのできない如く、北満の草屋にも秘かに英雄謝文東の義民伝が、語り伝えられていることであろう」*48と『大いなる哉満洲』は結んでいる。

帰順

土竜山事件は関東軍の出動により収束に向かい、宣撫工作も進み秩序は徐々に回復してきた。

第二次開拓団団長・宗光彦に言わすと、

「匪賊が帰順を申し込んできたことにより治安は頗る改善したが、満人の農民や商人は我々に感謝はしたが、屯墾隊が何をしに来たのか、土地も家も没収されてしまうのではないかと我々を疑った。そこで『我々は農業移民として来たのであるから土地は勿論いる。併しその土地は適当な値段を以て買収するし、買収後はこの地区内に於いて、小作人となっても宜しく、或は我々に使われても宜いのである。どうしても自分でやりたい者には適当な場所に土地を選定してやるから心配することは要らぬ』というと『それならば非常に結構です、土地を売っても宜い、だから我々をこの地区内に置いて頂きたい』といって居った」*49となる。

この結果「昨年初迄には戸数三百戸、人口千九百程度の町であったが、昨春から満人の移住民が相次ぎ太平鎮、土竜山、二道河子などから大地主達満人が流入し、一寒村から一都市を形成するまで発展した。その理由は、謝文東の本拠地の依蘭などから、湖南営は絶対安全地帯ということで地主達の多くが其の耕地を小作人に委ね競いあってこの地に来たことによる」*54と、帰順して来た者を帰農させたり他の職業に就けたり、中には自警団に自ら入る者も出てきたという。こうして千振郷は開拓地として徐々に賑わいを増すことになってきた。

『満洲移民の実況』*50

宗光彦は、「土地にも慣れない、気候にも慣れないという原因から、団員の内に多数の下痢患者を出したことでございます……尚ほ又余りに風土或は環境の変化した関係から、団員の中に唯何となく寂しさを感じて厭になった者もありましょう、そういうことで入植してからまだ現地に落着かない間に退団者を出すことになりました」*50と書き、入植後早々に退団したものは50名にも上ってしまい、13名の戦死者と5名の病死者を含めると、一時は入植当時の団員約５００名の４割弱、三百数十名にまでに団員の数は減ってしまった。

しかし、土竜山事件が収束したことで「地方の農民、或は商人の如きは、吾々の入って居ることに付て漸次其真意が分かって来たと見えまして、最近では寧ろ進んで吾々に土地を提供しようとも考え、或は自分の村に屯墾が来てくれるといいというまでの状況に変わって来て居ります」*50と、団の運営が徐々に軌道に乗ってきたと記している。

　家を建てるまでの仮住まいとして満州人の家を買い上げたり、農家の家を借りたりしながら、佳木斯方面で伐採した木材をトラックや馬車を使って、汗みどろになって運んだりもしたが、「又半面に於ては実に愉快なことがあったのでございます。先ず食物の方面でございますが、概して食物は結構なものを戴いて居るのでございます。拓務省の補助金と致しましては一人当り月五円戴いて居るのでございますが、勿論五円で充分であります」＊50、何故なら周囲の山野には沢山の野禽や野獣が生息していて、それが面白いように獲れるという。

　雉子は各部落の周囲に無限におり、禁止はしているが銃で撃つと、一発で2、3羽獲れることもあるし、野兎や鹿の一種である獐《のろ》も多く生息し、松花江では1尺5寸程の魚も、秋には田圃に水を張っておくと小魚が胡麻をまいたように入り込み、それを獲って佃煮などにして食べるという。

　流石に娯楽設備は整っていないが、各班毎に1台くらいの蓄音機があり、夜などは盛んに流行歌を流して練習をしている。「『東京音頭』の如き東京の方々よりもっと旨く歌うのではないかと思います。尚ほ夏の間は時々は河に魚を釣りに行くとか、或は相撲を取るとか、或は芝居をするとかいうようなことで、楽しんで居ります」＊50

　また、湖南営から七虎力河に沿って行くと8里ほどの所に石炭が露頭しているのが発見され、第一次移民団の方向にまで露頭は続いているようだとしているが、採炭する余力も無く、燃料としては豊富にある木材で充分だとしている。

将来的には一人当たり20町歩の土地と5町歩ほどの山と原野を持つ予定だが、此処での最大の問題は収穫物の移送にあって、湖南営付近の満州人農家の収入は極めて低く、その原因は生産物を搬出するための運賃がかさむからで、彼等の一町歩当りの収入は52円7銭、支出は41円70銭と、10円37銭ほどの利益しかなっていない。

現在は、湖南営から佳木斯の港まで３２５円、佳木斯から哈爾浜まで３００円、哈爾浜から大連まで９００円の運賃がかかるし、他に税金・手数料、利益とかで経営的には大変だが、来秋には永豊鎮、千振を通る寧佳線（現在の牡佳線）が開通することになっており、飛躍的に利便性が高まると期待している。

千振郷長野村

『満洲移民の実情』*44によると、千振郷で長野県出身者が経営する長野村の活気ある近況をこのように伝えている。

「千振郷に於ける長野県出身者二十九名に配する花嫁は、九年十一月の三名を首めとして、十年五月に十六名、同九月に三名と漸次これを迎えて……一昨年八月北沢君の大きな女児を挙げたのを第一として、其後皆打続いて既に男児が十三名、女児が七名、更に本年内の出産予定が八名に及んで居るという好能率で、母子皆健かに、今は日に村家の賑わいを増し来って居る」*44

昨年の長野村の耕作は畑作に於て、麦が30晌（実収120石）、大豆が15晌（108石）、高粱10晌（76石）、粟10石（105石）、黍《きび》、麻、蔬菜《そさい》（人参、牛蒡《ごぼう》、馬鈴薯、葱《ねぎ》、菠薐草《ほうれんそう》、白菜、夏大根、トマト、茄子《なす》、胡瓜《きゅうり》、西瓜《すいか》、漬瓜……）の収穫があり、水田は27晌を作付け、満人苦力に馬8頭立ての洋犁を使役して実収一千石の収穫があった。

「昨年の収米は自給自足して更に余剰を生ずるに及んで居る」*44としている。

また、長野村の近接地に、天主堂と称するカトリック教の団体による満人部落が在り、78戸、350人余りの人々が農耕を営んでいた。第二次移民団が入植するにあたり、「其土地家屋を買収、小作人として彼等を督励し、苦力に使役して相互の便益を図っている。人情に彼我の別は無く、相接しては自然に親しみがわく……『日満の融和は農村移民より』の感が堪えない」と、先住中国人たちと上手に付き合っていると報告している。

ちなみに「小作料は水田にして、一晌（即ち一天地我が七段二分畝歩）に就て籾一石二斗（支那枡、日本枡にすれば二倍強）であるが、収穫は晌当たり十石平均に及んでいる。畑地の小作料は一晌に就て大豆五斗、高粱二斗五升、粟二斗五升、合わせて一石という納め方で、全収入（金額約七十円）の三分の一である」。*44

郵便はがき

料金受取人払郵便

新宿局承認

2524

差出有効期間
2025年3月
31日まで
(切手不要)

160-8791

141

東京都新宿区新宿1－10－1

(株)文芸社

愛読者カード係 行

ふりがな お名前		明治 大正 昭和 平成 年生 歳
ふりがな ご住所	□□□-□□□□	性別 男・女
お電話 番号	(書籍ご注文の際に必要です)	ご職業
E-mail		

ご購読雑誌(複数可)	ご購読新聞 新聞

最近読んでおもしろかった本や今後、とりあげてほしいテーマをお教えください。

ご自分の研究成果や経験、お考え等を出版してみたいというお気持ちはありますか。

ある　ない　内容・テーマ(　　　)

現在完成した作品をお持ちですか。

ある　ない　ジャンル・原稿量(　　　)

書　名				
お買上 書　店	都道 府県	市区 郡	書店名	書店
			ご購入日	年　月　日

本書をどこでお知りになりましたか?

1.書店店頭　2.知人にすすめられて　3.インターネット(サイト名　　　　　)

4.DMハガキ　5.広告、記事を見て(新聞、雑誌名　　　　　)

上の質問に関連して、ご購入の決め手となったのは?

1.タイトル　2.著者　3.内容　4.カバーデザイン　5.帯

その他ご自由にお書きください。

(　　　　　　　　　　)

本書についてのご意見、ご感想をお聞かせください。

①内容について

②カバー、タイトル、帯について

弊社Webサイトからもご意見、ご感想をお寄せいただけます。

ご協力ありがとうございました。

※お寄せいただいたご意見、ご感想は新聞広告等で匿名にて使わせていただくことがあります。

※お客様の個人情報は、小社からの連絡のみに使用します。社外に提供することは一切ありません。

■書籍のご注文は、お近くの書店または、ブックサービス(0120-29-9625)、セブンネットショッピング(http://7net.omni7.jp/)にお申し込み下さい。

山崎と宗

このように第一次開拓団の永豊鎮での弥栄村、第二次開拓団の湖南営での千振郷建設は行われていったが、両開拓団には団を率いる団長、山崎芳雄と宗光彦の個性なのか、その団運営には違いがあったようだ。

退団者に関しても、山崎は『満洲移民団に関する座談会』*27の中で、

「私はもう出る者は即座に出した方がいいと思います。救済は駄目だ、考え直しは駄目だ。随分吾々は留めたのでございますよ。何とか、かんとか言って、まあ留まれ、其のうちに段々解って来るからと云いましても、一遍出たいと云うて来た者は必ず出ます。殆ど例外なく出て居る様ですが……」*27と、退団者を止めても仕方ないと発言した。

山崎は団員を右、左、中間と三つに分けて、最初に右の意志の固い者を入植させ、次に中間層、次に左を「入った以上は出さんぞ、吾々の言う事を守らなかったら、それは直ぐ出すが、それで差支えないか」*27と固い約束をさせてから現場に行かせたが、拓務省からなるべく退団者を出さないでくれとの話があり、いろいろと会議などもしたが、結局500人中200人が退団して300人が残ることになったとする。

それに対して宗は、土竜山事件で匪賊の包囲が解けた直後、依蘭駐屯の大隊長が来ていた時に班長

会議を行って、

「大分移住者が動揺して居るから、此際帰りたい者は帰してしまったらどうか、其の際積極的に慫慂して駄目な者は帰してしまうことにしたが……」*27と、比較的簡単に退団を認めたようだが、これに対して加藤完治は、

「矢張りあれは幹部の精神がビシャッと合って居るか居らないかが非常に影響するんだね。だから山崎君や、佐藤君は落着いていたが宗君の第二次の時は日澤君がのぼっていた。来る奴来る奴を退団さしてやるものだから、それでのぼっちゃって、あれじゃ、適わんですよ……福島小隊の如き皆行ってしまう……」*27と、宗の態度に批判めいたことを発言している。

山崎の入植した永豊鎮には約500町歩くらいしか既耕地が無かったので、土民も少なく、土地買収とともに土民たちは引き揚げたという。その点で宗の第二次とは異なっており、開拓地内には土民は土地を持たず、住居も持たず、開拓地の周囲にある程度住むのが良い。

「これは排他主義のようになりますけれども、色々と面倒な事件を起こさなくてよいと思うのです、異民族同士が接触すると必ず問題を起こすものと思います、なるべく之をさける意味からも遠ざけた方がよい様に思うのです」*27と山崎は考え。また、

「……これは日本人の欠点と云いますか、土民を使って自分は慢手をし易いのであります……だから私の方針としては、日本人の農業者が自ら農業を以て此処でゆっくり暮らしていける、強いて金を儲けて内地に帰る必要はないと、そう云う風に考えさせ、そう云う風に落付けさせたいのであります」

*27と、山崎自身の開拓移民観を語っている。

永豊鎮では初年度は満人を使わず農耕をしたため「あんな惨めな」収穫に終わったために、開拓団に見切りを付けて「多数の質の悪い者」が団を去ったわけだが、翌年度は残った「善良なる者」と、若干の土民を雇い入れ収穫を上げることができた。

「此の様に私は決して排他ではありませんけれども、吾々の村は日本人でかためると云う方針で居る訳です」*27

これに対し宗は山崎と違って、開拓地内に満人の既耕地が多くあったせいか、

「私は満人と共に行きたいと思います。だからして現在の満人を成るべく少くしようとも思っておりません」*27とし、満人の手を借りれば多くの耕作地が開発でき、収穫も期待できる。ただ、労力の提供者として満人を使うのであって、満人にすべてを任せて小作料だけを得ることはしてはならない。

「従って、満人に私達の地区内に土地を有たせると云うことはこれはいけない。絶対に満人には有たせない。それから、働く人間は、小作人となる人間は、勿論自分の農場におかなければならぬ……家が必要であればそれも貸してやらなければならぬと思います。そうして、吾々移民としては、満人に一切を任せ切りにして、自分が懐手でいくんだと云うことは、これは絶対に排しなければなりませんが、満人を有利に使うと云うことに就いては、又大いに研究もし、実行して行かなければならぬと考えて居ります」*27と、満人との関係を合理的に考えている。

そして、日本人が集団で移住・耕作し、満洲の土地を所有していけば、いつか満人たちが土地から

追い出される日が来るかもしれない。

「しかし、そこに到達するには随分永い年月を要するだろうと思います」*27とし、今ここで先のことを云うのはまずいし、腹の中で思っていても言うことではない。

「それ来い、それ来い、と云うて、結構な、いい団長だと言わせるのも一つの方策だと思って居ます」*27と、彼の開拓観を語っている。

この2つの開拓団を視察に来た拓務省拓務課長・高山三平氏一行が、佳木斯から一行に同行してきた東宮少佐と一緒に、八虎力河を渡り第二次開拓団地区に入ると、

「街の入口の北東の外側で、日満両国国旗の小旗を持った湖南営の町の満人の男女や子供や及制服を着た満人の軍隊?が路の両側に整列して一行を歓迎したので、我々は先ず驚いた」*52と感想を語るほどだ。

「我々は移民団の本拠に来たというよりも支那人の世界に来たという感じなのであった。きわめて貧しい満人の農家がそれも目立たない位に僅かに住んで居ない淋しい高原の中にある永豊鎮と、此の二者は著しい対照である。永豊鎮の附近では満人農民は日本人に対しては『我関せず』と自分の畑を耕しているか、或は日本人の苦力となっている。然るに湖南営では日本から高官が来たというので町人や兵士?を駆り出して門の外で歓迎させる。この両者の相違点に読者は注意を払われたい。これが第一次と第二次の移民団のやり方や、またその移民団の『空気』を異なるものとさせている一つの原因なのであった」*52

第一次移民地の永豊鎮では、満人部落を孟家崗一村にしか認めず、「人口のきわめて希薄な殆ど未開墾の淋しい高原の天地」＊52なのに対し、第二次の湖南営には「繁栄している湖南営の街があり、満人の農村がたくさんあり、見渡す限りの豊沃な平野は大体既によく耕されているからである……第二次開拓団がその地域の一部を満人農民に小作させていること及団員の耕地に於て満人苦力を可成多く使用していることに対しては、訪問者から屢多くの批難、或は疑惑が向けられている」＊52と、二つの開拓団の雰囲気の違いを書いている。

この違いは、ソ満国境沿いに屯田部落として結局は匪賊の巣窟のど真ん中に開拓地を定め、団の中で完結するよう自給自足の開拓団を模索した山崎芳雄と、匪賊との軋轢《あつれき》をなるべく起こさないように、満人たちの生活のある既存の市街周辺を開拓地に定め、満人たちと良好な関係を作ろうと考えた、ある意味合理的な宗光彦との経営方針の違いによるものだろうか。

しかし満洲開拓の本質は、長野県下伊那郡大下条村（現在の阿南町）の村長だった佐々木忠綱氏が、1938年（昭和13年）満洲開拓地の視察団に同行し、弥栄村と千振郷などを見て回った感想を、「私が行ってみてちょっと疑問を感じたのが、第二次千振郷なんちゅうのはもう経営がほとんど資本主義的な営利営業な経営でありまして、それから耕地はもう全部立派な既墾地、これどうしても強制収用した土地だと思いました。それで第一の弥栄というところはやや開墾した痕跡もありました……松島自由移民団……そこへ行ってみましたところ水田は全部朝鮮人が作って、広い水田地帯だったのですが、これも結局買収という形は形だったんでしょうが強制収用でしたなあ、もう見渡す限り。そして、これはどうも開拓ではなく強制収用ということは、これはちょっと疑問点があるという、疑問を私は持って帰りました」*53と述べている。

資本主義的な営利営業な経営をする宗は、今は匪賊と対峙しているので、水田などを作っている暇はないが、作らなければ食糧にも事欠くので「だれかに作らせねばならぬが、満州人は一体に水に濡れることを、嫌い、又裸足になることが出来ないので、水田作りはしないのである。しかし水田を作るのは、大豆を作るのとは比較にならないほど利益がある。そこで……朝鮮人が、沢山北満へ帰ってきたのであった。隊では、彼等を保護し、収穫は半分やると云って、耕作に精を出させている」*114と言う。

また、阿片栽培についても「阿片栽培は、当然、農業の範囲に属することだから作らせる。あれは直ぐに金になるから、その点でも都合がよろしい…充分な対策の立つまで手控えているのです」*114と、阿片栽培まで言及している、ただし、実際に阿片を栽培していたかについての確かな資料はない。

『大陸に生きる』*58

『大陸に生きる』の中で、千振村を訪れた筆者は千振郷の「農産加工所の庭で素晴らしく美しい大豆の山をみた」。工費2万円で建てたという出来上がったばかりの立派な病院もあり、そこで薬棚にぎっしりと詰まった薬に驚き、院長と話をする。医者は留置場のような暗い待合室や、ペチカを焚《た》いたら屋根の雪が解け泥水が雨のように降ってきた宿舎、見かけ倒しの病院に文句を並べる。

村人の病気は腹こわしと風邪ひきが一番多く、子供では消化不良が圧倒的だと答え、内地ならば医者に掛からないようなことでも、ここではいくら医者に掛かっても医療費が無料だから、どんなことでもやって来て「ともかく贅沢すぎますよ」とまで院長は言う。

日本から送られてきたお嫁さんたちも、満洲がこんなに不便で物騒なところだとは夢にも思わず、依蘭で上陸して馬車に揺られてくる途中に、帰りたがって泣き出した子もいたそうだ。

「だが落ちついて住みついてみるとやはり都だ。その中に皆な揃って子供は生まれる、日本の農家と違って家族といえば夫一人だから複雑な家族関係の気苦労はなし、夫は可愛がってくれるし、何はなくとも楽しい家庭だ。そのうち次第に匪賊も影をひそめて不安は去り農耕は出来るようになる。苦力を使って二十町歩の大百姓の生活を始めてみると更に楽しい……どの家もみんな貯金を持っていて而もそれが年々何千円づつかふえていく。男にとっても女にとっても決して苦しい労働ではない。女の人達にとっては寧ろ楽すぎる生活かも知れない。冬になると凍って冱るからと井戸の水さえも汲みにゆくことはない。夫か苦力が汲んでくれる」*58

また院長は、「若い者ばかりで夫婦の性生活も不摂生だし、子供を生んでも適当な育て方を知らないのでせっかくの子宝を殺してしまうことが非常に多いので、私は診察してやるより、衛生、育児、性教育などの講話をして部落を巡ろうと思っています。その方が診察を無料でしてやるよりどんなに村民の健康上よいか分かりません」*58と、団員の衛生観念の乏しさを嘆いていた。

千振郷の開拓村で一泊した著者は、零下40度もあるなか、外にある便所に行き氷山のように凍り付いている便所に懐炉を落としてしまう。

「屈強の男だけの生活ではあれでよかったかも知れない。併し女子供の生活には迚も不健康だ。そういう点を考えて何故工夫しないのであろうか、家族が入ってから五年も経つというのに余りにのんき過ぎるというか無頓着すぎるというか恐ろしいことである」＊58と感想を述べている。

「大体支那人や満人の生活は簡易生活の模範みたいなもので設備のないことでは世界一だが台所とか便所というものは人間の生活の根元になるものだから満人にないからといってこれを真似するのは日本人としての意味がないわけになる。日本人は日本人らしく至る所で適応する生活様式や設備を工夫してよりよき生活を常に目指すべきだ。その点日本人たるもの、一考も二考もすべきだ」＊58と、開拓団の現状に不満を抱いている。

大佛次郎の見た永豊鎮と湖南営

「移民村のランプの下で僕らは話し合った。匪賊の襲撃も苦しかったでしょうが7年間に何が一番苦痛でしたかと尋ねた時千振の村の人びとの一人が重い口を開いて答えた」＊115で始まる大佛次郎の満州紀行『氷の花』は、山崎芳雄、宋光彦、中村孝次郎達とは全く異なる点から、文学者らしい筆致で彼等の置かれている現実を書き出している。

日本を出るときは出征軍人の壮行会のように「旗の波に囲まれて」日本を出発したが、開拓地に来てからは何の音信もなく、「匪賊の中にいて私達は忘れられている。内地に暮らしている人たちから見れば私たちはもう何でもないのだ。そう気がつく時でした。一番淋しかったし苦痛でした」と語る。ただただ広い大地に取り残されたと感じ、周囲には匪賊が跋扈し生命の危険さえ感じる、そんな状況の中で彼等が名付けた屯墾病なる鬱状態から、多くの団員が入植初期に退団していったのだろう。

大佛は「全然、姿の違う自然の中に住み込むだけの確信が持てなかったのである。この広野に蒔き捨てられた人々に対して内地の僕らが見せたものは冷淡な沈黙であった」*115と書くが、大佛の訪れた昭和13年には、状況も随分と変わってきたようだ。

大佛を取り囲む団員の目は「木の実のような目が明るい。都会人の眼につきものの疲労の影などはまったく見られないで、美しく張った目である……千振弥栄どの民家を訪れても、人々が自分らに答えるのは、『ええ、これからは段々よくなるばかりだと思っています』こういう返事であった」*115と、少なくとも二つの村がそれぞれ発展を遂げ、未来に希望を持っていることが分かる。

満州で都会に住みやがては内地に帰っていく多くの内地人とは違い「ほかのどの職業よりも土地に馴染み畑の土の癖まで一々知っている農民諸君を、その土地から引きはがして、全然未知の土地へ送ろうとするのだ。仕事の性質自体が感情の上ではトランジックなのである。水も変われば気候も変わる。今はなくなったが匪賊の襲撃の危険もある。而もこれが外へ出たがらない気質の日本人が、腰かけではなく永住の目的で大陸へ移動を起こした第一歩なのだ」*115と、満州への農業移民の本質を突いている。

東宮鉄男のように国境近くへ配置することで、予備軍の働きを期待することでもなく、加藤完治のように日本の農業従事者の過剰対策でもなく、人間と土地との営みの中に農業移民が位置する本質を大佛は言い当てている。

大佛は新京にいる一部の役人のものとは全く違ったものを開拓団の若者達に感じたようだ。彼等は地方を知り、満人を知っていること、そして彼等は「更に誠実に五族協和の夢を抱いて、自分たち日本人の使命を自覚していることである」＊115

彼等はこうも言っていた。「急いでは駄目です。満人ぐらい人を見るのに敏感な民族はありません。苦力のような人間でも自分が車に乗せている客がどういう性質の人間か直覚するのは実に鋭いと思います。永い間いためつけられて暮らして来た経験が本能のように人を識別する力を生んだのでしょう。この人はいい人だ。この人は自分たちに悪い人間だと、すぐにみわけるのです」＊115と、そして日本人さえ知らないような場所に、満人達が建てた東宮大佐の墓碑があるように、東宮は満人達に誠実に向き合った人物だったと評価している。

入植してきた開拓団に対して「これまで多かった蒙古髯を生やしモーニングやフロックコートの肩をいからして利権漁りに入って来る日本人とはまったく別の日本人を迎えたのだと云う。この日本人は役人でもなく満鉄でもなく自分達と同じように畑へ出て額に汗して働くのだ。満州国や満拓が将来も現在のように日本の移民に依って満人農民の利害を害さぬように注意している限り、この事実が民族の融和と理解の上に百の条約以上のものを加えることに違いない。僕らもそれを期待したいのである」*115と、やがては日本に帰っていく日本人達から弥栄村も千振村も「あれは満拓が内地から来た人に見せるショウ・ウインドウみたいなものです」と言われた二つの村を見た感想を綴っている。

最後に退団した多くの団員は自分の故郷に帰ることも出来ず、満州のどこかで、その多くは生活に困窮して暮らしているようだと話を終えている。

第三次開拓団

第三次開拓団（第三次試験移民）の候補地は、第一次、第二次の開拓団が匪賊問題、土地の商租問題、先住民との摩擦など問題がいろいろと起こる中、綏稜県が早くから候補地として名前が挙がっていたがなかなか決まらなかった。１９３３年（昭和8年）8月に急遽決定されたため、冬期を控え家屋の設備や商租も行われていなかったが、とりあえず入植予定地の農民に依頼して家屋を3戸借り入れ、２６０名を収容することとなって動き出した。

第三次開拓団が入植した綏稜県は、馬占山との戦いの最後の決戦の地となった土地であり、農民たちは離農し農地は荒廃していた。標高は平均２７０メートルほどの平坦な地帯、北緯47度17分、東経１２７度3分、哈爾浜市の北方70里（２８０キロメートル）にある、北安省濱北線の克音河駅の東南約24キロに位置する、綏稜県城の東北2里半に始まり東方に広がる広大な未墾地帯の一部で、松花江の支流弩敏河の左岸に沿い東北に展開し、遠く小興安嶺支脈の大青山麓に達する約2万町歩の地区である。またそこは第六次、第七次の四国村、香川村に連接していくことになった。

「平均高度は海抜二百六十米内外で、無霜期は百三十五日内外、雨量は四百五十～五百粍である。東方十里を距る大青山麓に至る迄は一帯の未墾地で、土壌は腐植質に富み肥沃なるをもって一般の作物の生育状態は極めて良好である。北端を流れる弩敏河は水量豊富で五、六百町歩の水田を開拓するには勿論容易であり、且つ潅漑及流筏等の利用価値にも富んで居る最高適の開拓地である」＊54とある。

商租面積は1万9800町歩で、そのうちの不可耕地は1000町歩内外に過ぎなく、北満の穀倉地帯と言われるほど満洲黒土地帯の中心地で、表土の深さは約3尺にも達する肥沃な土地である。第一次と第二次の永豊鎮、湖南営には先住民によって拓かれた部落があったのに対し、この第三次移民団の本部近くにはそうした大きな部落はなく、この地方は開墾がまだ進んでいない地方で、開墾には最適と思われた。

団長の林恭平は、京都帝国大学農学部を1933年（昭和8年）に卒業、当時まだ27歳と若く、農事指導員・遠藤六郎は東京農業大学卒の26歳、畜産指導員・松井勇は三重高等農林学校卒で27歳。共に茨城県大日本国民学校、奉天国民学校を経て指導員に採用された。

こうして1934年（昭和9年）10月中旬、第三次開拓団は、第一次開拓団隊長の市川益平中佐らに引率されて日本を離れた。

綏稜へ

浜江省公署の纏めた『第三次開拓団瑞穂村建設五ケ年史』*55から、第三次開拓団の綏稜・瑞穂村の建設過程を見てみる。

第一次、第二次開拓団の状況を踏まえ、綏棱県公署は「第三次移民入植に関する意見書」を作成した。その中で治安については今のところ問題は無いが、将来に於ける移民団の行動如何では治安状況悪化の恐れもあり、

1. 自他共に武装移民の観念を一掃し勤労移民の主義に徹底すること
2. 従来の例に依り全員武装することは避け已むを得ざる最小限度の自衛火器のみを携行せしむること尚小銃数は之を減少し自動火器及拳銃を携行する如く考慮す
3. 地方住民を刺激せざるよう服装の如きも成る可く軍服類似のものを用いざること
4. 先住民との融和に努め感情の疎隔を来さざる様注意すること

また、土地商租に関しては、

1. 先住民の立退きを強制せざる方針の下に土地商租地域を決定す
2. 購入価格を適正にすること
3. 地方官民との連絡協調の下に円満に実施すること

4．商租当事者は東亜勧業株式会社とすること

と、第一次、第二次の反省から、方針の大幅な変更が見られる。このことは逆に、いかに第一次、第二次の開拓団が地域住民との軋轢を起こしてきたかの証拠でもある。

また、綏稜地方での小作は治安の良否によって定められており、治安の良い地域では毎晌につき小作料として粟と大豆を1石ずつ2石を、治安の不良な地域では1晌につき粟と大豆とで1石または8斗納めることに、荒地では熟地より毎晌5、6斗ずつ少なく納めるのが普通であるとされた。

このようにして農事指導員・林恭平を団長とする第三次開拓団先遣隊47名は、10月6日に奉天を出発し、11日に現地に到着した。その後、後発の団員が次々到着し、259名の団員は第一部落（熊本村）、第二部落（信濃村）、第三部落（福山村）の3部落に分かれた。

「これまでの移民団が屯墾団とも称したことより多少の誤解を招いたので、第三次移民団は入植当初より武装開拓民の観念を棄てて、名称も『第三次特別農業移民団綏稜開拓組合』として入植し、今日の開拓農民のトップを切った純然たる開拓農民であることは記録的であり、それのみならず北鮮経由拉濱線を経て北満に向かった最初の開拓団であって、北鮮より入植地への治安の恢復を物語っており、国礎の安定度増加を示す好資料となっている」＊55と、従来のソ満国境沿い開拓の屯田兵的発想から転換し、純然たる農業移民へ舵を切ったことを窺わせる。林恭平も団長ではなく、綏稜県開拓組合長として開拓団を率いることになった。

もちろん、このことは終戦直後の混乱にも現れるように、決して先住の中国農民にとって納得でき

る移民政策ではなかった。

また、２５９名の出身別県は27府県に及ぶが、第一次、第二次とは異なり、沖縄を除く九州、中国、四国、近畿地方の出身者が１０２人と、初めて暖かな地方からの入植者の試みがなされた。

綏稜の地は軍閥・馬占山の本拠地海淋に近く、入植当時はまだ治安も悪く10月19日夜には早くも匪賊襲来の情報が入り、討伐隊が出動した。匪賊襲撃の情報は、

10月25日「匪賊雙楡樹に結集を終り県城襲撃を行う」との情報、30名の小隊待機
11月４日「四道崗部落に約２００名の匪賊集結せる」との情報、30名の小隊出動
11月14日　偵察隊30名、馬匪の情報あり、帰路を変更
12月９日「県城を隔る東南約２００名の馬匪集結」の情報
12月24日　匪賊討伐のため団員５名派遣、戦闘に参加、小銃弾１０７発を射弾

と、人的な被害こそ無かったが常に緊張した状況下にあった。

匪賊は翌年も７月19回、８月23回、９月37回、10月26回出没し、中でも１９３５年（昭和10年）８月15日には、水田班が約３００名の匪賊の襲撃を受け、幸い団員に死者はなく軽傷者が３名、「匪賊の遺棄死体六、馬匹死体一」*55であった。

11月に関東軍、満洲軍による徹底的な掃討作戦が行われたことで匪賊は大きな打撃を受け、その後著しく治安は好転したが、「最後の襲撃は、昭和十二年の四月二十一日秋田村を襲い来つた。その時は賊の攻撃極めて戦闘的で一時は秋田村も危機に瀕したが防戦よく務め、遂に本部員の応援を待って

損害をうけることなく是を敗退せしめた。今日は全く先住民との緊密な和合に依り匪賊情報の如き、県公署より早く開拓組合が入手するの情態で全く治安は確保されて居る」＊54

瑞穂村建設

　前述したように第三次の団員は、既教育の兵役関係者ばかりではなく、内地の27県より募集し、年齢も最高35歳までとし、特技者は40歳までとした純然たる農業移民で、「第一次、第二次より一歩進んだ試験移民であったのである」＊55と自負し、

「団の中枢機関として組合を設立し、組合本部の統制下に各建設を開始することに協議決定したので、十一月十三日綏稜開拓組合定款起草準備委員を任命し、同月二十一日右創立総会を開催し、定款の承認、役員の選任をなし、組合名を綏稜開拓組合と称し、団員は凡て組合員とした。組合は単なる経済団体ではなく公共事業も共同蚕業事業も一括包含する政治経済の総合的活動をなす中心機関であった」＊55その中に、庶務部、購買部、医務部、警備部、農耕部、特別班が置かれた。

「十二月一日第三部落内の満人から柳条盗伐の申し出があり、林組合長は第三部落長に対し次の如き指示をなした。即ち『永住しようとする移民団のことであるから、満人に対しなるべく穏当な相談を致したい心組みでおる。而して盗伐は善悪意の如何に拘らず今後種々面白くない事態惹起の慮がある から注意ありたい……』と、入植当初から対先住民との関係に細心の注意を払っていた証左の一つで

ある」＊55と、先住民に対しての気配りが見て取れる。

土地の商租に関しても、「最初日本人は土地の所有権を取得することが出来なかったので、すべて土地の商租をなした。当団の入植地も先ず商租をなし、治外法権撤廃後手続きを採りたる上所有権とした」＊55と、一応の手続きを踏んで所有権を獲得しているとしているが、本質的な問題はそこではないだろう。

組合員の衛生管理にも細かな指示を出している。

1. オンドルは出来れば毎日、少なくとも一週間に一、二度は必ず焚き湿気を防ぎ夜間身体の冷込みをふせぐこと
2. 生水は決して飲まぬこと、必ず一度煮沸したものを用うること
3. 寝具、衣類、食器其他清潔を保ち、日光或は熱湯消毒をなすこと
4. 満人家屋に入り浸り不潔なるものを口にしないこと等

そんな中、１９３５年（昭和10年）7月10日、鍛工場から出火し本部、製材工場、精米工場、籾貯蔵庫、共同工場、醸造工場等、本部のほとんどの建物が焼失する大きな火事を起こしてしまった。匪賊の襲撃に加えこの大火事は団員の間に大きな衝撃を与えたようで、それ以降、風土病（カシンベック氏病）や治安を理由にしての退団が相次いだ。８月15日から廣木、比畠、田中、伊藤、鈴木、相沢と退団の申し込みが続き、１９３４年（昭和９年）から１９３６年（昭和11年）までの退団者数はそれぞれ18名、57名、15名と、計90名にも上った。

匪賊に対する脅威も徐々に減り、村の経営も徐々に落ち着いてきた1937年（昭和12年）12月14日、それまでの綏稜開拓組合を解散し、翌年の1月1日、新たに村制に移行して、名前を瑞穂村と改め村会議員を選出、全団員を組合員とする産業組合を設立した。

瑞穂村を見る

満洲国立開拓研究所の所長となった橋本伝左衛門は、1940年（昭和15年・康徳7年）京都帝国大学農学部第二調査班を指導して瑞穂村の調査に入った。この時は東京、京都、北海道帝国大学農学部の夏期休暇中の生徒が各開拓団で調査活動を行っている。

「京都帝国大学農学部第二調査班は匪襲直後の第三次開拓団瑞穂村に入り、学生らしき情熱と真面目を以て、よく開拓団と融合し、相互の体験を豊富にしつつ所期の目的を達成せられた……」[*56]と語っている。

このように開拓団には多くの見学者が押しかけるようになってきた。朝日新聞社東亜問題調査会の『朝日東亜リポート　第2冊』[*57]の中で、第三次瑞穂村、鉄驪青年義勇軍、天理村、第六次南五道崗、第二次千振村、第一次弥栄村を見て回った著者が、

「普通の移民村見物は第一次の弥栄と第二次の千振という事になっている。いづれも佳木斯に近く移民村のメッカとでもいうてよろしい。この二カ所へ毎日幾組となく押しかけてゆく。出掛けていった

人たちもおちおちと観察することが出来ないし、またこれら本部の人達も毎日のようにお客の応接や案内に忙殺されて本職の仕事が手に着かない有様である」*57

「このほど或新聞紙上で移民村記を見た。それには千振と弥栄が移民村のショー・ウインドー、無論いい意味でのショー・ウインドーであるように書いてあったように思われるが、実際は千振、弥栄は、最初の試験移民として在郷軍人を以て編成したる武装移民であった。彼等は一番艱難を重ね苦労をなめたのである。第一次移民は十数回の戦闘に十三名の戦死者を出し、第二次移民は十八回に十一名の戦死者を出した」*57と当時を振り返り、今では第三次、第四次、第五次と後になるほど「事業の経営振りから衣食住までも改善される。ことに住家の建て方など次第に住み心地よく……第三次以後になると、土匪というか共匪というか、とにかく匪賊の被害が殆どないのである」*57とし、移民談を耳にするときは、

「何年の何月に見たのか、何次の移民村を見たのかと、先ずこの二つをたしかめる事を忘れてはならないのである」*57と、初期開拓団の変遷を報告し「移民入り土民あつまり北満の人無かりし野辺に百貨店建ちぬ」*57との歌を残している。

また、第一次の弥栄村、第二次の千振郷を見学した望月百合子は、訪れた瑞穂村の印象を「座談会を通して感じられるこの村の開拓民達は、なんとなく政府に頼りすぎているような気がする。銃を執って匪賊に向かって身を以て立ち向かったあの独立不羈の精神を見失ってはならないのにと不安な気がする。奉仕隊と団員との間柄も余りスムースに行っていない様子が座談会を通してありありと見え

る。非常に考えさせられる処が多い」[*58]と、開拓のイメージとは少し掛け離れた印象を瑞穂村では持ったようだ。

８、哈達河《ハタホ》へ

城子河と哈達河

試験移民の最後となる第四次開拓団は、１９３５年（昭和10年）に行われた。

１９３２年　昭和７年　第一次開拓移民　三江省樺川県永豊鎮（弥栄村）５００人
１９３３年　昭和８年　第二次開拓移民　三江省依蘭県湖南営（千振村）５００人
１９３４年　昭和９年　第三次開拓移民　浜江省綏陵県克音河（瑞穂村）３００人
１９３５年　昭和10年　第四次開拓移民　牡丹江省密山県城子河　３００人
々　々　哈達河　２００人

「昭和十年度の集団開拓として、第四次の五百戸を三百戸と二百戸の二集団として入植せしめる計画で、其入植地は関東軍の強き要請によって、新たに開通せる東部国境沿いの林密線（林口密山間）沿線とすることに決定したので……」[*59]と、中村孝二郎の回想にもあるように、ここでは入植地の選定には関東軍の意向が大きく働いていたようだ。

中村は密林線鶏西駅の北方に約３００戸を収容しうる1地区（城子河地区）を見つけ、関東軍当局と協議した結果、鶏西駅付近の城子河地区は決定したが、残り２００戸を収容する入植地についても、軍が依然として密林線沿線を希望していたため「関東軍の強き要請によって」密林線沿線で捜すことになり、鶏西駅の東隣にある東海駅付近に２００戸分の入植地（哈達河地区）を捜し出した。

この結果、第四次開拓団５００戸は鶏寧駅の城子河移住地３００戸、東海駅の哈達河移住地２００戸と分かれる形となったが、城子河移住地の地下には１９０８年（明治41年）に発見された豊富な石炭層があって、炭鉱会社が開発に乗り出すことになり、そのことで移住団との間に大問題が起こる。「開発するとなれば移住地の営農は不可能となるばかりか農業者の気分が破壊され、村風維持のためにも不都合であるからというので移住地の移転論まで持ち上ったが最近いよいよ移転に決したと伝えられる」＊60と、結局大半が移転することとなり、その跡には大きな炭鉱の町が作られた。のちに、ここで働く炭鉱労働者が哈達河開拓団の避難を妨げることになった。

このように第四次では、第三次までの反省から開拓地の交通事情が考慮されることになり、まさに建設の終わろうとしていた林密線の沿線に移住地が選定された。このことは満洲の鉄道の建設と開拓団の進出が、相互に深く関わり合っていたことになる。

また、それまでの移民団との最大の違いは、移住地がすでに買収済みであったことと、団員資格に関してであった。

第一次、第二次は買収どころかその準備さえもしていなかったし、第三次は買収準備の予備工作をしたただけであったのに比べ、第四次に至ってはすでに日本人移住用地として買収の終わった土地であり、入植者も自分の所有地に入植するようなものであり、当初の武装開拓団とは質的に大きく違うものであった。

応募資格も、第四次移民団は既教育在郷軍人が中心ではなく、在郷軍人の資格には全くふれず、徴兵検査終了後満33歳までは農耕に従事できる者で、在郷軍人会を経由しないで拓務省が沖縄を除く全国の都道府県を通じて募集した。

拓務省農業移民指導員指名録には、

第四次移民団　郵便宛名　浜江省牡丹江、清水本部隊滴道守備隊気付、哈達河移民団

哈達河移民団　団長兼農事指導員・貝沼洋二（東京）、農事指導員・得能数三（広島）
警備指導員・予備役歩兵・小尉　辻質平（山梨）、医師・福地靖（北海道）
家畜指導・野寺梅吉　とある。

哈達河

「林口から露領の方に鉄道が走っている。密山までを密林線と云ひ、密山から虎林までを虎密線と称する。この線の沿線に第四次、第五次及び第六次の移民の一部が入っている。この辺の列車は昼間だけ走って夜は走らない、即ち夜行がない。又客車の走る二三十分前には迷彩色の装甲車が先発する。

一寸ものものしい風景だ。第四次、第五次方面への観察者は大てい林口で一泊せねばならぬ。そしてそれから東の方への旅行は特殊地帯旅行許可証を必要とする。我々は新京警察署にて手続きをへてもらってきたが、一般旅行者には厄介な手続きだ。列車の乗降に厳重な検査があるのみならず、車中にも警備隊がいて一時間に一ペン位宛許可証を出させ、貼りつけてある写真と実物を見比べて行く。気持の良くないことおびただしい。……この辺一帯の地勢は宛も内地の山野に彷彿たるものがある。鉄道に沿うて穆陵河が流れ、この河の両岸には豊沃な水田地帯があり、その平野は漸次緩やかな傾斜となって、山地につづき蜿々たる起伏の波は、単調なる北満の平野に比し誠に日本人の眼になつかしい。山あり河あり丘あり谷あり、然もこの上なき沃土である。日本人移民地として好適の地と云へよう。只山に木がなくスベスベの草山であることは淋しいが、その代わり人家は少なく、土地の無限にあることは何よりの強味である」＊32

中村孝二郎もこの時点では交通の便から言うとベストの移住地であって、

「密林線に乗って林口と密山間を旅行する旅客は平陽駅と東海駅の間で東窓から北方に、此の哈達河移住地の部落に埠頭高く翻る旭日旗を眺めて邦人農業者の発展に驚くだろう」＊33と紹介している。

また、『満洲の移民村を訪ねて』＊32の中でも、

「共同設備として、醸造、精穀、鉄工、蹄鉄、木工、窯業が経営される。病院が立派に出来ているだけで、他は目下何れも建設中であった……（栃木村では）個人家屋はすでに九分通り出来、引越しも近々とのことで独立生活の希望に燃えている。ここの個人家屋は石又は煉瓦で造り仲々立派なもので、

第一次第二次では見ることの出来ぬ物である。内地の農村などではとうてい住める家ではない」*32
と書かれている。

この哈達河入植地は、ソ連との国境近くでウスリー川に合流し、アムール川となって日本海に注ぐ穆稜河の左岸に広がり、灌漑用水は豊富で、すでに西端部には200町歩の水田が朝鮮人の手で拓かれていた。北緯45度20分、弥栄村より1度南にあり、平均気温も2度高く、無霜期間も135日ある。近くに満ソ国境が控えているとはいえ、日満両軍警の配置その他により、治安の点等についてはほとんど問題がなかったとされた。

入植一年度は部落の建設が必要で相当多忙であり、
「一つには移住者が全て北満の耕作には慣れて居ない為め、畑作面積は一戸当り一町歩以内の小面積であるが其れでも除草期を無事に過せば、前記の水稲の収穫量と合せて、移住者の食糧と家畜飼料の大部分は之を自給する事が出来る見込みである。

唯問題は、畑作に於いて最も繁忙を極める六七月の除草期に、満洲特有の消化器系統の伝染病が発生し易く、殊に入植後第一年の夏を迎える此の第四次移住者は、定石通り相当疾病と闘わなければならない事である。此が対策として、移住地駐在の医師の凡ゆる予防衛生に完璧の防禦陣を布いて、今から準備おさおさ怠り無い。

チブスの予防注射は勿論の事、赤痢予防錠の一般的服用を励行すると共に、井戸の清浄化とか蝿の駆除や、便所の改善に、大車輪の活動を続けて居る。此は独り内地人部落のみに其完璧を期しても目的を達成し得ないから、進んで周囲の満人部落に迄も、其予防陣を拡大する事に努めて居る」[*31]と、『満洲集団移住地の展望』[*31]に紹介されている。

拓務省開拓局東亜課の『満洲農業移民概況』[*15]にもこのように書かれている。

(一) 位置

「城子河地区の東方二邦里穆稜河の左岸にあり城子河地区と同じく浜江省密山県第四区に属し哈達河部落の北方に接続する。林密線は此附近に於いて穆稜河を横断して左岸に移り南方数町の地点を東西に通過する」

(二) 地形

「本地区は哈達河部落の北方に接し梢東西に長き不長方形を為し西部は哈達河を隔てて哈達崗に連なり北方は山地帯東方は二、三の丘陵地を隔て鍋盔地区に南は穆稜河に向て緩傾斜をなす」

(三) 気象

正確なことは観測点がないので不明であるが、最高気温は7月下旬に30~32度、最低気温1月中旬に零下35~40度、初霜9月下旬、終霜5月10日頃、初雪10月下旬、終雪4月初旬、結氷11月上旬、解氷4月下旬、降雨期7月下旬より8月中旬、

「当地方は冬期の降雪比較的多く為に春期播種期に当り旱害の憂殆どなく其後も南満に比し降雨多くを以て旱魃の惧は殆どない。唯だ7、8月の頃一時に多量の降雨あり為に穆稜河の低地或は平坦地は水害を受くる處相当多いが本地区内に於ける浸水地域は極めて一部である」

（四）土質及地味

「玄武岩を母岩とせる壌土又は砂壌土にして處により細砂礫を混する處があり、表土は深さ平均二尺内外にして有機質に富み肥沃である。其以下は砂壌土にして農耕地に適する」

（五）交通

従来は穆稜河の水運だけが交通手段であったが、昭和9年末に林密線が開通したことにより不便さは一掃された。「地区の中心より東へ二邦里内外」に林口より127キロの東海駅がある。

（六）治安状況

「北方の山岳地帯には小匪賊の出没を見るも部落付近には現在日本軍並びに満洲軍も駐屯するを以て治安の点は憂うる要がない」

（七）地区の面積と土地利用見込み

本地区の面積は約6000町歩で、そのうち既墾地約1000町歩、荒地役1000町歩、容易に開墾できる草生地が役1000町歩あるので、200戸の移住者に要する1800町歩の畑、2000町歩の放牧採草地を得ることは容易である。

（八）作物の種類

大豆、粟、高粱、玉蜀黍《とうもろこし》、小麦、黍、蕎麦《そば》、稗《ひえ》、小豆、緑豆、「水稲は生育普通なるも其耕作面積は未だ少ない」

（九）反当収穫量

（十）移民の宿舎
「移民の共同住宅は哈達河部落に於て満人の家屋を借入済みである」
（十一）飲料水
「城子河地区よりは良好にして充分飲料に適する」城子河地区の飲料水は、「普通井戸水を用ふ井戸の構造不完全なるため多少の混濁があるが改造するときには飲料に差支えない」
（十二）薪炭材建築材の採集
「燃料は北部の山地にて採集し得らるゝも建築材は城子河地区と同じく穆稜河の上流地方に之を求めなければならぬ」

開拓地買収

このように第四次開拓団において、開拓地は入植前にすでに買収・準備されていた。
『陸満密第四一三号　土地買収問題ニ関スル件』には、日本の買収に於ける立ち位置がはっきりと書かれている。
「次官ヨリ関東軍参謀長宛（暗号）
吉林省土地買収ニ関スル貴見了承。本件ハ皇国将来ノ対満政策上重大ナル関係ヲ有スル問題ニシテ特ニ皇軍ノ威信ニ影響ヲ及ハスコト大ナルヲ以テ迅速適切ナル善後処理ヲ要スヘク付テハ今後ノ土地買収事務ハ貴見ノ如ク満洲国政府ヲシテ之カ実施ノ衝ニ当ラシメ軍ハ直接之ニ携ルコトナク専ラ其ノ暗黙的威力ニ依リテ支援スル立場ヲ採ルト共ニ一方成ルヘク速ニ『買収セラレタル土地保有ノ処理ヲ』合理適正ナラシムル方策ヲ講スルコト必要ナリト思料セラルルニ付右方針ヲ以テ善処セラレタシ昭和九年四月六日」

当時買収に当たった頼田孝三郎は『あゝ満洲』*61の中で、買収に当たっては日系人を表に出さず、満系人を表に出させて交渉に当たらせたという。

「人口に粗密の差はあっても、そこは何十年何百年も前から定着し、土地に対し限りない愛着心を持っている原住民が住んでいるのであるから、話しはなかなかそう簡単に進捗するものではない」*61という。

買収地は上中下の3段階に分けて値段を付け、既耕地の平均地価は1晌（約72ａ）当たり7・80円で、未耕地は2・30円くらいであったという。

「全く驚くほど安い値段で買収できたものと自分ながら驚き入った次第である」*61と述べているほどであるから、いかに買収金額が低かったかは容易に想像できる。

このような形で買い上げた昭和17年度の入植地のうちの32パーセントは既耕地であり、名目上は合法的だとはいえ、3200戸の中国農民から根こそぎ農地を取り上げたことになる。土地を追われた人々も、この現実を知った人たちも、日本の行動に対して闘う意識を持つのは当然だろう。

満洲国最高検察庁の作成した文章「満洲国開拓地犯罪概要」には、

「開拓関係の刑事事件或は之に類する紛糾が斯く頻発し延いて開拓政策の前途に多少の不安を与え……」*107とも書かれている。

私が2019年（令和元年）5月11日、長野県飯田の満蒙開拓平和館で聞いた、当時を言い伝える語り部としての北島里さんの話のなかでも、満足な土地もなく、その日暮らしをしていた8人兄妹の三男坊だった父親に連れてこられた満洲平安の水曲柳開拓団、彼女たち5人の住む家は土塀に囲まれた、朝鮮人が3軒、中国人10軒、日本人6軒が住む集落だったが、実際に中国人を追い出して住んでいた家族もあったという。

「先遣隊移民日記」*52

前述の『満洲農業移民概況』*15には、治安上の問題は無いと書かれているが、1936年（昭和11年）1月から3月までの哈達河開拓団本部日誌からの抜粋、音成岩吉・野津鉄茂両氏が記帳したものにはこう書かれている。

一月　一日　午前七時半団員一同集合し拝賀式を挙行す。
　　　四日　辻警指より非常呼集匪賊襲来等に付訓示ありて後、迫撃砲機関銃の試射を行う。
　　　七日　午後九時貝沼団長には滴道、密山方面に警備上の要談並びに団務を兼ね出発させる。
　　十四日　午前六時匪徒五名甲長宅を襲うも威嚇射撃に驚き逃亡せり。

十五日　貝沼団長には馬糧穀物購入に付哈達河、四人班の鮮満人を招致し折衝を重ねる。
十六日　電話架設さる。
二十二日　午前十時、貝沼団長には拓務省移民会議出席の為内地に赴く。
二十九日　金廠溝国境監視隊役百五〇名謀反するとの情報入る。
二月　五日　……午後一時蜜山より官夫二名出張し満人の阿片密蔵の探査をなす。
八日　……同日午後七時付近満人家屋に匪徒出現せりとの情報入る
十五日　午後五時、城子河移民団東北約一里の地点に騎馬匪百五〇名集合すとの諜報あり。
十七日　拓務士菅氏蜜山県監理二名を同伴して満人家屋買収の為来団。
二十九日　貝沼団長拓務省移民会議より帰還する。
三月　六日　午後二時蜜山県県長……多数鮮満人の歓迎の中を、辻警指引率に依る本隊無事入植せり。
七日　福地、早川両団医師協力して本隊の身体検査を行う。
十日　午前十時第一回部落長会議行う
十二日　午後二時蜜山県平岩大隊長は城子河熊谷警指同伴来哈し警備上の注意を喚起せり。
十三日　降雪四寸に及ぶ
二十三日　抽選により各部落に馬五頭配分する。
二十四日　牡丹江独立守備隊小林司令官、蜜山に赴かるるに付貝沼団長外団員数十名これを送迎す。
二十六日　匪賊数名出現の情報入る。

『満洲農業移民の実情』*62

満洲移民協会が発行した『満洲農業移民の実情　移民団長に聞く』*62には、団長貝沼洋二の談話が掲載されている。ここで貝沼は「第五次特別農業移民　哈達河移民団長」と紹介されている。城子河移民団が第四次となるならば哈達河移民団は第五次となるのだが、哈達河開拓団の次に派遣された移民団を第五次試験移民とする文献もあり、貝沼たちの移民団の位置づけは少し曖昧なところがある。貝沼は開拓団を次のように語っている。

「哈達河というのは林密線の汽車に乗って林口（リンコウ）から約五時間ばかりで到達するところに東海という駅がある。その東海駅から約二千米ばかり行くと、現在の先遣班の入っている宿舎がある。そこから西及び北の方にずっと拡がって居る、不正四角形をして居って、移住地の面積は約六千町歩と推定されて居る。移住地は大体利既耕地が二千町歩と未耕地二千町歩、山林が約二千町歩という風になって居る。山林は灌木しかありませぬ。それでその既耕地の二千町歩の地帯に在来民の満鮮人が三千人ばかり住んで居る。……

在来の作物として主なるものはやはり大豆とか大麦、小麦、粟、コウリャン、包米というものが主作物、その他に地域内に水田が朝鮮人が開いて約二百町歩ある。その水田は昨年非常に成績が良かった。畑作は都合悪かったのに水田は非常に良く反当り四石の収量を挙げました……

私たち四次哈達河移民団は昭和十年十月の初めに、一つは哈爾浜の国民高等学校で訓練を受けた四十名ばかりの者が得能指導員に引率されて入り、もう一つは盛岡の第一拓殖訓練所の第二期生が十三名辻指導員に引率されて入植しました。合計五十三名です。……

本体は三月十一日に出発して、四月六日に現地に到着予定です。人数は只今のところ百五十九名ということになって居る。本体の構成は大体支部で訓練した者が百名余りと、熊本の訓練所で訓練した者が五十名余りになって居ます。そうしてその本体を今度現地へ連れて行きまして、先遣班と合わせて四個部落に分宿させることになって居る。……

昭和十一年度の計画としては、農耕地の方は一人あたり水田五反歩ずつ、畑を七反五畝ずつやる予定です。畑はなるべく部落の近くに取りまして、その畑を取り上げられた在来民は、城子河と哈達河の中間に哈達崗という丘が、その日本移民の入った移住地から立ち退いた満人を集めて満人の集団部落を建設するという計画が満洲国の方針である。その計画に従って哈達崗に収容することになっている。その集団部落に対しては満洲国からの補助金だの低利資金の融通などしてその建設を助けてやる……あの付近の治安状況は……非常に穏やかな感じがします。そこで吾々も何処までもそういうような親善関係で以て接触するよう努めていきたいと思って居ます。治安は今までに一、二回あったが、併しこれは小さなもので、吾々の問題するに足らない程度のものでした。警備施設としては満洲軍が一旅団吾々の直ぐ近所に駐屯して居て、又その他県の警察隊もありますし、自警団も居るし少なくとも現在の所では頗る治安が安定して居ます。

今度医者が専任されて今月中に赴任することになって居る。綏稜ではカシン・ベック氏病、敦化付近では甲状腺の病気があるようだがここにはない、水の水質も大変良さそうだ」*62

ここで、移住地の既耕地2000町歩に先住人3000人が住んでいることが述べられている。彼らの土地は買収されており、立ち退く者には哈達河開拓団が隣接する西側の丘陵地帯、哈達崗が代替え地として用意されているというが、資金の貸し付けなど立ち退き料だけでは移転が難しいことも明らかになっている。開拓団と名乗るならば哈達崗に入殖することこそが本来の姿ではないだろうか。

朝鮮人は日本国籍だから追い出されることはなかったのか、200人の開拓団員に5反歩の水田が割り当てられるということは、1000反歩100町歩の水田が必要であり、本隊の到着が4月では新たに水田を造成することはできず、朝鮮人の耕す200町歩の水田の半分を買収することなのか、いずれにしても先住人の多くは開拓団の小作として働かざるを得ないのだろう。

足立茂藤英は、「今年の農作は一部水害のあった外極めて良好で……治安も殆ど心配ない。村民諸君は前途の希望に燃え暗い気持など一つも見当たらない。只現在の不自由な生活には誠に同情に値するものがある然し理想実現の過程にある諸君には苦痛も楽しみの前提であると云ふ様に顔色が伺われた。……交通、治安、耕地、水何れの点から見ても申分ない移民地だ。若しここに日本移民が成功せずとせば何処に日本移民の成功があらうと云ひたい」*32と、紹介している。

確かに開拓団の運営は順調に進んでいるようで、1938年（昭和13年）4月1日に満鉄・北満経済調査所が出した「拓務省移民団の畜産に関する若干の資料」*63の中に、第四次哈達河移民団に関する具体的な記述がある。

そこには種畜場施設としての用地は3町歩、放牧採草地がムーリン河畔に約200町歩、飼料の耕作地として約30町歩の土地を予定して、そこに乳牛舎、緬羊舎、倉庫、38・5坪の場員宿舎の建物を建て、団員2名、訓練生6名の計8人で、乳牛の雄牛1頭・雌牛1頭、種馬・牡2頭、緬羊・牡34頭・牝270頭、豚・牡5頭、羊・牡1頭・牝2頭を育てていて、時間ごと、家畜ごとに与えた飼料の記載と、豚に関しては成豚は10人分、子豚は2、3人分の残飯にて飼育すと書かれている。

昭和13年度には163戸・470名と団員家族も増え、一戸当たり6町歩の耕作をするまでになり、今現在は各部落単位の共同経営で農耕が行われて、移民団本部の中に村役場も組合も置かれているが、近くそれぞれが独立する予定であるとされている。

貝沼洋二―1

ここで第四次開拓団団長の貝沼洋二を紹介しよう。中村雪子は『麻山事件』の中で、貝沼洋二の妹、長曾我部繁子（明治41年生まれ）からの私信で貝沼の性格を次のように紹介している。

「関東軍司令官の植村中将が再三来られて、哈達河の地下には蛍石があるので軍に売ってくれるようにとうるさく頼まれるけど、農民精神を堕落させることになるといけないから強硬に断っていると話

したことがございました」（私信）＊64

その貝沼は前述したように奇しくも第一次移民団団長山崎芳雄とは予科・実科と異なるが同窓であった。

北大を卒業した後は、朝鮮に戻って鉄原の不二興業会社に勤めて、朝鮮農民、小作人の世話を担当するが、１９３４年（昭和９年）中村孝二郎の世話で拓務省の嘱託となった。

貝沼が安背広にボサボサ頭で、風呂敷包み一つを抱えて上京した際、釜山から東京までの間、連絡船の中でも車中でもずっと移動警察に付かれ、彼が、自分は拓務省の役人で、いま赴任の途中であることをいくら説明しても信用してもらえなかったというエピソードもある。「当時社会主義者と思われていたらしうございます」（長曾我部繁子・私信）＊64

その後、第一次弥栄開拓団の指導員として入り、山崎芳雄から開拓団経営の指導を受け、１９３５年（昭和10年）哈達河開拓団が結成されるとその団長に選抜される。のちに開拓団経営の経験と手腕を認められて、訓練課長として満洲拓殖公社に迎えられて団を離れるが、一年そこそこで再び哈達河に引き揚げてくる。彼には新京のような都会は向かなかったようである。

貝沼洋二の三番目の妹である奥谷正子（大正２年生まれ）は哈爾浜に住んでいた。その時の話がある。郷里の新潟に帰る父が彼女のもとに立ち寄り、その父を見送りに哈達河から出て来ていた貝沼と父親との間に、ちょっとした諍いが起きたという。

「父が新潟出身なものですから、新潟出身者に目をかけてくれ、と申しましたのが兄の気に入らず、出身が何処であろうと、身内であろうとなかろうと団員に変わりがないというのです。その時は夫が仲に入り二人共機嫌をなおして別れました」（奥山正子・私信）*64

公平無私、古武士のような風格を持った団長であったといわれるが、この話もそれを伝えるものといってよい。農業労働を忘れたところに真の農民は育たないという精神も、また貝沼団長によって脈々と彼らに伝えられていったのであった、と中村雪子は貝沼を紹介している。

ここで本題から離れるが、大きな誤りを一つ指摘しておかなければならない。それは中村雪子著『麻山事件』10頁に記載してある貝沼の生年月日である。中村は前述した通り「貝沼は明治二十八年、東京に生まれた」*64とし、66頁には「八月十二日、家族と別れたまま麻山で自決する。四十二歳であった」と記述してあるが、貝沼が１９４５年（昭和20年）麻山で42歳で死亡したのは、他の証言（死亡を41歳とするものもある）からも事実だから、逆算すると生まれは１９０５年（明治38年）でなくてはいけない。

『麻山事件』の中で貝沼の妹2人が紹介されていて、長宗我部繁子は１９０８年（明治41年）もう１人の妹の奥谷正子は１９１３年（大正2年）生まれとなり、記述の通り１８９５年（明治28年）生まれだと貝沼とはそれぞれ13歳、18歳違いとなっていて、特に珍しいことでもないと思うが、北大を卒業した１９３０年（昭和5年）には貝沼35歳となり、後に述べる25歳で卒業を迎えた同期で親友の木村三郎とは10歳も年が離れてしまう不思議なことが起きてしまう。

結論から言うと、校正の段階で大きな見落としがあったようだ。中村は自身が所蔵していた『麻山の夕日に心あらば』の20頁の欄外に、「貝沼洋二　明治38年生」と朱で注釈を書いていたので、自身は正しく認識していたが、校正の段階で誤植を見逃してしまったようだ。貝沼の生まれが１９０５年（明治38年）だとすると、北大卒業も25歳、開拓団団長になったのも山崎芳雄と同じ40歳、山崎とは14歳違いと、話が通ってくる。

9、満蒙開拓青少年義勇軍

二・二六事件

1936年（昭和11年）2月26日、第四次開拓団が日本を出発する直前に起きた二・二六事件は、その後の満洲開拓事業の大きな転換点ともなった。

試験移民の結果がまだ判然としないため、昭和10年度の費用を出せないと頑張っていたのは、満洲進出に終始反対していた岡田啓介内閣の重鎮、大蔵大臣の高橋是清だったが、その高橋は凶弾に倒れ、岡田のあとを継いだ広田弘毅内閣は、軍部からの圧力もあり積極的な満洲開拓政策推進へと転換していった。

加藤完治は「自分としては（二・二六事件を）次のように考える。これは旭日の昇るが如き膨張日本の発展的前進を単に現状維持して行こうとする無理想なる保守勢力が極力これを妨げた事に依るのである。此の日本の発展して行こうとする態様は当に一つの大きな激流である……之をせき止めようとするから茲に突発的に見える破壊作用が行われるのである」*28と、高橋是清の死は時代の流れの中で当然の結果であったの如く感想を述べている。

この年の8月25日には、早くも閣議で満蒙農業移民を日本の国策とすることが決定され、20年後には満洲国の人口を5000万人として、その1割の500万人を日本人開拓者が占めるよう一戸当り5人、100万戸の移住を促す『満洲農業移民百万戸移住計画』が策定された。

この当時の日本の総人口は昭和10年6925万人、昭和11年7011万人、昭和12年7063万人とされていることから、日本人の1割弱もの人々を満洲に送ろうというのである。この方針に従い、早くも昭和12年度には53万人の移民が満洲に送り出されることになった。

これまでに行われた第一次から第四次開拓団までの入植人員の多い県のベスト5は、山形県192名、宮城県137名、福島県121名、新潟県116名、長野県114名と東北地方が圧倒的に多く、北海道と沖縄は募集をしなかったので入植者はゼロだが、東京・大阪・兵庫・滋賀も入植者ゼロで、大阪は応募者が1人しかいなかった。

また、第一次から第三次の身上調査を見ると、渡満前の職業ではもちろん農業従事者が圧倒的に多く、1176人中1066人と9割を占め、次が大工職の45名、商業の28名となっている。年齢別では明治40・41・42年生まれの30歳前後が597名と半分以上を占め、続柄ではやはり次男が507名、三男で217名と多く、おそらく小作農であろう戸主が72名、長男も193名おり、ここにも日本の農村の現実が現れているようだ。学歴は尋常小学校・高等小学校出が913名と圧倒的に多い。

拓務省開拓局東亜課が1936年（昭和11年）3月に出した『満洲農業移民概況』*15によると、

試験移民の実績を踏まえて拓務省が昭和11年度以降に送り出す集団移住計画の輪郭をこのように示している。

一．移住者農家と部落の構成

移住者は経営主を併せて一戸平均大人3人の家族より成り、概ね30戸で1部落を、10部落（300戸）で一村を構成する。但し入植地の関係で200戸で村を構成することもある。

一．移住村共同事業

移住村には組合を設けて、村の共同作業施設、生産物の共同販売、必需品の共同購入や自衛警備等を行う。

一．政府の補助と施設

移住者に対する補助

政府は集団移住者に対し渡航費を補助する。個人施設補助・共同産業施設に必要な固定資本の約3割に相当する650円を各戸に補助する。組合事務所費・衛生獣医費について組合に対しての補助を行う。

指導員派遣

移住村自治並びに経営の独立を促進助成するために、政府は各移住村に対し当初3年間、農事・警備指導員を派遣し現地に駐在させる。

移住者の営農方針

イ　移住農家は畑作を中心として、水田作を取り入れると共に家畜飼養を加味した有畜混同農業経営をめざす。
ロ　農家一戸の経営面積は20町歩とし、内10町歩は耕作地、9町歩は放牧地・採草地及び林地とし、残り1町歩を宅地・菜園・作道にあてる。また、耕作地の中の1町歩は自家消費のための水田とする。
ハ　緬羊種豚を用畜とし、牛馬を役畜・用畜として取り入れる。
ニ　放牧地・採草地を適宜利用しかつ適当な副業を営む外、可及的共同経営により収益向上の途を図る。
ホ　経営は自家努力を主体とし自給自足を原則とする自作農を標準とし、当初は在来作物の収穫に努めるが、ゆくゆくは徳用作物にも力を及ぼし収益性の安定を図ること。

満洲移住手引問答

また、『満洲農業移民概況』*15には、満洲移住手引問答として移住の際の疑問点を丁寧に解説している。

・満洲の暑さは？

内地では気温が華氏90度にでもなれば息苦しくなるが、満洲では空気が乾燥しているため蒸し暑くてたまらないということはない。内地に比べ10度は割り引いて考えても良い。

・満洲の寒さは？

「第一次移民の永豊鎮に於ける昭和九年四月から翌三月までの一日の平均気温で、零下二五度から三〇度になった日は十二月に一日、一月に五日の合計六日だけである」*15

確かに一日の平均気温ではその通りだが、最低気温はどうなのか。一日の最低気温が0度以下の日数は10月の9日間に始まり、11月27日間、12月28日間、1月30日間、2月29日間、3月31日間、4月に11日間あり、ほぼ半年の間の最低気温が氷点下となっている。

・家の周りの囲壁の構造は？

囲壁の構造は土煉瓦式か湿地の草の根を煉瓦状に切り乾かした草壁があるが、最も安いのは泥に粟殻や野草を練り込んだ土壁である。高さは10尺（3・3メートル）を越える物あるが、その場合底幅は4・5尺（1・35メートル）から6尺（1・8メートル）、上部は1尺（0・3メートル）から3尺（0・9メートル）もある。四隅や要所には小銃・機関銃では破壊できない砲台を設けている。

・子供の教育は？

教育は将来のため重用であるので、家族が入植すると同時に小学校を開設している。通学距離との関係から学齢児童の家族を学校の近くに配置しているところもあるが、寄宿舎に収容することも検討している。

・習慣の違いに注意することは？

「内地で下品野卑と思はれて居る事をしなければ全然日本流を丸出しで一向に差支はない。只自分と違った習慣を無闇に笑はぬ様にする心掛けは必要である」＊15

・言語に注意することは？

「満洲に出掛る人が多少でも前以て言葉を習って置く事は望ましい事であるが現地に入り漸次習得しても集団移民の場合には大して差支はない……次に外国語を全然知らないでも……褒められたか悪口を言われたかは直ぐ第六感で判るものである……上品の言葉と下品の言葉とは仮令へ自分では使い別が出来ない迄も直ぐ判る様になるのが普通であり、下品の言葉を使へば下等の人と考えられるものであるから、この点には些少の事であるが注意が肝要である」＊15

・土地の商租とは何か？

満洲人と日本人の土地の売買を商租と言っている。土地の売買について優先権のある隣接地主の承認を受けてから売買契約書を作成し、県公署に登記すると同時に日本領事館へも届け出る必要がある。

地主の中には登記税の支払いを避けるために売買済みの土地でも登記をしていないものも多く、実際の隣接地主が誰であるか確かめるのは容易ではないことがある。

・各移住者が商租する面積は？

地方により相違があるが、東北満洲では移住者一戸当たり農耕地を10町歩、山地・草地を10町歩、合計20町歩見当を、軽い負担で分譲される予定である。「満洲事変の直後には随分土地を無償で貰へるかの様に考へて渡満せられた人を見受けたが無償で貰へる土地はない。尚ほ移住者に対する土地代負担は長期低利年賦である」*15

満洲カレンダー

2月　山林仕事の最盛期、3月末までには切り倒した木材を雪の上を橇《そり》で引き出さねばならない。
3月　土地は未だ硬く凍っていて鍬《くわ》を受け付けない。月末頃から緬羊の出産となる。
4月　初旬を過ぎると昼間は地表3、4寸は溶けてくるので、日当たりの良い南斜面から麦の播種が始まる。4月中旬から穀雨の20日頃が最適期となる。
5月　穀雨から5月下旬が大豆・粟・玉蜀黍の播種適期となる。
6月から7月中旬　連日畑の除草となる。満洲人の日雇いは鋤頭という在来の除草具をもって農家を渡り歩く時期となる。
7月下旬より9月上旬　除草の必要も無く、麦の刈り入れが終われば農閑期となる。この時期は満洲の最も暑い季節となる。農閑期を利用して土煉瓦の製造、家屋の建設が始まり、土煉瓦は2、3日で乾燥する。
9月中旬から10月中旬　朝夕は冷えてくる、収穫の時期となる。満洲では耕作面積が広いので、刈るときは刈る一方で一時穀物が畑に刈りっぱなしとなる。また冬期のための野菜の貯蔵が始まる。

10月下旬より11月　畑に残してある穀物の運搬・脱穀が始まる。脱穀場の多くは野天であり、寒い雪の降るときはかえって地面が固く凍り、都合が良いほどだ。

12月　穀物を市場に出荷する。夏のうちには悪かった北満の道路も、固い冬の舗装が出来上がって効率が良い。

分村移民

しかし、政府の計画は思惑通りには行かなかった。その最大の原因は日中戦争の激化である。この頃は世界恐慌の影響も薄れ、日中戦争に支えられた軍需景気で農家の若者たちの就職先も国内で確保されるようになり、満洲移民への関心は徐々に薄れてきていた。

長野県富士見村では、村当局や加藤完治の指導に賛同する皇国農民団員らの活発な勧誘により、昭和15年度は目標１００人のところ19人しか実績が無かったが、翌16年度には同じ目標１００人のところ、どうにか62人を満洲に送り込んだという。

そこで、国は個人の意志に頼るのではなく、古くからある村の共同体意識、ムラ意識を利用することを思いついた。そして考え出されたのが「分村移民」であった。これは各町村ごとの農家数を、耕地面積から導き出された適正だと思われる戸数・「適正農家」と、現在の耕地面積からでは抱えきれない余分な戸数・「過剰農家」とに分け、「過剰農家」を村の総意として満洲へ送り出し、適正な規模に町村を保とうとする全国的な運動であった。

この全国的な運動の中で注目され、モデルケースとして広く宣伝されたのが、現在の長野県南佐久郡佐久穂町大日向《おおひなた》にあった大日向村である。大日向村は1938年（昭和13年）、全国で初めての本格的な分村移民として渡満し、現在の吉林省吉林の北、舒蘭に「満洲大日向村」を作った。この土地はもちろん現地の中国人たちから半ば強制的に買い上げたもので、実態は開拓・開墾とは名ばかりの話だった。

結局、この大日向村も他の多くの開拓団と同じようにソ連の侵攻により崩壊し、避難先の新京での一年近い避難生活を送る中で、674名の団員の半数以上が亡くなったが、開拓地や避難する途中でソ連軍や暴徒によって殺害された「事件」とはされなかったのか、後述する『満洲開拓史』の「事件別開拓団死亡者一覧表」に大日向村の記載はない。

この国と地方自治体が強力に推し進める分村計画に苦慮しながらも、村を分け満洲に送り出したのが1940年（昭和15年）、若くして長野県下伊那郡河野村の村長になった胡桃沢《くるみざわ》盛《もり》だった。国は分村を勧めるために「皇国農村」政策を打ち出した。この「皇国農村」に指定されると、食糧増産のための村のインフラ整備に助成金が支払われるが、それには分村計画に応募することが条件だった。

1944年（昭和19年）5月、終戦の前年に河野村の分村開拓団は哈爾浜郊外に入植する。当初は

50世帯が入植する予定だったが、結局25世帯95人しか入植しなかったため、村から勤労奉仕隊を出して農作業の支援にも当たったという。しかも翌年には根こそぎ動員で村から召集される者も数多く出る中、ソ連の侵攻を迎えた。残っていた団長を含め76人は中国人たちの襲撃に遭い、その多くが自ら命を絶った。

戦後、その事実を知ることになった胡桃沢盛は、１９４６年（昭和21年）７月27日、

「一角の指導者面をしていた時の自分には、人の前に立って語るだけの自信があったのに、今日の自分は自分一人だと扱い兼ねるつまらない人間になっている。此の迷いの中から動かざる何物かを把握し得たなら、それは幸いであるが、そんなものがあるのかどうか。

善悪に関せず強い者が勝残り、気の弱い正直者は滅し去るのか。それとも正直者が生存し続けて行け、正しからざる者が成敗されゆく日があるのか。悩みは解けない（一九四六年七月七日）」＊65と書き、自分なりの責任を問い、自らの命を絶った。

また、中には分村移民政策に反対した村長もいた。長野県下伊那郡大下条村（現在の阿南町）の村長だった佐々木忠綱氏は、１９３８年（昭和13年）満洲開拓地の視察団に同行し、第一次開拓団の弥栄村と第二次の千振村などを見て回った感想を、

「私が行ってみてちょっと疑問を感じたのが、第二次千振郷なんちゅうのはもう経営がほとんど資本主義的な営利営業な経営でありまして、それから耕地はもう全部立派な既墾地、これどうしても強制収用した土地だと思いました。それで第一の弥栄というところはやや開墾した痕跡もありました……

松島自由移民団……そこへ行ってみましたところ水田は全部朝鮮人が作っていて、広い水田地帯だったのですが、これも結局買収という形は形だったんでしょうが強制収用でしたなあ、もう見渡す限り。そして、これはどうも開拓ではなく強制収用ということは、これはちょっと疑問点があるという、疑問を私は持って帰りました……まず、日本人はおそろしく横暴だということにも疑問を持って帰ってきた」*66と書いている。

終戦時の満洲に取り残された開拓民は約27万人で、引き揚げまでに戦死・自決・病死等で死亡した者は約30パーセントの7万8500人といわれる。一方、これから述べる満蒙開拓青少年義勇軍と呼ばれる少年たちは、8万6530人が満洲に渡り、約2万4200人の犠牲者を出したとされている。終戦時の在満洲日本人は約155万人、そのうちの11・4パーセントにあたる17万6000人が引き揚げまでに亡くなっている。引き揚げの混乱の中で10人に1人が命を落としているのも大変な数だが、満洲に渡った開拓民の3人に1人が亡くなっている事実には愕然とするものがある。

饒《じょう》河《が》少年隊

日中戦争の拡大が政府の移民政策にもたらした影響は分村移民だけにはとどまらず、もう一方で満蒙開拓青少年義勇軍として、年端のいかない少年たちまでもが満洲開拓に駆り出されることにもなった。

この、少年たちを満洲に送り出そうとする動きは以前からあった。第一次、第二次の開拓団の結果を受けて満蒙開拓移民事業を急ぐ東宮鉄男は、満洲事変の際の勲功で金鵄《きんし》勲章と共に受けた御下賜金を資金として、加藤完治に少年の一団を饒河に入植させる計画を提案し、これに賛同した加藤は日本国民高等学校から数名、大谷光瑞経営の満洲水子訓練所などから14名の生徒を集め、1933年（昭和8年）9月、日本を出発し饒河へ向かわせた。

饒河は現在の黒竜江省双鴨山市饒河県にあり、東にはロシアと黒竜江の支流・烏蘇里江と国境を接する満洲の最東北部で、虎頭から船便しか交通の便もなく、冬の結氷期には文字通り陸の孤島となる辺鄙《へんぴ》な場所であったが、土地は肥沃で水田も作ることができた。

東宮はこの青少年移民の正式名称を『大和北進寮』と決め、当時のジャーナリズムは愛国少年の鑑《かがみ》として紹介し、世間はこれを「饒河少年隊」として褒め称えた。

大和北進寮生の出身地は、北は山形県から南は和歌山県、寮生は15歳から22歳までの32名、平均年齢18・7歳の少年たちであった。

しかし当然ながら、中にはまだ幼い彼らを北満の僻地《へきち》に兵農移民させることに批判する声もあった。「東宮は、こういう非難に答えるために、自分の子はまだ小さかったので、姉東宮チヨの次男明治を、昭和十年七月に送った第二次生十六名のうちに加えたのである。チヨが後に書いているところによれば『高等小学校を卒業してまだ十五歳の子供のことで……妾としてはやりたくなかったのです』が、東宮は、『姉さんは子供を自分の物のように考えてはいけない。子供は天子様から預かっているのだと考えなくてはいけない』といって、もぎ取るようにして連れて行ってしまったということである」[*68]と、姉の子供を饒河に送り込んだとしているが、「伝え聞くところによると、東宮が世評を封ずるために連れて行った甥の東宮明治は、途中で北進寮から脱落し、日本へ戻ってきたということだ」[*68]ともある。

北進寮の運営は順調に推移したようで、1935年（昭和10年）11月の記録では、寮生は32名、農場のほか寮舎、製粉精米工場、緬羊22頭、武器として各自所有の刀剣と小銃30挺を備え、翌年には寮舎の増築、製油工場と畜舎も新設され緬羊30頭、馬5頭、牛2頭に増加し、1937年（昭和12年）には第二北進寮の建設も行われている。

これに気をよくしたのか、それともまだアピールが足りないと考えたのか、東宮と加藤たちは同年の夏、満洲の北西部大興安嶺山脈の麓、斉斉哈爾《チチハル》から200キロメートル離れた寧北線の伊哈拉《いらは》駅付近に、満洲拓殖公社、拓務省、満洲移住協会の協力で開設した嫩江開拓訓練所に長野から123名、山形122名、宮城31名、新潟11名、愛知4名、埼玉2名の計293名を、茨城県内原の日本国民高等学校で一カ月の訓練を受けさせた後、9月に渡満入所させた。この訓練所の所長は第一次開拓団団長の山崎芳雄だった。

山崎は1938年（昭和13年）に弥栄村を離れ、満洲国訥河青少年訓練所長から嫩江訓練所の設立運営に携わっている。このように山崎は加藤たちと日本の満洲移民政策の実施に深く関わっていたようだ。

また、これらの動きとは別に、19歳－2名、18歳－5名、17歳－2名、16歳－3名、15歳－2名の合計14名が、日本国民学校と学校内の内原農場で約1ヶ月の訓練を受け、1937年（昭和12年）8月30日に少年隊と呼ばれ、哈達河開拓団に到着している。その彼等も年々、軍への召集で減り1939年（昭和14年）に10名が補充されたが、彼等もまた応召されて、終戦時には植松慶太郎一人だけが村に残ることになった。

満蒙開拓青少年義勇軍建白書

1937年（昭和12年）11月3日、『満蒙開拓青少年義勇軍編成に関する建白書』＊70が近衛文麿内閣で閣議に提出された。この建白書の起草者は農村更生協会理事長で後の農林大臣・石黒忠篤、満洲移住協会理事長・大倉公望、同理事の橋本伝左衛門、東京大学教授・那須皓、後の東京府知事・香坂昌康、そして加藤完治の6人であった。

だが東宮は閣議に提出された10日後の11月14日、第10軍第102連隊の連隊長として、第二次上海事変で杭州湾に上陸した後、江南戦線で胸部に銃弾を受け45歳で戦死し、建白書の成立も満蒙開拓青少年義勇軍の満洲への入植も見ることはできなかった。

『満蒙開拓青少年義勇軍編成に関する建白書』の内容は、

「熱々我国の前途を考えるに、支那戦局の広汎なると国際情勢の険悪なるとは、此の事変を契機とし

て未曾有の国難を招来しつつあるを思わしむ」*70と、現状の日本の置かれている状況に危機感を感じているとし、

「而して銃後国民の上下一致して達成すべき最緊急事は速やかに満洲国をして真に我が同邦として日満一体の実を挙げしむるにあり」*70と、日本と満洲との緊密な一体化を早急に図る必要があり、そのために大量の満洲開拓移民を国策として勧めてきたが、いくつか内外の困難に突き当たっているのが現状であり、早急に「真に日本民族を指導者とする五族協和の王道国家」*70を作り上げることが「日支紛争の禍根を断つ大道なるを以てなり」*70としている。

そして、「然らずして、徒に満洲国をして或は赤軍の機を窺うに委し……如何に当面の戦局に連戦連勝するも、東洋永遠の平和日満国運の前途逆賭し難きを懼れる」*70と、ただ今の戦局に勝利しているだけでは日満の平和はないとソ連の脅威を挙げ、満洲の安定がいかに大事かを説いている。

そのためには「此の満洲開拓移民団策拡充即行の急務なるを痛感するものなり。而して其の最も適切有効なる実行方法として、茲に満蒙開拓青少年義勇軍の編成を提案し、之が即時断行を要請せんとす」*70と、満蒙開拓青少年義勇軍の編成と実行を提案している。

そしてこれらの義勇軍の訓練のために、満洲全土に数カ所の重要地点に大訓練所を設け、開拓訓練即教育と軍事教練即警備を行い、

「日満を貫く偉大なる皇国精神を錬磨せしめ、之を以て他日堅実なる農村建設の指導精神たらしめ」*70、大訓練所の課程を終った者は、

「将来の移民根拠地等に設けられつつある中小の幾多の青少年訓練所に転出せしめ、更に修練を重ぬると同時に之に依りて、或は国策移民の完成を助け……一朝有事の際に於ては、現地後方兵站の万全に資する所あらんとするものなり」*70と、満洲の開拓とともに日本軍の後方兵站の役割を彼らに求めていることを明確化している。

この企画に関してはすでに有志に於いて、昭和10年以来饒河の北進寮、嫩江の伊拉哈に合わせて青少年約400名を先遣入植させて満足すべき成績を残していて、また現在関東軍・満洲拓殖委員会・満洲国政府・満洲拓殖公社・南満洲鉄道株式会社等の支援、後援を得て嫩江、鉄驪等に大訓練所の建設を準備中でもあるとした。

「現地の事態斯くの如し今や満蒙青少年義勇軍が大挙渡満すべき機将に熟せりと云うべし。而して我が政府の負担すべき経費に到りては青少年一人に対して約二百五十円、緊急所要人員を充す為に昭和十三年度内に於いて開設せんと欲する五カ所の大訓練所収容人員五万人に対しては合計一千二百五十万円に過ぎず。国家財政非常の際と雖も、この義勇隊の活動により節約し得る直接間接の国防費の巨額なるに想倒せば本事業に対する所要金額の如きは敢て云うに足らざるなり」*70と、巨額の国防費に比べれば義勇軍にかかる経費は取るに足らないものであるとまで言い切っている。

では、この満蒙開拓青少年義勇軍に応募する青少年がそれほど多くいるのだろうかと問い、現在満15歳以上18歳未満の農家子弟は約150万人おり、その中で郷土を離れて都会に職を求める者が約70万人いる。このため彼らの都市集中が多くの失業者を生み出す原因になっており、近年の軍需工場が彼らの多くを吸収しても、就職年齢に達して離農すべき者が年間約20万人も出てくることになる。

このため「現に此の企画を伝え聞ける地方に於いて、鶴首其の実行を期待しつつあるの事実は之を証して余りあるべし……現地に於いては既に之を迎うべき万端の用意あり、国内に於いては巨万の子弟農村に待期せり……東洋永遠の平和を確立せられんことを敢て非礼を顧みず右謹みて建白す」*70と、建白書を結んでいる。

この建白書の内容を簡単にまとめて言えば、第一次武装開拓移民、第二次武装開拓移民のつまずきと、日支事変の戦線の拡大によって国内産業に労働力が吸収され、開拓移民への応募人数が減ってきたことによって満洲開拓移民政策に支障を来すようになり、徴兵前の農村の過剰青少年を開拓民の供給源として下記の理由で解決を狙ったものといえる。

1．満洲の開拓は日本にとって急務であること。

2．青少年義勇軍の派遣は「ソ連（赤軍）」の脅威にも対応できること。

3．予算的に極めて安価に事業が遂行できること。

4．青少年義勇軍の潜在的応募者は農村にいくらでもいること。

関東軍も積極的にこの計画を後押ししていたようだ。1937年（昭和12年）11月11日に関東軍参謀長東條英機から陸軍省次官に宛てた㊙電報がある。

「聞ク所ニ依レハ石黒、大倉、橋本、加藤ノ諸氏満蒙開拓青少年義勇軍五萬人案ヲ建白シタル由時局柄誠ニ機宜ニ適シタルモノト言フヘク当方トシテ曩《さき》ニ三萬人案を決定シタルモ時局ニ鑑ミ中央ニ之ヲ五萬人ニ増加スルニ於テハ万難ヲ排シテ之ニ応シ得ル準備アルニ付関係方面ヲ鞭撻方御配慮煩シ度(終)」

満蒙開拓青少年義勇軍

この建白書は早くも11月30日の閣議に於いて、拓務省の議案『満洲に対する青年移民送出に関する件』として決定した。民間から出された建白書にしては、実際に実施されるまでの展開が驚くほど短く、前述のように関東軍の影響が強くあったと言える。

この中で次のことが決まり、実行された。

1. 拓務省の行う青少年移民は、満洲移住協会に補助金を与えて実施する。
2. 内地訓練所と現地訓練所を建設し、精神的・技能的訓練を行う。
3. 内地訓練所は茨城県内原の日本国民高等学校の隣接地に設置し、加藤完治を所長とする。

財団法人満洲移住協会は１９３５年(昭和10年)10月日本国内に、特殊法人満洲拓殖公社は１９３6年(昭和11年)5月『満洲農業移民百万戸計画』が策定された時期に満洲に設立されている。

拓務省は翌月12月に『満洲青年移民実施要綱』を作成、翌年１９３８年(昭和13年)1月には『満洲開拓青少年義勇軍募集要綱』*71を作り、直ちに募集を始めた。閣議決定から募集まで実に僅か二月の短い期間であった。

この時の募集条件は、
1．数え年16歳から19歳までの者
2．経歴は職業の如何を問わず尋常小学校程度の学力
3．健康は必須条件で共同生活・農耕に堪えうる身体強健な者
4．父兄の承諾は絶対必要
とあるが、最も重要視したのは健康状態であり、

「学校時代体格検査表に発育概評『丙』と書いてあった者や、医者が診て呼吸器または心臓が悪いとか、脚気があるとか、神経系の疾患があるとか、痔瘻、重症トラホームその他悪性の伝染性疾患のある者はいけません」[*71]と、人物考査と厳重な身体検査によって行うとされていた。

この満蒙開拓青少年義勇軍の募集は県単位、学校ごとに目標を決めるなど、全国的で多くの組織を総動員して行われた。陸軍の軍務局長宛に拓務省拓務局長から満洲青少年移民（青少年義勇軍）勧誘に関する件として、1938年（昭和13年）8月20日付で通達を出している。

そこでは今年度中に1万4000名を渡満させるべく、

「……本事業は事変下の現在に於いて一層其の重要性を重加しつつあるものとして当省は勿論関係各団体に於ても地方道府県と緊密なる連絡協調を保ち鋭意目的の達成に努力致し候処何分本事業が青年団・青年学校・高等小学校在学生等徴兵前の青少年層を募集の対象とする点に鑑み之が宣伝募集に関し一層各連隊区司令部始め帝国在郷軍人会本部並地方分会等のご後援ご協力を得るの要あり……」

[*71]と、教練指導講習会とか学校での講演会等、あらゆる機会を通じて積極的に勧誘するよう要請している。

満洲開拓青少年義勇軍第六次東京堀米中隊の一員として渡満した和田伊助は、自書『四想録』[*72]の中で、１９４３年（昭和18年）、「担任のＫ先生は教壇に立つ度に『少年よ大志を抱け』だ、『あの満洲開拓に羽撃く勇気のある者は居ないか』と生徒を説得、義勇軍への応募を執拗に迫った」[*72]と書いている。

当初、１９３８年（昭和13年）の第一次募集では、定員５０００人のところ応募者は倍の９９５０人と予想以上に人が集まり、急遽定員数を変更して７７００人採用したというから、定員自体もかなりいい加減な設定であったようで、このような杜撰《ずさん》さが現地での待遇にも悪い影響を与えることになった一つの原因となっている。

昭和13年度の応募者は３万２７８２名、うち採用人数２万６４９５名で、内原訓練所に２万４３６５名が入所した。応募者の多い県は、①長野県１７９１名、②熊本県１５３２名、③山形県１５１０名、④佐賀県１３２８名、⑤石川県１３１５名、北海道は１０４５名の応募者のうちから７２７名が採用された。

また、『満蒙開拓青少年義勇軍』の名称がその時々、使われる場面に於いて『満洲開拓青年義勇隊』などと呼ばれ、『青少年』が『青年』に、『義勇軍』が『義勇隊』に変わっている。加藤完治は『義勇軍』の呼び名に最後までこだわっていたが、関東軍は中国現地での住民の反発を考慮してか『義勇軍』とは呼ばず、『義勇隊』と呼ぶなど姑息な使い分けをしている。

満蒙開拓青少年義勇軍年表

加藤たちの提唱した満蒙開拓青少年義勇軍は、終戦の年までこのように推移した。

1937年（昭和12年）
・日満両政府間で義勇軍訓練所建設の方針確立
・関東軍「青年農民訓練所創設要綱」決定により、嫩江訓練所開設（7月）
・「満洲開拓青少年義勇軍編成に関する建白書」を石黒忠篤、橋本伝左衛門、那須皓、加藤完治たち6名で近衛内閣に提出（11月）
・「満洲に対する青年移民送出に関する件」閣議決定（11月）
・内原訓練所建設開始（12月）
1938年（昭和13年）
・満蒙開拓青少年義勇軍募集開始（1月）
・内原訓練所で最初の「渡満壮行式」実施（4月）
・第一年度として3万人の送出計画

・満洲開拓公社、南満洲鉄道が両国政府の委託を受け訓練所を開設
・満拓は嫩江、寧安、勃利、鉄驪、孫呉の五カ所の訓練所に2万9000人を収容
・満鉄は自警村訓練所に1000人を収容できる施設の建設に着手
・同年度中に渡満した訓練生は2万149名
1939年（昭和14年）
・第二年度も3万人の送出計画、前年度の反省に基づき前年入所の者は大訓練所、本年度入所の者は小訓練所に収容することに。大訓練所4カ所3万人、小訓練所・甲種訓練所13カ所3900人、乙種訓練所9カ所1万600人
他に自警村訓練所6000人、特別訓練所3カ所、義勇隊病院2カ所の建設
・同年度中に渡満した訓練生は1万818名、支那事変拡大による影響もあり、当初の計画通りには進まなかった
・秩父宮内原視察（5月）
1940年（昭和15年）
・4月1日、日満両国政府、満拓、満鉄、協和会により訓練本部を新設し、義勇隊運営・訓練の統一を図る
・基本訓練所…従来の大訓練所で渡満した新訓練生に1年間の基礎訓練を施す。嫩江、勃利、鉄驪、孫呉の4カ所

・実務訓練所…基本訓練修了者に実際的訓練を施す
甲種実務訓練所…訓練後開拓民として当該地区に定着することを目標とする。満拓が経営、既設13カ所、新設11カ所
乙種実務訓練所…訓練後開拓民として他方へ移住開拓に従事することを目標とする。満鉄・省県が経営、既設28カ所、新設19カ所
丙種実務訓練所
・特別訓練所…特に優秀な訓練生には、旅順医学校、佳木斯医科大学、新京畜産獣医大学、開拓地教員養成所などへの入学を認め、開拓事業の幹部養成も図った
1942年（昭和17年）
・内原訓練所へ高松宮視察（1月）、その後東久邇宮、三笠宮視察の視察が続く
1943年（昭和18年）
・内原訓練所でサツマイモ増産、東京市の依頼で苗200万本納入
1945年（昭和20年）
・義勇軍最後の渡満壮行式が内原で行われる（5月）、「以後戦況の悪化に伴い、満洲への渡航は行われなくなる。そのため義勇軍の活動は国内の食糧増産、一方満洲へ渡った義勇隊は戦力増強のため工場での勤労が中心となる」（水戸市　内原郷土史義勇軍資料館）
・大東亜省満洲事務局は開拓民、義勇軍の渡満中止を通達（6月）

・ソ連軍侵攻（8月）
・内原訓練所内の大食堂で全職員終戦放送を聞く（8月）
・内原訓練所の活動停止（9月）
・加藤完治、義勇軍訓練所などの所長を解任（9月）

満蒙開拓青少年義勇軍の基本に流れる思想は加藤完治の理念である。それを加藤は、「一言にして云えば日本人たるの自覚をハッキリさせることである。即ち、陛下の赤子たるの自覚である。即ち日本人は、天皇を中心とする国民全体の結成せる大生命体の一分子たるの自覚に立ち、自己の本分の達成に努力することである。相手が農村の青年であるから、農を以て国に報ずることがその本分であり、真剣なる農業労働に汗を絞ることの裡に青年の人生観確立の根本精神が潜んでいるのである」*73としている。

こうして数多くの青少年が満洲に送られた。

内原訓練所

ＪＲ常磐線に乗って茨城県水戸駅の3つ手前に内原駅はある。今でこそ駅の北口には大型商業施設が建っているが、訓練所のあった駅南側は常陽銀行の内原支店、内原市民運動場、内原ヘルスパークなどの公共施設が幾つかあるくらいで、駅から内原郷土史義勇軍資料館までにはコンビニ2軒以外、商店も無く、車の往来の少ない舗装道路が続く。

資料館は水戸市が管理しており、資料館建屋と外に「日輪兵舎」とか「日輪トーチカ宿舎」とか呼ばれた、モンゴルのパオに似た直径約11メートル、床面積100平方メートル、1小隊60名を収容できる円形の木造の建物が「復元日輪舎」として復元されている。

そこで隊員たちが寝起きしていたのだろう、日輪舎の中は円形の壁に沿うように、二段となった間仕切りの無い板張りの床が敷かれている。

資料館の中の展示物のほとんどは満蒙開拓青少年義勇軍に関するもので、郷土史に関するものはあまり見られず、水戸市が関わるために取って付けたような展示になっている。下調べのために二度訪れたが、私の他、訪問者は一人しか見なかった。

資料館の裏手には高さが8メートルもありそうな「満蒙開拓青少年義勇軍内原訓練所之碑」の石碑が建ち、橋本伝左衛門による文字が刻まれている。碑の建立は1975年（昭和50年）5月とある。石碑の傍らの碑文には建立委員会会長那須皓によって、

「国策として発足した満蒙開拓青少年義勇軍は、満洲大陸に理想郷を建設せんとの熱意に燃える青少年達であった……われわれは志半ばに倒れた同志の遺志を偲び義勇軍創設の趣旨を録し、永く後世への記念とす」との文字が刻まれている。

私が前に訪れた長野県下伊那郡にある満蒙開拓平和館の事業目的、

「日中双方を含め、多くの犠牲者を出した満蒙開拓の史実を通じて、戦争の悲惨さ、平和の尊さを学

び、次世代に語り継ぐと共に国内外に向けた平和発信拠点とする」とは、明らかに施設の意図が異なるようだ。

資料館から少し離れた所に、少年たちが渡満するために隊列を組んで歩いたとされる内原駅へ続く「渡満道路」があり、両側には余り手入れの行き届いていない桜の老木が朽ちようとしている。

選考に合格した少年たちは3カ月間の訓練のため、加藤完治が訓練所長を務める、ここ内原の日本国民高等学校に集められた。

訓練生は5大隊に分けられ、訓練生約20人で1班を作り、3班60人で1小隊、5個小隊で1中隊300人、6個中隊で1大隊1800人を構成した。班長と小隊長は訓練生の中から選ばれ、中隊長・大隊長は満蒙開拓幹部訓練所を出た開拓指導員が配属された。隊の基本行動形態は300人の中隊で、渡満後もこの中隊の形は維持され、中隊長は中隊と共に開拓団へ移行した。

彼ら5大隊約1万人は、内原訓練所と隣町の河和田分所に分かれ、松林に点在する約300棟の日輪兵舎に分かれ、その中で寝食を共にして訓練に明け暮れた。訓練は学科と実科とに分かれており、学科の皇国精神と実科の武道、農業実習が訓練の中心であった。

学科…皇国精神　満洲植民問題　満洲事情　満洲農業大意　国語　地理　歴史　満洲語　栄養　農産加工及び製造　生理衛生　軍事講話　習字　課外講話

実科…教練　武道　体操　作業（開墾、一般農耕外）

一日の時間割

6：00起床　6：30〜7：30礼拝・体操・武道・教練　8：00朝食
9：00〜11：30学科・教練・作業　12：00昼食
1：30〜5：00教練・武道・作業　6：00夕食
6：30〜8：00入浴・自習・唱歌　8：30礼拝　9：00消灯

内原訓練所で行われる訓練の底に流れるものは、加藤完治の唱える皇国農民精神であり、加藤は皇国農民精神の授業だけは自身で行い、他の教官には任せなかったと言われる。

そして、この皇国農民精神を象徴する表現が「やまとばたらき」という加藤が傾倒した神道思想家・筧《かけい》克彦が考案したとされる「天皇、弥栄《いやさか》、弥栄、いーやーさーかー」の合唱で終わる体操であった。

「やまとばたらき」は学科での「皇国農民精神」と、武道での渾身の打ち込みを専らとする「直《じき》心影流」、農作業実習では作物は肥料を施さずとも畑を60センチ〜1メートル掘り起こせば足りるとして、ただただ深く掘ることだけを実践させた「天地返し」の三つを統合した象徴とされた。加藤は満洲の地でも「天地返し」耕作法にこだわっていたが、広大な満洲の農場では全く意味をなさなかった。

皇国農民精神

この加藤の「皇国農民精神」なる考えは、１９４０年（昭和15年）11月から翌年の1月にかけて、内原の満蒙開拓青少年義勇軍訓練所において、農林省と農業報国連盟主催の「農業増産報国推進隊」の訓練が行われた際、全国各地から農業に従事する増産報国推進隊の青壮年1万5000人が集められた場で講習会が開かれ、そこで近衛文麿総理大臣や石黒忠篤農林大臣等の講演が行われるなか、加藤自身も9回に分けて講演を行ったが、それをまとめた「皇国農民精神」*73の中によく表れているので概略を紹介してみる（「　」はそこからの引用）。

加藤は講演の最初で、第一に国務大臣の話をじかに聞くのだから、その意のあるところを虚心坦懐になって拝聴し修養してほしいこと、第二に今の日本には相当困難な実情があるが、1万5000の若者が立ち上がれば、その困難を突破することができるという根本精神を持ってほしいと述べて、9回の講演を始めた。

1回、増産運動　2回、信念の確立　3回、禊《みそぎ》、参拝　4回、武道
5回、読書　6回、事々物々についての修業　7回、村の弥栄
8回、農業経営　9回、日本民族の大陸移動

加藤は第一回目の講演で、業を起こすには資本も法律も組織も必要だが、「これを生かすのは人間である。人間の精神である。結局生産拡充運動は日本国民の精神運動である。精神の振興をするということが生産拡充の根本であるということを書いております」と、半世紀も前の1884年（明治17年）に農商務卿であった西郷従道のもとで、高橋是清たちがまとめた『興業意見』を挙げ、

「日本国民の精神運動である。精神の振興をするということが」肝心であると話を始める。

そしてそのためには、日本国民として当然のこととして、ここ内原の訓練では君が代合唱と勅語の奉賛を行い、その後、古事に則り、

「『天晴《あっぱ》れ、あな面白《おもしろ》、あな手伸《たのし》、あな明《さや》け、おけ』八百萬神がやむにやまれぬ真心でお歌ひになった神世の時代を思ひ起こしてこれを斉唱する……」と「天晴れおけ」を斉唱し、最後に万歳三唱ではなく、「天皇陛下の弥栄をお互いに腹の底からお祈りする」「弥栄」を三唱するのを日課として行っているとする。

第二回のテーマ「信念の確立」の中で加藤は、日本には妻と子供5人以上がいるにもかかわらず、田畑を5反歩しか持たない赤貧貧乏の五反百姓が約200万戸もあり、この問題を解決するには単に農業労働に汗を絞るだけでは駄目であり、

「吾々は忠良なる日本国民といふ肩書きを附けて、堂々と日本臣民の本分を盡す、即ち臣道実践を徹すという意味で農業労働に汗を絞りたい……」ことが大事であり、そのことが自分の身も心も、ある尊いものに捧げる日本精神そのものであり、そのある尊いものこそは万世一系の天皇であって、天皇に身も心も捧げることが大切であり、日本精神の神髄であるとしている。

また、日本農民はその素質に於いて決して個人主義・物質主義の西洋人に劣るものではなく、むしろ日本には西洋にはない生命体としての家という概念があり、

「親子兄弟家族の秩序があり、建物があり歴史がある」この家を大事にすることこそがまさしく日本

精神であって、家の上には村があり、村の上には大日本帝国という大きな生命体がある。そして、「吾等日本帝国の臣民を引連れて……御先頭にお立ち遊ばされて御努力御奮闘遊ばされるのが万系一世の天皇陛下で在らせられるのであります」と結んでいる。

加藤の思想を貫くのはあくまでもこの皇国精神主義であって、農村の貧困の原因を寄生地主・不在地主と小作人との関係や、1873年（明治6年）に明治政府が行った租税制度改革による、地代の3分の1にも相当する地価の3パーセントの高率に固定された地租など、制度・体制に及ぶことは決してなかった。

第三回目以降の講演でも、多くの時間を割いて日本精神の意義とその精神涵養の方法について語り、「いつも大日本帝国の弥栄といふことと離れずに物事を考えていくと言ふ所に日本精神が輝いて居るのであります。しかも之が……天皇の大御心を奉じ大日本帝国の弥栄に努力奮闘する所以であり、即ち尽忠報国であります」、そのためには、「日本精神の鍛錬陶冶に対する実修の形式に付て、禊、参拝、武道、読書、事々物々についての修業……」が必要だと、それらの内容について詳しく語っていく。

なかでも、「大和魂の鍛錬陶冶の実修」を行うに当たり、心身に付いている穢れを落とすためには水を被る「禊」が有効であり、その中でも「一番良いのは滝を浴びる禊」であり、滝にうたれることで「身体に附いて居る埃穢れが取れて、五尺の身体のどん底に鎮座まします先祖伝来の大和魂がはっきり出て来て、さうして本当の日本人になる」とする。

そして、日本人は明治維新後西洋かぶれをしてしまい、神社を参拝する際の二礼二拍手一礼の基本さえもおろそかになってしまっているが、尽忠報国の鏡である乃木大将もなされたように、日本精神の発揮の場として神社参拝を行わねばならず、

「私共が日本精神を涵養する実修の形式としては神社の参拝はどうしても欠くことの出来ないもの」だと、神社参拝を重要な実修の形式として位置づけている。

次に加藤が武士道精神の鍛錬も実修の有効な形式の一つとして挙げ、今の日本に於いてはあらゆる方面で武士道精神が欠けているとし、そのためにこの訓練所では、

「農事の訓練と同時に武道を特に入れまして、何時でも君の馬前に死する精神を養っているのであります」と直心影流の型、打ち込みの稽古を行っていると紹介している。

これらの加藤が主張する「日本精神の鍛錬陶冶」を、自身の実体験を紹介しながら話す中で、青少年義勇軍の目的についてこうも語っている。それは国内にあっては食糧問題であり、失業問題であり、満洲国にあっては匪賊などに対する防衛問題であって、

「凡ゆる点に於いて実に安心して今の戦争を継続することが出来る如くに……」と、青少年義勇軍の究極の目的は、支那事変を遂行するためのものであると説いている。

加藤は具体的な数字を挙げ、彼の計画では青少年義勇軍を昭和13年に5万人、14年に10万人、15年の今年は20万人、16年に30万人、17年には35万人、17年までに１００万人の少年義勇軍を満洲に送り込む予定であったが、

「政府も国民も立ち上がらないが為に、十三年から十五年の今日に至るまでの三カ年に於いて僅かに四万人の者を入れたに過ぎない……」と義勇軍の現状を嘆き、仮に今35万人の義勇軍を満洲に乗り込んだら、400万石や500万石の米の生産は可能であり、日本国内の失業問題も一挙に解決してしまうだろうと義勇軍の必要性を訴えている。

また、「満洲には肥料もやらないで物が出来るところがありますから、一刻も早く満洲に於いて簡単な家を造って、その家の前に二町歩位の地面をつけて、一町歩でもいいから、蜂の巣みたいに、一杯家を造ってしまう。さうして失業者の中の若い者を先ず其の家に送り込んで……兎に角米でも麦でも豆でも作らせる……兎に角食べることだけは出来るようにする、それから考える」と、自身も何度か足を運んでいる現地の気候風土の実態を全く無視した乱暴なことまで話している。

第五回の講演では宗教にも触れ、以前ドイツ大使から紹介されたという伯爵が内原を訪れたときに、伯爵に「加藤先生、一体此処には宗教がありますか」と質問され、一時期キリスト教に傾倒していた時期もある加藤は、

「宗教は日本精神である。……基督教でなくてはどうだとか、仏教でなくてどうだとか云ふことは吾々は考えていない。詰まり現人神であらせられる所の天皇陛下の御命令を奉じて　陛下に心身を捧げる。自分が極楽往生するとか、自分が天国に行くとか、そんな欲はない。吾々は御命令とあらば、地獄に落ちても宜しい。身を八つ裂きにされてもよい。それが日本精神なんだ」と述べている。

また、農民の金銭感覚について、こうも言っている。

「農民位安く売って高く買って損をして居る者は無い……一貫目七銭から六銭……そういふ馬鈴薯を売って、そうして東京に出て行くと二円、三円といふ旅館に泊って、一個五銭位の餅菓子をぺろりと平らげてしまう。おまけに腹が大きいものだから五つ位食べると馬鈴薯の六七貫目は吹っ飛んでしまふ。餅菓子五つ位で馬鈴薯を吹っ飛ばしてしまふことは、農民は誠に上手なんです」と、農民の金銭感覚の無さをあげつらっている。ここに加藤の農民に対する真の姿が見えるようだ。

第六回の講演では、日本精神が磨かれた度合いは実際の問題にぶつかったときにはっきりと現れて来るとして、第一次武装移民の幹部排斥運動を実例に挙げ、匪賊の拠点がある永豊鎮に乗り込み、翌年から開拓を始めた開拓団は、労働意欲の無い者や、支那人の家を占領して住んでいることによる警備上の問題、「其の村の人の心持ちを不真面目にして騒がせることを一生懸命にやるような間違った心懸けの者があった」ことなどから、11小隊のうちの7つの小隊で開拓団幹部たちの排斥運動が起きたことを述べる。この騒動は自分と東宮大尉が一緒に現場に乗り込みどうにか収めることができたが、これはすべて大和魂の鍛錬が充分になされていないことから起きたことで、そのためにも日本精神の鍛錬陶冶に対する実修の形式である禊・参拝・武道・読書・事々物々についての修業をしなければならないと力説し、現地での土地収用と匪賊の問題や不完全・不衛生な施設には全く触れることなく、すべてを精神鍛錬の問題だと決めつけている。

以前、加藤は山形県知事の添田に「どうも加藤君は精神的で、経済の方は無視をする傾向があると云ふ話だが、両方やらなくちゃいかぬ」と言われたが、その加藤が講演で唯一具体的なことを提案しているのは、第八回目の講演の中で挙げた「労力配分表」になるだろう。加藤は一つの例を挙げ説明している。

加藤が庄内地方で講演会を行ったとき、長南三右衛門という農民の相談を受けた。

長南は「お母さんと自分たち夫婦と小さな子供三人と、それから大きな子供の夫婦にその子供、それから常雇二人に馬が二匹」で水田を6町歩経営していて、そのうち4町歩は小作で2町歩が自分の土地であるが、今の農業経営で良いのかどうか加藤に相談をしに来たという。

その時、加藤は、「私は長南君に言ったのであります。君は元来小作人ぢゃないか。二町歩も人から地面を借りていれば小作人だ。だから小作人の本分を尽くしなさい。小作人は小作人らしくしたが宜しい。それに雇人を二人も置くといふのは、一体地主様だ。それはいかぬ。止めなさい。それから臨時雇いは一人も要らないで四町歩の経営が出来るやうに、頭を痛めて考えなさい……」と「労働分配表」に照らし合わせ雇い人も解雇して家族だけで4町歩の水田を耕作することを長南に指導したと自慢げに話す。

ここから加藤の単なる精神主義だけではない合理的思考の片鱗を見ることもできないこともないが、農民・小作人に対する加藤の基本的な見方、農民の貧困問題を農村の過剰人口と耕地面積の絶対的な不足としてしか捉えきっていないところに、加藤の限界があった。

このためか第九回目の最後の講演で、加藤は農村問題としての日本民族の大陸移動について語る。

「最初は日本の農村問題の解決は人に在りといふことから、農民魂の鍛錬陶治に……農民の子弟と共に一緒に友達となって……没頭したのであります。ところが教へた生徒の中から、土地の無い吾々が一体どうして農業が出来ますかと泣き付かれたのを契機として、私は大陸移動の問題に頭を突込んだのであります」と、この土地問題が大陸移民を考えるきっかけになったという。

そして加藤得意の枕詞《まくらことば》、荒木貞夫陸軍大将、高橋是清、石原莞爾に直談判した話から、満洲開拓移民、満蒙開拓青少年義勇軍へと進み、大陸移民を行う大きな外因は、ソ連の陸軍の進出に対し満ソ国境の守りを固め満洲国の独立を計ることにあり、日清、日露、満洲事変、支那事変の、

「戦争目的は一体なんであったか、結論は満洲国の建国であります。満洲国は民族協和を旗印にして日本と不可分の国であります」

「満洲国皇帝陛下は……伊勢神宮をお祀り遊ばしたのであります。天照大神の御光の下に日本と一体となって満洲建国を徹底する。……満洲国は常に日本の真面目な農民を歓迎する。義勇軍が壮行式を挙げる時には……産業部大臣が来られまして、吾々満洲国民はあなた方のような立派な大和魂を持っている青少年義勇軍を鶴首して待っています、さあおいで下さい。土地も準備しておきます、建物も準備しておきます、どうかおいで願いたひと言っているのが満洲国であります」

「加藤の心の奥には、一方に於いては目前の食糧増産に奮闘すると同時に、他方に於いては日本の国の土台をしっかり固めて、此の国土を本当の神国にしたいと云ふ念願あるのみであります。斯くの如くにして、陛下の大御心を安んじ奉る。陛下の大御心を安んじ奉ることが、私共の死んでも忘れられ

ざる念願であります。どうかお互いに自重して此の念願を果す為に起ち上がりたいといふことを心から お願ひ致します」として9回の講演を終えている。

現地訓練所

このようにして内原で訓練を受けた若者が、大陸の現地訓練所に向かうことになる。現地訓練所は大訓練所と小訓練所に分かれ、大訓練所では1年間、内原訓練所と同じような訓練が行われ、その後各地に点在する小訓練所に移り2年間の農事訓練と軍事訓練が行われ、それが終わると一人前の独立した開拓者として10町歩の土地と採草地を貰えることになるとされた。

当初大訓練所は北安省（今の黒竜江省西部）の嫩江・鉄驪、黒河省（黒竜江省北部）の孫呉、牡丹江省（黒竜江省東南部）の寧安、三江省（黒竜江省北東部）の勃利の五カ所に作られ、すべてがその北と東とをソ連と国境を接する現在の黒竜江省に作られていた。大訓練所は委託を受けた満洲開拓公社（満拓）・南満洲鉄道（満鉄）が2万9000人を受け入れられる施設を開設、初年度には2万149名を受け入れた。

1941年（昭和16年）には、満洲全土に94カ所もの小訓練所が出来上がった。小訓練所は満拓の経営する、訓練終了時に当該地区で定着することを目指した甲訓練所と、満鉄・省県が経営する、訓練後は各地の開拓地に派遣するための乙訓練所に分かれ、優秀な訓練生には旅順医学校・佳木斯《ジャムス》医科大学・新京畜産獣医大学・開拓地教員養成所などへ進む道も用意されていた。

内地から満洲に渡った人の数は不確定だが、渡満した青少年義勇軍に関しては、内原訓練所に残る送出名簿から確かな人数が把握できている。

1938年（昭和13年）に渡満した2万1999名の第一次義勇隊員は、3年後の1941年（昭和16年）に1万7172名が71団の「第一次○○義勇隊開拓団」となって開拓地へ転出していった。彼らのうち478名が他の職業に転職しているので、当初の開拓地に入植すべき義勇隊員2万1521名のうちの約20パーセントにあたる4394名が訓練所から脱落した計算になる。

先に挙げた病気・事故による死亡、結核・屯墾病などによる内地への送還、無断退所、不良退所処分の他、どのような方法で自宅と連絡を取り合ったのか、自分の親兄弟の病気・死亡を偽って帰国してしまった隊員も多くあったという。

また、内原訓練所で行われていた、畑をただただ60センチから90センチも深く掘り起こす加藤完治の編み出した「天地返し」農法は、満洲の地では全く役に立たず、結局すべての入植地で、広大な耕作地を耕す方法として北海道農法を改良していくことになるのだが、加藤は一貫して農法の変更に反対していた。

一体、内原訓練所での訓練は、彼らの満洲での農業にとってどれだけの意味があっ

満蒙開拓青少年義勇軍送出人数＊68

13年	14年	15年	16年	17年	18年	19年	20年	合計
21,999	8,887	8,922	12,622	11,795	10,658	7,799	3,848	86,530

たのだろうか。

嫩江《のんこう》訓練所

1937年（昭和12年）9月に先遣隊100名が、満拓公社の準備した伊拉哈満人部落の満人家屋に分宿して宿舎の建設工事に着手、10月末に完成した宿舎に第二次先遣隊約200名を迎え入れて本格的な大訓練所の建設に取りかかったが、

「第一年度は……五大訓練所を設置し、一カ年三万人受入れの準備に着手したが、近年希な雨天続きのため建設が予定通りに進歩せず、止むを得ず特別訓練所二ヶ所を急設し、訓練生を一時待機させるという窮余の一策を採用した」＊42

1936年（昭和14年）6月に山崎は嫩江訓練所にいた。

「昭和14年6月当時の職員の主なる者は左の通りであった」として、所長に山崎芳雄の名前がある。

勃利訓練所	三江省	定員6000	所長・宗　光彦	収容人員4072
嫩江訓練所	北安省	定員6000	所長・山崎芳雄	収容人員3188
寧安訓練所	牡丹江省	定員4500	所長・佐藤　修	収容人員2373

1941年（昭和16年）5月調べの満蒙開拓青少年義勇隊訓練所一覧によると、嫩江訓練所は収容人員4800で、中隊数7、職員数127、訓練生数1669、充足率35パーセントとなっている。

収容人員定数3000人以上の大訓練所での充足率を見ると、鉄驪訓練所27パーセント、対店訓練所16パーセント、一面波訓練所27パーセント、哈爾浜訓練授与42パーセント、勃利訓練所は47パーセント、寧安訓練所47パーセント、となっている。

充足率の低下は「本年度（昭和15年度　筆者）の訓練生の送出状況は、やはり国内情勢の急迫に伴い予定通りの応募を見るにいたらなかったため、渡満人員総数は九，〇四一名に過ぎなかったが、この年から各府県の募集に新機軸を出し、中隊を編成するに当たって、分村または分郷の方式を取り入れた郷土部隊の編成を見たのは注目すべき点であった」*42と、募集方法を開拓団と同じに分村、分郷方式に力を置くようになって来たと指摘している。

また、昭和15年度には、特別訓練所の一つとして、不良訓練生の教化をするために300名収容可能な朝水訓練所が、場所は黒河省瑷琿県内で北黒線朝水駅から二キロ地点に開設されている。

昌図事件

義勇軍訓練所が各地に開設された当時、現地では施設の整備が追い付かず物質的にも精神的にも訓練生の健康に悪影響を与え、このことが訓練生からの家族への手紙、現地を視察した者たちからの不満が、後続部隊の送出にも影響を及ぼすようになって来た。

「加藤完治のいわゆる『内原的訓練』は国内に於いても批判を招くにいたった。困苦欠乏には耐えるべしという訓練は確かに必要ではあったが、多数の訓練生中には耐え得ない者もあった。また訓練所の数が増加するに従って幹部職員にその人を得ない場合も多くなり幹部相互間または幹部、訓練生間……寮母を繞っての男女間の問題も少なくなかった」＊42と『満洲開拓史』の中でさえ、加藤の精神論のみの指導は批判されている。

山崎芳雄が所長であった、創立2年目の嫩江訓練所は、昭和14年度には3188人の訓練生を抱えていたが、1939年（昭和14年）8月頃の統計として訓練所内で発生した事故数は、(1)罹火災21件、(2)銃器暴発12件、(3)紛争（不穏行為）12件、(4)自殺および自殺未遂6件、(5)無断出所177名（帰所127名、未帰所50名）、(6)不良退所137名と、かなりの混乱が見られた。

このような状況下で起きたのが、奉天省昌図県昌図特別訓練所で起きた昌図事件だった。発端は1940年（昭和15年）5月5日に開かれた運動会にあった。開催の前夜、渡満した新旧の中隊間でのイジメからともいわれている諍いが生じていた。この諍いによる両者の衝突がエスカレートし、「ついに第三回にいたって大衝突、大襲撃となり、銃器を持ち出して発砲する状態にまで発展した」＊42

1940年（昭和15年）7月14日に嫩江訓練所入所した葛原辰夫は、現地では「満蒙開拓青年義勇隊」と、現地住人への配慮から、軍から隊へと呼び名を変えることになったこと、衛生状態は最悪で昼間はハエ、夜は蚊に悩まされ、風呂の設備はなく「アメーバー赤痢」が中隊に蔓延し血便が出たが、自然治癒を待つのみだったと『北の青春』に書いている。

「二、三日したある日、隣中隊の先輩隊員の一人が炊事場へやってきて『飯を食わせろ』という。『飯はない』と返事した途端、『何を』と言うが早いかパンパンと二、三発平手打ちを食ってしまった。おまけに丼一杯の飯を平らげ礼も言わずに去って行った。義勇隊では階級はなかったが、渡満年次によって区別され、その差別は大きかった。昭和十三年度、十四年度の人たちは特別に『先遣隊』と呼ばれていた」*36と、日本陸軍の悪しき慣習が義勇軍内にも蔓延していたようだ。

対店訓練所でも「対店訓練所に入って一年、この一年で一番困ったことの一つは義勇隊員の愚連隊である。夜中の寝静まった私達の兵舎に入ってきて、木刀でランプを割っていく。何か言ったりすると、木刀で殴る蹴るの手に負えない連中である。私達より一年前に訓練所に入所した先輩達で軍隊でいうと二年兵、三年兵である」*80と、同じことが言えたようだ。

この事件処理には奉天検察庁次長が直々《じきじき》に当たり、延べ222名に及ぶ取り調べの後、9月21日付で37名が奉天地方院に公訴された。公判には内原訓練所から加藤完治が特別弁護人として出廷し、発足間もない満蒙開拓青少年義勇軍の制度が不備のために起きた不祥事であったとして寛大な処分を求めた。結果、32名が執行猶予付きの有罪となり、12月20日には全員が出獄した。

彼ら32名はハルピン特別訓練所に一時収容された後、1月にソ満国境沿いの勃利訓練所に移送され再教育が行われた。再教育訓練後には半数の者が入営し、10名ほどが現地の会社に就職し、4名が帰国した。この事件をきっかけとして各訓練所への巡回映画の回数が増えたり、娯楽施設が増やされることになった。

満洲からの便り

拓務省拓務局が1938年（昭和13年）12月に発行した『満蒙開拓青年義勇軍現地通信集　第一輯』*74には、各地の義勇軍訓練所から多くの隊員の手記が掲載されている。もちろんそのほとんどすべてでは自分たちの置かれている環境に不満が述べられてはいない。ここで山崎芳雄が所長をしていた嫩江訓練所の訓練生が書いた便りを幾つか紹介してみる。

瑞穂の国はウラルの麓　新潟県出身　嫩江訓練所　井上智将

「皆様、故郷の皆様、大和国、大新潟村建設、永遠の平和確保の為に、内地農村に居る限り春秋に富む青少年には、決して明るい前途はないと私は思う農村の青少年は手には鍬を握っている。然も大地に足はついて居ない都会の人はハンマーを振り上げているけれども将来の不安におさえつけられている。

私は云う。来給え満蒙の新天地へそして仲良く、王道楽土建設に邁進しようではないか。待っている。満蒙の未開の沃野は君達の渡満を予期して待っているのだ。

研げや鎌を　磨けや魂を敷島を瑞穂の国はウラルの麓ぞと加藤先生は云われています」*74

嬉しいおやつ　滋賀県出身　嫩江訓練所　中藪吉蔵

「四月二十五日に嫩江訓練所に入所致しました最初は非常に寒くまだ井戸には厚い氷が張り其の氷はまだとけずに今でもそのままです。宿舎は天地根元と言って三角の中に約五十人余り義勇隊員が入って居ります。先ず朝より順番に……」*74として、一日のスケジュールが書かれている。

・朝の起床は入所時は五時でしたが今日では四時半起床で五時までに洗面其の他をして五時より点呼礼拝で毎日礼拝場へ行きます。

・「君が代」「勅語」「弥栄」を三唱します。「弥栄」とは昔の言葉で今は万歳と言っております。

・大隊長が「お早う御座います」と言うと私達も内地まで聞こえるほど大音声で「お早う御座います」と互いに朝の清らかさを楽しく感じます。

・今度は大和体操《やまとはたらき》と言って義勇隊独特の体操をやります。

・六時より朝食で温かいご飯を元気よく「いただきます」と言って食べます。

・七時より作業にかかります。今僕等は自分たちの入る宿舎を建てて居ります。

・十一時五十分に昼間での作業をやめて昼食です。

・食事がすむと三時まで昼休みとて昼寝洗濯をやります。

・三時より作業にかかり五時になると待ちに待ったうれしいおやつ時ですマントウと言って日本ではパンの様なものです。その時は何とも言えない味がします。

・五時半まで休みで夜の八時まで作業をやり八時に作業完了

・帰ってくるが早いか皆元気に一せいに今日は手紙が来て居るとか口々に言い合います。この手紙は僕等には三度の飯より楽しみです……これが一日の楽しみです。

・夕食をすまして風呂に入り夜の点呼です。

・九時半で礼拝をすまし十時に消灯ラッパが夜の静けさをやぶり一日のつかれも何処かに消えるように休みます。

満人は漫々的《まんまんでー》　嫩江訓練所　滋賀県出身　堀井敬治

「毎日の僕等の起床は五時半で日は煌々と東天に輝いて居ます。六時点呼六時半礼拝場に集合大隊長の指揮の元に広々とした大平原より遥か母国を望み君が代合唱　天皇陛下の弥栄を三唱するその気持ちは義勇軍でなければ味わえぬ事でしょう。七時朝食です。

八時半より十一時半迄中隊長舎の作業です午後一時より再び作業を続け六時には終わります。

それより入浴、入浴は我等の一番楽しみです浴場はと言っても露天ですから入りつつ故郷の空をながめる時地平の果に日は落ちて空を行く雁が列をなして飛んで行きます……入浴後夕食をすまして楽しい夢路をたどる夜半時折土人部落を襲うのか匪賊の銃声が起こり我等若人は大いに緊張します。でも我々の宿舎へは寄り付かないです油断は出来ませんが」*74

国策の捨石　嫩江訓練所　和歌山県出身　先遣隊一同

「希望の明け暮れを送る我々嫩江青年王国に早や四ヶ月を迎えました……我々が入所した時分どうだった。荒びれて時折、シベリア颪が吹き渡り四方は唯白銀の波打つ丘だった。雪解けて茫々たる平原枯木一本も無く見渡せど見渡せど果てしもあらぬ広原だった。
　その中に取り残された島の様な馬家堡の部落に千五百名の若人がカーキ色の服に身を装めて突立ったのです。当然来るべき食料送欠だから粟飯も食べ沢庵で副食をすました日もあった。アンペラの下で転寝をして幾百里離れて故郷の空の下に想い走らして夢に見る事が一番楽しみだった。『先遣隊なればこそ』と辛苦に苦労を重ねて今漸く春の蕾が出て参りました」[*74]
　また、『満蒙開拓青少年義勇軍概要』[*24]の中で、清水久直は義勇軍隊員募集のために一時帰国した隊員たちの座談会をこう紹介している。

岡本（司会）
「今度は厳しい訓練生活の間の喜び楽しみといったものをどうぞ」
武田君（大分県）
「一番楽しいのはおやつの時間です。夏などは朝が早いから腹が空る。当番の者がおやつとお湯を運んでくると目の色を変えてみな夢中であります」
大橋邦二君（佐賀県出身20歳）
「今のところ蓄音機及び野球道具位のものです。蓄音機といってもレコードは年に一回か二回新しいのが来るだけで、昔の古ぼけたレコードを聴いて居りますが、慰問に来られる人にレコードを持ってきて頂ければと思います」
越後林利則君（青森県出身18歳）
「……ラジオや野球道具、ピンポン用具もありますが、生活が平凡なので、若し団体として……他の訓練所との対抗試合でもあれば励みになりましょう」
岡本
「……この辺で皆さんが内地に帰られた目的を話してみてください」
印南君（和歌山出身）
「第一に後続部隊が続々現地に入所せられんことを願って参ったのであります。私共が円ペラの中に住んで宿舎を建てたのは……後続部隊の続くことを願っての努力でありました……」
河野巧君（宮城県出身20歳）
「あの大陸を開拓するには我大和民族による以外はないと信じ、後続部隊を迎えに参りました」
溝渕重男君（香川県出身20歳）
「同感です。我々の体験談と現地状況を報告して、そして一人でも多く一日も早く我々同胞が満洲へ来ることを願っております」

藤原安男の場合

１９３８年（昭和13年）５月３日、長崎県の満蒙開拓青少年義勇軍先遣隊２５０余名は夜行列車で長崎駅を出発、翌日東京駅で下車し皇居遙拝、靖国神社参拝の後、上野駅から常磐線で内原訓練所に向かい、５月５日内原到着、義勇軍としての訓練が始まった。

長崎県出身者の半分と山形県出身者で１個中隊が編成され、５個の小隊に分かれそれぞれが日輪兵舎で起床を共にしたが、お互い全く言葉が通じなかった。その中で藤原安男は最年少の14歳であり、最年長者は19歳であった。軍隊と同じようにラッパで始まりラッパで終わる訓練が終わりに近づくと渡満準備が始まり、各自に渡満服が支給されて各種の予防注射、お灸などが何日か続いた。

こうして翌年６月20日、渡満服に身を包み、ラッパ鼓隊の演奏する行進曲に送られて内原を後にして満洲に向かった。途中、東京駅から日の丸と満洲国旗を先頭に東京市中行進、皇居遙拝、靖国神社参拝、明治神宮参拝をし、神戸三宮駅から神戸港まで行進、客船扶桑丸に乗船、舟が汽笛を鳴らし岩壁を離れると同時に、白手袋をして甲板に整列した全隊員が皇居に向かって挙手の敬礼をし日本を離れた。

船は瀬戸内海を抜け大連に向かった。大連から列車で北安省綏化《すいか》駅で下車、そこから軍隊の護衛でトラックに分乗して６月26日、北安省鉄驪県鉄驪大訓練所に到着・入所した。藤原の話だと内原での訓練期間は3カ月ではなく1カ月半しかないことになる。

藤原安男は書く。「着いてまず驚いた。宿舎とは名ばかりの草（ヤン草）でふいた三角の屋根だけがちょこんと地面に置いてあるだけ。高さが二メートルぐらい。中に入れば屋根に顔がごつんごつん当たる。雨が降れば雨漏りがする。日本の田舎の炭焼き小屋と同じ。こんなのが人の住まいといえるのか、犬小屋にも劣る。電気もなければ水道もない。ランプの生活が始まった。昭和五年私が小学校一年生の時私達の故郷もはじめて電気がきたので、それ以来のランプ生活であった。

驚くことはまだ続く。着いて間もなく全員が次々とアメーバー赤痢にかかる。薬もなく、医者もいない。医務室に行けば、医者らしい人がいて『きみは三日絶食』『君は五日絶食』と言うだけ。病院などはもちろんない。

国策、国策とあおっておいて計画もなく、準備もせず、ただ実行しただけ……青少年を満洲まで送っておいてこれでいいのか。義勇軍心得にあるように『愚痴をいうな、命令に従え』というのか」

と。[*75]

義勇隊数え歌

このように安藤安男や多くの隊員たちが書くように、厳しい満洲の気候風土の中での義勇軍隊員たちの訓練は想像を絶するものがある。こうした生活の中で彼らの間で「いくつもの〈義勇隊哀歌〉とでも呼ぶべき歌を生み出させることになった」*68と上《かみ》笙一郎《しょういちろう》は『満蒙開拓青少年義勇軍』の中で「義勇隊数え歌」と「義勇隊ブルース」を紹介している。

「義勇隊数え歌」
一つとせ　人に知られた開拓の　開拓の　義勇隊の生活楽じゃない　楽じゃない
四つとせ　夜の夜中に起こされて　起こされて　非常呼称と銃を取る　銃を取る
八つとせ　山国育ちのおれたちも　おれたちも　義勇隊の高梁飯食いかねる　食いかねる

「義勇隊ブルース」
人のいやがる　義勇隊へ　志願で出て来る　馬鹿もある
銃取る鍬取る　哀れさよ　これが義勇の　生活か
三度々々の　焦がれ飯　おまけに菜は　鉄火味噌
黒いたくわん　齧りつつ　その日を送る　義勇隊
夕日が落ちて　月が出る　消灯ラッパが　鳴りひびく
五尺に足らない　煎餅布団　これがわれ等の　夢の床

現地訓練所での生活は、まさしく日本陸軍の縮小版であったことが数多くの証言から分かる。そこは一日でも早く入った者の命令は絶対であり、下の者を痛めつける軍隊社会であった。

しかも中隊の指導部である軍人たちは見て見ぬふりを貫いた。二十歳を過ぎた徴兵検査を受けて入隊した者ならまだしも、彼らのほとんどが14、15、16歳の子供である。兵士としての身分も保障されておらず、旧態依然とした陸軍を補完するミニ陸軍として仕込まれ、組み込まれていった。

屯墾病

このように厳しい環境の中で軍隊生活にも等しい訓練が続いていたが、渡満してしばらく経つと初期の開拓団でもあったように、『屯墾病』と名付けられたいわゆるホームシックが隊内に蔓延するようになる。藤原安男はこうも言っている。

「この頃になると屯墾病（ホームシック）が続出。頭が痛い、腹が痛いといって作業や訓練に出ない。満洲の月は大きく、日本で見る月の二倍ぐらいにはみえる。この月を見ると屯墾病はなおさらひどくなる……無理もない、一四、一五歳はまだ子供」*75だと。

また、兵庫県から高等小学校を繰り上げ卒業して義勇軍に参加し、斉斉哈爾の先、内モンゴルとの境にある「満蒙開拓青少年義勇隊満鉄豊栄訓練所」に入所した山下清市は、『青春の満蒙開拓青少年義勇軍』*76の中で、

「……関東軍の部隊に内地から慰問団のこられた時には……日本の女の子の顔も見ることのない我々

は皆故郷を想い泣く者もいた。入院したりチチハルの街に公用で行ったりした人は息抜きができたらしい。でも元気で機会のない隊員はそんな思い出もなく、訓練は厳しく屯墾病になった者もいた（夜布団の中で親・故郷恋しと涙するのを屯墾病と言った）」*76と書いている。

この屯墾病の広がりに危機感を覚えた拓務省や満洲開拓公社は、対策を立てざるを得なくなる。まず考えたのが彼らに娯楽を提供することであった。訓練所に本やレコード等を備えたり、日本の女学生から慰問袋を送らせたり、映画鑑賞会を開いたりしたが、結局、量的にも質的にも満足させることはできず解決には至らなかった。高等小学校を出たばかりの年端もいかない彼らの欲していたのは、精神的な潤いであったのだ。

青少年義勇軍女子指導員

初期の成人開拓団員の不安定な精神を静めたのは、結局は日本国内に残してきた彼らの留守家族の渡満であった、彼らの動揺は内地から自分の妻・子供を迎え入れることで収まってきた。

こうしたことから、青少年の心の安定に必要とされるのは母性であり、女性であり、家庭の味であろうと思い至った加藤や拓務省は、今度は「満蒙開拓青少年義勇軍女子指導員」と称する満蒙開拓青少年義勇軍の女性版を作り、早速募集を開始した。１９３９年（昭和14年）２月に満洲移住協会から出された募集要綱は次のようなものだった。

満蒙開拓青少年義勇軍女子指導員（寮母）募集要項

「青少年義勇軍は何分十六歳及至十九歳迄の若年齢層の者でありますから、三ヶ年の団体訓練中には家庭的情味を加えたる一面を有する教育方法を採る必要がありますので、その方面を担当する即ち母性的保育を任務とする女子指導員（寮母）の配置を必要と想起しました……二十五歳以上四十五歳未満の寡婦又は独身者、身体強健にして性情公正、意志鞏固にして女子中等学校卒業程度の学歴を有する者。三十歳及至四十五歳迄の寡婦又は独身の婦人にして、女子中等学校を卒業せざるも、人物性情衆の範となるに足る者は採用することあるべし」*112

これに応募して渡満した女子指導員は小学校の女性教師が多かったといわれるが、終戦までに176名に及んだ。こうして募集した昭和14年度に於ける五大訓練所の隊員数と女子指導員（寮母）数を見てみると、

嫩江訓練所　隊員3188名―寮母8名、鉄麗訓練所4072名―10名、勃利訓練所2885名―8名、寧安訓練所2373名―5名、孫呉1198名―6名といった具合で、孫呉訓練所の寮母一人当たり隊員数200名はまだましな方で、400名から600名を一人の寮母で見ることとなっている。

これでは隊員一人一人に気を配ることなど到底できるはずもなく、若い寮母は思春期の青少年にと

っては『母性』ではなく『女性』として性の対象であって、「寮母などという存在は『思春期にある多感な少年達の本能を知らず知らずのうちに刺激する、その弊害の方が多いのではなかろうか』と疑問を投げ、ついに寮母をやめて日本へ戻ってしまうのである」[＊68]と、彼女らの存在も結局は屯墾病の改善・根絶には至らなかった。

衛生管理

このように訓練所での住環境、衛生状態、医療設備は決して良かったとはいえないと思われるが、2010年に発行された『日本医史学雑誌』56巻[＊77]に「いばらき看護史研究会」の額賀せつ子は、「満蒙開拓青少年義勇軍訓練生に対する医療と看護」と題して次のように記述している。

「（訓練生は）具合が悪い時には大訓練所の休憩室で休み、治療の必要な時は医務室に行き、医務室で治療が困難な時は病院で診察を受けた。病院でも困難な時は青年義勇隊哈爾浜中央医院で見てもらう仕組みであった。しかし、現地病院の医師や看護婦は現地で養成すると共に内地から募ったが、必要な人数は確保できなかった。青少年訓練生は『屯墾病』と呼ばれていたホームシックにかかった。看護婦は時には姉、時には母のように訓練生の支えとなった。中央医院の『入院訓練生心得』の項目には、食事の大切さ・清潔・生理整頓・禁煙・禁酒などがあり、最後の項目に『本院は肉体のみの治療所ではない』とし、精神的な支援も行うことを表記している。入院患者の半数は結核であり、内地での治療が必要な人は送還された」[*77]と書いている。

1944年（昭和19年）9月に発行された『開拓』[*78]には、青少年義勇軍の現地訓練施設の衛生管理を行った医学博士・田澤鐐二による報告が掲載され、その中で博士は、

「入院者は百名位で……二中隊などは健康で働ける者は二百三十二名の中、三十名位であって、五十名とはならなかったろう……病室を廻って見て、布団を上げて見ると大便をして居る。それを詰めると暖かいからすると言った者がある。穢いどころではなく、無茶苦茶であった……その当時は部屋の中を土足で歩き廻って居り、廊下には小便がしてあり、糞便などもしてあって……糞便と凍傷の膿で汚れて、ランプ一つの暗いような所に寝て居った」[*78]と、訓練生の置かれている病院での悲惨な状況を報告している。

健康状態

「康徳8年（昭和16年）度満洲国北安省嫩江県八洲満蒙開拓青少年義勇隊嫩江訓練所本部病院皮膚科来院患者ノ統計的観察及ビ主要皮膚疾患ト其ノ対策ニ就イテ」[*113]
名古屋帝国大学医学部皮膚泌尿器科教室（主任　田村教授）
医学博士　稲葉清夫　（昭和17年4月4日受付）
第1章　緒言

「満洲に於ける開拓事業の重要性は国防上よりして将又農作物の増産の点よりしても現下の情勢に於いて益々其の価値高きを加え……然れども満洲国に於ける辺疆の地方に於いては未だ文化の見るべきもの無く、且気温の冷寒、衣食住の甚だしく粗悪なる為、此処に住居する者の生活は此等悪条件と闘争し常に緊張の中に日を送り……今や開拓青少年義勇隊の事業は年々歳々進展の一途を経、此処に挺身する義勇隊訓練生の数は年と共に驚異的のものとなるべくも、唯惜しむらくは此等多数の訓練生及び之れが指導に当たる幹部並びにその家族の保険及び医療機関の甚だ貧弱にして、之が診療に当たる医師の寥々として其の数甚だ少なく、此の儘放置せば将来思わざる障礙に直面すべし……」*113

第2章　統計的観察

「嫩江訓練所本部病院に於いて著者の診療せるものは、当訓練所に於ける訓練生が大部分を占め、其の他当訓練所の幹部及び家族並びに嫩江地区に於ける他の小訓練所関係及び一般満人なり」*113として、「康徳8年1箇年に於ける皮膚科来院患者の月別統計表」を表している。

そこで多いのは、火傷（第1度、第2度）28名、凍傷（第1度、第2度）25名、湿疹41名、癤《せつ》128名、癪腫症208名、疥癬《かいせん》482名と病名を挙げている。

第1章　主要皮膚疾病患者並びに之れが対策に就いて

第1節　疥癬に就いて

筆者は嫩江に着任する前から、義勇隊では疥癬患者が多いと聞いていたが、こんなにも多いとは想像もしなかったとし、その原因として「彼等は共同生活を為すが為に月と共に数を加え、或る中隊の如きは60％或は70％が之に罹患し、為に中隊に於ける作業に支障を来せり……其の小訓練所に於いては風土病として訓練所一般が之を恐れて居れり」＊113と、疥癬が多くの訓練所で蔓延している実態を報告している。

対策として、「スカボール」などの薬を塗布する事などをあげているが、医薬品が少なく満足に治療が出来ないとし、「然し斯くのごとき診療法のみにては此の疾患の絶滅を期し得ず。数百人が起居を共にする共同生活なるが故に、未だこの疾患の少なき時期に於いて直ちに之が絶滅を期し、之等患者を隔離し健康者との生活を共同せしめざる事が最緊要なり。尚裸体にて寝るとか、共同の夜具にて寝るが如き悪習を禁じ、衣類の熱湯消毒を励行せしめて伝染の他に及ぶを防ぎ、併せて治療を並行し、且疥癬に対する知識を与え、之を自覚せば直ちに診療を乞うに至らば良好なる結果を得らるる事とおもう」＊113

第2節　癤並癤腫症に就いて

この症例は疥癬の次に多いが、「著者が赴任当初各中隊を巡回したる時、先ず一驚せるは何れの訓練生も其の顔・手・足等の実に汚く、何時入浴せるやと問いたるに半年入浴せずと答え全く驚く他無し。癤及癤腫症の多きは一に身体の不潔に由因するものと思考す」＊113と、訓練生を取り巻く不衛生な環境に驚き、此の病気の対策は身体を清潔にすることが大切で、そのための入浴が欠かせないとしている。

しかし現実には、「訓練所に於ける入浴は仲々困難を伴い、冬期に於いては使用不能となる風呂桶非常に多く、且水の何とも手の施し様も無き不自由等の為に前述せる如き数ヶ月入浴せざる者極めて多く、衣虱の如きは訓練所の名物なり。故に最肝要なるは風呂場の改善・給水の改良なり」と結論づけている。

第3節　火傷及び凍傷に就いて

「寒気酷烈なる嫩江に於いては既に10月頃より翌年4月頃まで『ペーチカ』『ストーブ』『オンドル』等を用い、火は日常生活の生命たる事を痛感せざるを得ず。従って之等に依る火傷甚だ多く、其の原因は熱湯に依るもの、『ペーチカ』『ストーブ』等の過失に依るもの、油類の燃焼に依るもの等にして、何れも不注意と粗暴とに由因するものなり」

第4節　性病に就いて

「訓練所に於ける訓練生は年齢に於いて15歳より20歳前後の者が大部分にして総べて徴兵検査前の者にして、性病に罹患するが如きは不謹慎・不名誉と云うべきなり。訓練所に於いても訓練生の花柳病に罹患するは甚だしく嫌悪する処にして、従って之に罹患する者は密に著者に診断治療を乞う者多し、はじめ著者の赴任したる頃に於いては所謂先遣隊と称して開拓事業開始と共に入満せる訓練生も多くして、彼等は元気横溢実行力に富み、訓練所の中堅として他の訓練生の頭に立ちたるも中に行為の粗暴なる者あり、又彼等の中より屢々花柳病に罹患する者を出だせり。其の他満人に於いて之に罹患して来院する者最も多く、訓練所の幹部に於いても著者の診療を求めたる者少なからず」*113

死亡例

後に添付したのがアジア歴史資料センターの陸軍省軍務課が作成した8通の満蒙開拓青少年義勇軍の死亡者報告書から抜き出した表である。この報告書の中の54名の満蒙開拓青少年義勇軍隊員の死から、いくつかのことが判る。

・北は北海道から南は鹿児島県まで全国から隊員が集められている。岐阜県・山形県の5人の死亡者は同県からの隊員が多かったからか。

・陸軍省から御霊前として10円の現金為替が送られているが、昭和15年8月13日の7人には20円が送られている、弔慰金に関しての決まりはあったのか。

・昭和14年5月2日に内原訓練所で亡くなった松田八郎には7円が送られている。これは亡くなったのが外地でなく内地であるためなのか。満洲で罹患し内地で死亡した杉本進には、別に陸軍省から20円が送られている。

・満蒙開拓青少年義勇軍の組織は陸軍を模倣しているが、あくまでも民間人のため、軍人恩給の対象にはなっていない。彼らの死は7円~20円で片付けられてしまっている。

・赤痢、腸チブス、パラチブスでの死者は現地の衛生状態の悪さを物語っている。

・死因では肺結核が10人と圧倒的に多い。結核に関係している肋膜炎・肺浸潤を合わせると54名中15名が結核によって死亡していることになる。

・当時、死因のトップが結核であるとはいえ、20歳未満の罹患率は低く、まして入隊するに当たっては身体の健康が第一条件となっており、これだけ結核での死亡者の多さはやはり圧倒的な住環境、栄養の悪さ、集団生活による二次感染予防の衛生意識の低さが原因にあるのではないだろうか。

・哈爾浜で昭和19年11月7日に19歳で亡くなった森原弘道のように、在満歴6年にもなる隊員は特別で、渡満して3年そこそこ、20歳に満たない若者がこれほど多く亡くなることも異常である。

・昭和13年12月12日に渡満した坂下英二は、年を越した1月27日に、まだ2カ月も経たずに自殺してしまっている、原因はいわゆる屯墾病なのか。

・昭和14年2月8日、孫呉で一度に3人が同時に焼死しているのは、単なる宿舎の火事なのか。

大陸の花嫁

青少年義勇軍の彼らが訓練期間を終え、土地を与えられ独立していく年齢になると、「夫婦で腰を落ち着けての開拓増進」が叫ばれ、労働力として、屯墾病の対策として、性の処理の対象として、彼らの伴侶が求められるようになってきた。国・県を挙げての花嫁募集運動が展開され、『大陸の花嫁』とか『開拓の花嫁』が叫ばれ、もてはやされた。

清水久直の『満蒙開拓青少年義勇軍概要』＊[24]には、「大陸花嫁の条件・義勇隊と女青座談会」として次のようなやり取りが記されている。

檜山女史

「……夫人の一番心配しているのは食物ですが……」

神崎正次（神奈川県）

「……内地に帰って色々なものを食べたが、色が美しかっただけで自分達の食物の方が良く、栄養もあると思った。観察者が来てまずいとかなんとか云うが、それは見た感じを云うのだろう」

篠ふね

「開拓民となった後、如何なる職業の女性に縁を求めますか」

佐藤興吉（新潟県）

「現在の職業が如何なるものでもよい。例えば芸者でも女給でも、開拓の二字を理解している女らしい女であれば良いと隊員は話合っている」

藤田定（山口県）

「移民地で聞いた話であるが、現地には年寄りや、お産の経験のある者が少ないから、今後来る人はお産の知識のある者が必要だと思う」

和田尚子

「女は嫁げばその家より他に世界には家がない。まして大陸に行けば夫だけが唯一の頼りである。

真面目に弱き妻を心配させない様に心がけて貰い度い」

中島留吉（群馬県）

「現地では、たとえ夫が道楽しても、十町歩の土地は保証されているから、妻はどんなことがあっても護られて行く。又団員がその妻を援けて行くから、満洲から放り出されたり、家を失う事がない」

こうして拓務省は、先に満洲開拓青少年義勇軍女子指導員として訓練所の寮母を募集したのに続いて、「女子拓務訓練所」を日本国内に、「開拓女塾」を満洲に開設し、いわゆる「大陸花嫁」の募集・訓練を開始した。しかしそこでの訓練期間は一カ月から半年と短く、訓練内容も「皇国臣民道」とか「皇国農民道」といった、加藤完治の提唱する従来の精神講座に偏っていたとされる。

こうして多くの若者たちが「満蒙開拓青少年義勇隊」として、「満蒙開拓青少年義勇軍女子指導員」として、そして「大陸の花嫁」として、「五族協和」「王道楽土の建設」を旗印に満洲へ渡って、畑を耕し、妻を迎え、子供も出来、生活がようやく落ち着いてくるようになって、1945年（昭和20年）8月を迎えることになった。

8月9日、満蒙開拓青少年義勇軍の開拓地は、ソ連軍の攻撃にまともに晒された。この年から始まった関東軍の「根こそぎ動員」による男子の徴用と、関東軍の秘密裏の後退とによって、大多数の開拓団と同様に、少年義勇軍入植地は満洲国の辺境に取り残された。

「たとえば、暁河に入植していた清渓義勇開拓団は、約二〇〇名いた団員のうち一九〇名が召集されて、残るは団長以下一〇名とその家族だけ。もっと徹底的なのは三江省富錦県に入植した第四次阿武隈義勇隊開拓団で、一八一名の団員がひとり残らず召集されつくしたのであった」*68

残る彼らが手にする武器は、おおよそ全員に旧式の三十年式小銃が行き渡れば良い方で、小銃の長さは1275ミリ、重さ3858グラムもあり、少年たちが扱うには大きすぎる代物であり、小銃の実弾射撃訓練は5発だけでしかなく、実際に目前の襲撃してきた中国人さえも撃ち当てることができなかったとの証言もあるほどだ。

こうして日本、そして関東軍に見捨てられた大陸の花嫁と満蒙開拓青少年義勇軍とは、各地の開拓団と同じように、筆舌に尽くしがたい悲惨な運命をたどることになった。

この他にも「学生義勇軍」と呼ばれるものがあった。1937年（昭和12年）7月に在京の大学生一団による満洲開拓地の視察が行われ、移住地に於いて学業の実習を行おうとする「満洲移住地学生実習団」が組織された。これは全く自主的な自発運動であって、これに農村更生協会の石黒忠篤、杉野忠夫らが協力し、「学生義勇軍」としての活動が始まったとされる。

「この運動が学生に了解されるにつれて……各地の学校に同志的な結合ができ燎原の火のように全国に広がり出し……東大、京大をはじめ全国の官私立大学、高等学校、高等専門学校から、各地で一時に三十ヶ所、一千人余の学生が集まりいろいろの生産事業を通じて自己訓練を行うまでに発展したのであった。これ等の卒業生の中から内原の青少年義勇軍訓練所の指導員、ハルピンの義勇隊幹部訓練所、各開拓地の指導者が輩出された」*42

昭和15年当時の学生義勇軍編成は、会長・石黒忠篤、顧問・橋本伝左衛門、加藤完治、那須皓らの名前がある。

「この運動が後の政府の学徒動員に大きなヒントを与えたものであったことを特に書き添えておきたい」*42と同書にはある。

作成日	氏名	所属 訓練所	死亡月日	死亡事由	年令	渡満月日	出身県	御霊前
14. 7. 31	松永　　賢	鉄驪	14.　5. 23	脳膜炎	19才	14.　3.　2	静岡県	〃
	貝崎　国義	鉄驪	14.　5. 24	尿毒症	17才	14.　3.　4	愛媛県	〃
	長瀬　六郎	寧安	14.　6. 19	○性肋膜炎	20才	13.　4. 26	岐阜県	〃
	森　　哲男	勃利	14.　6. 23	結核	21才	13.　7. 23	長崎県	〃
	浜川　　浩	嫩江	14.　6. 28	胃潰瘍	18才	14.　6. 12	高知県	〃
	橋本　敦夫	鉄驪	14.　7.　8	肺結核	18才	13.　7. 18	鹿児島県	〃
	高沖　周一	楊木	14.　6.　7	肺浸潤	19才		鹿児島県	〃
15. 8. 13	佐藤　彌壽	大額	15. 7. 11	盲腸炎		13.　8.　3	宮城県	20円
	小野寺誠喜	鉄驪	15. 7. 16	暴発	19才	14.　7.　9	宮城県	〃
	吉田　栄市	對店	15. 7. 17	肺結核	20才	13.　9. 21	北海道	〃
	佐野　文男	鉄驪	15. 7. 16	気管支加答○	20才	14.　6. 14	静岡県	〃
	吉田　咲男	勃利	15. 7. 17	赤痢	18才	15.　6. 29	岐阜県	〃
	熊倉　美雄	嫩江	15. 7. 19	赤痢	19才	14.　9. 16	栃木県	〃
	石栗　才吉	哈爾浜	15. 7. 22	大腸炎・ 心臓麻痺	16才	15.　6. 15	埼玉県	〃
16. 2. 17	加藤　敏男	孫呉	19. 11.　1	肺結核	21才	13. 11. 28	北海道	10円
	森原　弘道	哈爾浜	19. 11.　7	腹膜炎	19才	13.　4. 23	鳥取県	〃
	和田幸十郎	二井	19. 11. 13	肺結核			鳥取県	〃
	谷○　次雄	尚家	16.　1. 23	肋膜炎	22才	14.　3.　1	石川県	〃
	吉川　和夫	牙克石	16.　1. 25	肺結核		14.　4.　4	長野県	〃
	才村　紀好	鉄驪	16.　2. 13	肺結核	17才		京都府	〃
	藤原　芳夫	鉄驪	16.　2.　2	累発	18才	14.　2.　3	京都府	〃
	藤代　洗心		16.　1. 21	発疹チブス	19才	14.　4. 11	岐阜県	〃
	曽我　　清	尾山	16.　2. 20	肋膜炎	19才	14.　7. 11	岐阜県	〃
	下斗米末太郎		16.　2. 19	腹膜炎	19才		岩手県	〃
	小原　淳資	四台子	16.　1. 24	肺結核	21才	14.　4.　6	岩手県	〃
	鈴木　通夫	四台子	15.　2. 8	肋膜炎	21才	14.　6.　5	山形県	〃
	玉田　文夫	大額	16.　2. 20	腹膜炎	22才	13.　6. 21	宮城県	〃
	猪俣　　操	泥秋	16.　1. 20	肺結核	20才	14.　9. 16	福島県	〃
	播磨　友吉	對店	16.　2. 22	腹膜炎	16才		富山県	〃
	山田　重吉		16.　1. 18	肺結核	22才	13.　4. 17	新潟県	〃

（参考２）義勇隊員の死亡事例

満蒙開拓青少年義勇軍に於ける隊員死亡例
物故満蒙開拓青少年義勇軍に関する件　陸軍省　軍務課

作成日	氏名	所属訓練所	死亡月日	死亡事由	年令	渡満月日	出身県	御霊前
14. 3. 15	坂下　栄二	寧安	14. 1. 27	自殺		13. 12. 12	富山県	10円
	遠山　義光	勃利	14. 2. 12	関節炎・急性肺炎	20才	13. 4. 14	熊本県	〃
	草野　力	孫呉	14. 2. 8	焼死		13. 4. 14	福島県	〃
	長谷部武次	〃	〃	〃		13. 4. 14	山形県	〃
	宗像　豊	〃	〃	〃		13. 4. 14	福島県	〃
	神戸達一郎	〃	14. 2. 13	トラックによる外傷		13. 4. 10	群馬県	〃
14. 3. 18	石橋　武雄	龍鎮	14. 3. 6	腸チブス		13. 5. 31	佐賀県	10円
14. 4. 15	田中　正義	勃利	14. 3. 4	パラチブス・肋膜	20才		群馬県	10円
	中野　友義	寧安	14. 2. 23	急性脳膜炎	17才		熊本県	〃
	山口　秀二	寧安	14. 2. 25	外傷（火傷）	19才		岐阜県	〃
	山田信二郎	孫呉	14. 2. 21	急性粟粒結核	17才		山形県	〃
	小谷　百夫	孫呉	14. 3. 12	腹膜炎	18才		京都府	〃
	脇園　富夫	鉄驪	14. 3. 2	心臓麻痺	17才		鹿児島県	〃
	廣田　友治	内原					滋賀県	〃
14. 5. 2	松田　八郎	内原	1月14日	急性肺炎性脳症	16才		愛媛県	7円
14. 7. 15	渡邊　英孝	内原	14. 7. 13	急性黄色肝臓萎縮症	17才		山梨県	10円
	鈴木栄五郎	嫩江	14. 5. 22	肺浸潤	19才	14. 4. 10	山形県	〃
	舟藤清次郎	鉄驪	14. 6. 8	肺炎	17才	13. 4. 19	石川県	〃
	武田　勝海	勃利	14. 6. 6	腸捻転	18才	13. 10. 1	秋田県	〃
	中津川道治	哈爾浜	14. 5. 14	脳膜炎	19才	13. 12. 2	北海道	〃
	伊藤　良介	昌回	14. 6. 16	盲腸炎	20才	14. 4. 4	秋田県	〃
	江村　年夫	平陽	14. 6. 17	腸チフス	19才	13. 6. 23	富山県	〃
14. 7. 31	杉本　進			満洲で罹患内地で死亡			福井県	10円
	馬木　知三	寧安	14. 5. 17	急性気管支炎	19才	14. 2. 27	島根県	〃

10、貝沼洋二

国会

1950年（昭和25年）2月3日（金）、第7回国会で「在外同胞引揚問題に関する特別委員会」が午前10時29分から午前11時44分の間、開かれた。議題は「哈達河開拓団実情調査に関する件」で、証人として藪崎順太郎が呼ばれた。

戦争が終わって4年半ほど経っているのに、

「舞鶴におきましても旧満洲関係の方々が帰つて見えて、開拓団等の状況について非常に心配をされておられましたその間の事情が漸く明らかにされようとしているのでありますが、未だ外務省におきましては開拓団その他一般邦人の死亡等の状況は十分に把握されていないようであります……満洲地区関係の死亡状況等は相当明らかにされなければ、最後のソ連地区関係の残留者数も明確になつて来ないわけであります。この際証人の証言等によつて、委員会の今後の資料にいたしたいと思うのであります」*79と、岡元義人委員長からの発言があり、委員会は始まった。

証人として呼ばれた藪崎順太郎は、自分の弟とその妻並びに家族6人が1945年（昭和20年）8月9日、ソ連軍の侵攻により開拓地を捨てて逃れる最中、中国麻山で集団自決した哈達河の第四次開拓団員421名の中に入っていたことを同年の12月に知り、静岡県庁に調査依頼を申し出たが埒《らち》が明かず、自分で生き残った関係者を探し出し独自で調査を進めていた。

麻山事件

この国会の場で麻山事件が初めて語られ公に知られることになった。藪崎が証言する麻山事件は次のようなものであった。

「それは八月の八日に日ソ開戦と同時に哈達河の開拓団が空襲された。御承知の通りに哈達河の開拓団は虎林線の沿線にございまして、密山の少し手前に東海という新らしい駅がございます。東海駅から約十分歩きますと哈達河開拓団の本部がございます。その本部を中心に約二里四万ぐらいに亘りまして各分村ができておつたのでございます。もともとこの哈達河開拓団は各県からの出身者の集合の団体でございますために、北海道或いは長野県、新潟、群馬、山形、埼玉、靜岡、広島、九州、或いは四国、宮城県、大体こういう所からの出身者がおりましたために、その各県ごとに小さい部落を作つておつたのでございます。その部落へ退避の命令を下したのは、その翌日の午後一時頃に開拓団長が各部落へ退避の命令を下したということでございます。それは鶏寧の県庁、当時の県知事は現在静岡県の田方郡の並山村の村長である久保田豊氏、この方が鶏寧の県知事だつたのであります。その空襲、八月八日前に、多分六日頃と記憶しておりまするが、各鶏寧県の開拓団の団長を県庁へ集めまして、日ソの空気が非常に険悪である。万一の場合には如何にして退避するかということを打合せを行なつたということでございます。その打合せの結果によりまして、九日の日の午後一時頃鶏寧の県庁から電話を以て開拓団へ退避するようにという通知があつたということでございます。そこで貝沼団長は、先程申しました各村へ使いを走らせまして、そうして一同退避の仕度をせよ。それはその日の夕方になりまして各村へ漸く連絡が付いて、各団員は徹夜で退避の仕度をした。そこでその翌日団員は、満洲語でドウアウと言います、これは馬車です。荷馬車に乗りまして、団長が指揮して林口を目指して南下して行つた。ところが虎林線の沿線にありながら、すでに鉄道は爆破されたために、鉄道附近まで行けば汽車の乗れるのじやないかという希望を持つて進んでおつたのでございますが、すでに鉄道も、鶏寧も皆爆破されて汽車に乗ることができない。そこで十一日には雨に打たれながら南下した。十二日の十二時頃に林口の二つ手前の駅前の麻山というところに参つたのでございます。そのときに満洲の反乱軍が両側の山に陣取り、先にソ連の戰車がおつた。そこでソ連の戰車と戰つておつた日本の敗残兵が退却して来て団長に報告するには、到底こういう大部隊で通過することは困難である。こういう報告を受けた。で、退避するときには同勢は約一千名であつたと思いまするが、ところが十日、十一日と避難をして来る途中で、馬の優劣などによりまして約半分が相当遅れたと言います。それで四百何名かの先の部隊が麻山の山と山との間へ退避した。ところが反乱軍の機関銃も射ち出すし、或いは戰車の砲撃も受ける。こういう狀態で、どうしてもこれは逃げることはできないのじゃないか。そこで貝沼団長は、指揮者であるところの壯年男子十数名を集めて、どうするか、到底逃がせることはできないのだ。いつそ我我の手によつてこの婦女子を自決せしめることが一番いいのではないか、敵の手に渡して辱しめを受けるよりも我我の手によつて殺されるということは女子も満足ではないか、こういうような団長から各壯年男子に相談が持ちかけられた。そこで壯年男子も、団長の言われる通りだ、こういうことに相談が一決しまして、団長は皆のものに訓示を與えたのであります。そこで皆のものも泣く泣くもはや逃がれる途はない。殺して貰うより手がないだろう。こういうような空気ができまして、大変に皆一時動搖したということでございますが、時間が経つに従つて水杯をし、或いは婦女子は晴着を出して着替え、子供達には最後の菓子を分け與えて、そうして死出の旅路を飾るように晴れやかになつた、十数名の男子は銃劍を持ち、或いは銃で以てこれを一々射殺したこういうことに報告されております。その後射殺したこの壯年男子は突撃隊を作つて敵の中に斬込んだ、こういう報告でございますが、その中の過半数が新京或いはハルピンに落ちのびて、そうして内地へ帰つて来ておるのでございます」*79

そして、今回証言することの主旨をこう述べた。

「私が特にお手数を煩した趣旨は、四百何名という尊い生命が、單なる自決という名前の下にうやむやに葬り去られることは、血を分けた私共身内の者といたしましてはどうしても締めきれない。如何なる狀況の下に、如何にして死んだかということを詳細に知りまして、死者の霊を慰めたい。尚私共と同じようにこと身内をなくしても、葬式のできないというものが現在各県に散在しておるのでございます。こういう人達に一々連絡いたしたいのでございまするが、私個人といたしましては、どうしてもそれが不可能でございます。従ってこういう機関を通じまして、詳細に御報告できれば、死者は慰められることと思います」＊79

軍国主義

続いて藪崎は、哈達河の開拓団とそれを率いる団長・貝沼洋二が軍国主義に染まっていたと証言する。

「それから今一つは、もともと満洲の開拓団は、軍国主義者の侵略の手先に使われた観が多分にございまして、この開拓団の指導者そのものが軍国主義思想に非常に徹底しておつた観があるのでございます。私が十八年に哈達河の開拓団に参りまして、団長に面談したときに、殆んど軍人より以上の思想を持つている人である、そういうような感じたのであります。従つて団員も同じようによく訓練されておつたのではないかと思うのでございます。さればこそ麻山におきましていよいよ最後というときに、壮年男子は後鉢巻をして銃剣を持つて、僅かに三十分か四十分かの間に自分の妻子や或いは同胞を銃殺し、刺殺するというようなことは、考えただけで身の毛のよだつことでございます。こういうことをなし得たということは、人間業ではないと思う。忌むべき軍国主義思想がこれをなしたのではないかと、かように考えられるのでございます。軍国主義思想を排撃したいということも私の念願の一つでございます」*79

ここで委員長の岡元義人が、麻山事件での生存者で自らも家族5人を刺殺したとする遠藤久義の手記を読み上げた。

「小生元哈達河開拓団におりました遠藤です、敗戰の苦しみを身を以て、いまだ精神的の打げき去らず、この北海道に、開拓者として入り今日に及んでおります。御実弟御家族、いまだ、はつきりとわからずにおられ、御心配の程如何ばかりか、お察しいたします、と共に我々生残りました一人として誠に申訳無く存じおる次第です、昭和二十年八月九日夜引揚の達しを団長より受け住みなれし哈達河を出たのは十日朝でした。此の時団長より馬車を頼のまれ（五六台）用意して本部へ廻しました。其の馬車に乗り、御家族様方も一緒に林口に向つたのであります。最終の列車出た後、国境方面よりの兵隊はトラックで先へ行く女子供の多い開拓団は置きざりを受ける様な、ごつた返し、麻山附近にさしかかつたのが八月十二日午后でした。もう此の時、国境へ通ずる道路有りソ軍が入つていて、如何ともするあたわず、此処に哈達河開拓団員の最後となつたのであります。あの時あの場合、致し方無しとは云へ、実に軍国主義の犠牲に終つた事余りに可愛相です。わしも家族五人麻山の土とし、外に六人自分の手に掛りたる人ははつきりとしてゐますが、団長以下自決の場所と一寸はなれてゐます、そして一年後ハルピンより現場へ行き、どうしても自分の手に掛りし人の遺骨を持たなければ日本へ帰る事が出来ず、とうとうそれを決定した様なわけです。幸に八日掛りで目的を得、団長自決の現場も一年前のそれを揃い、遺骨をおさめハルピンへ帰り、一年目の八月十二日ハルピン東本願寺で団長始め哈達河団員に対して、ハルピン残留者七名、そしてとなりの永安屯の団員も列席して、始めてお経を上げてもらつた様な次第です。そして団長の遺骨は上野さんに持つてもらつたのであります」

この証言に対して、1930年（昭和5年）東京商科大学（現在の一橋大学）を卒業し、南満洲鉄道に入社して理事となり、戦後は引揚者団体全国連合会を設立し、自身は連合会の理事長として引き揚げ者の支援に当たり、1947年（昭和22年）第一回の参議院選挙全国区で当選した北條秀一[*79]が質問し、藪崎が答えた。

「証人にお伺いしますが、先程証人は、満洲の開拓団がすべて強い軍国主義の基礎の上に立つておつたということであります。今委員長が朗読されました手紙も又軍国主義云々が出ておりますが、証人が言われるごとく、満洲にあつたところの開拓団は盡くが軍国主義の強い基調の上に立つておつたということについては、私は必ずしも賛成はしないのであります。若し証人が言われたようなことになりますと、満洲にあつた当時の開拓団諸君は、その名誉にかけてもこの問題について真相を究明しなければならんという要請が出て来ると私は考えます。殊に当時の開拓団諸君は、日本の国策に副うて、父祖伝来の本国の土地を捨てて、そうして永住の地として彼らは満洲に送られて行つた。でありますから、時には、これはみずから求めた植民でなしに、一時棄民だというふうな悪口さえも言われたのでありますが、そういうふうな大きな国家の政策の犠牲になつたのでありまして、犠牲になつたということは、即ち開拓団が軍国主義によつて一色に塗りつぶされておつたということとは違うと考えるのであります。今証人は、満洲の開拓団がすべてが強い軍国主義の基調に立つておつたということを言われましたが、これは單に証人が考えられましたといいますが、どの程度に証人がそういうことを実証し得る理由を持つておられるか。これについて私は先ず最初にお聞きしたいと思うのであります。そうしないと、こういう問題を今後本委員会において調査をする根本になつて参りますので、その点について重ねて証人の証言を改めて中述べて頂きたいと思います」*79と、満洲での開拓事業に実際に関わり、敗戦後の混乱を経て引揚事業の支援に携わった人間としての思いを藪崎に問いかけた。

藪崎は、「私がその軍国主義に徹しておつたということを申上げたことは、或いは過言と思われるかも存じませんが、私の見た眼ではさように感じたのでございます。それは十八年に私が開拓団にある弟の家族を訪ねて行つたときに、貝沼団長にお会いしてつくづく感じたのであります。勿論普通の団員は国家のために、自己の将来のために、満洲に出掛けるときには軍国主義には徹底してはいなかつたのでございます。併しこの指導者はですね、確かに軍国主義に徹底しておつたように思われるのでありります。開拓団の朝の国旗を揚げるところから、或いはいろいろの会合のときに団長が訓示をするというようなところでは、軍国主義を非常に注ぎ込んでおつたのではないかと思われるのでありま す。いま一つは、国境地帯におりましたため、すべて軍隊の中に入つておつた。周囲は殆んど軍隊であつた。哈達河開拓団のごときも、真中に戦闘機が着陸する飛行場ができておつたのであります。でいま一つは、これは自己防衛のためもございましようが、軍隊から鉄砲が渡されておつた。そうして常に自分の居間に鉄砲を備えておつた。こういうことから自然に軍国主義思想が各自の頭に入り込んだのではないかと、かように考えられます」*79

質問に立った浅岡信夫議員も、

「……私はこの当時の戰争の最高潮に達した、而も敗戰した直後あらゆる面が混乱しておつたときの状態です。それが今日四年も五年も経過して、静かに顧みていろいろなことを言われる。その証言をここで求めておるのでありますが、私共はどうしてもその指導者が武器を枕許に置いておつた、或いは朝夕国旗を揚げて遥拝しておつたということは、私は戰争中は当然のことであつたと思う。そうしてその点について、ずつと後に今日尚やるということは、これは又別でありますが、戰争の直後の大混乱時にあつたときに、そういうことがなされたということに対して、証人はいろいろそうした点について酌量される点があるかないか、状況をですね。そうした点についての証人のお考えを述べて頂きたいと思います」*79と、団長の貝沼だけが軍国主義に染められた人間ではなかったのではと発言した。

貝沼洋二―2

貝沼洋二が家族と離れたまま麻山で自決したのは、1945年(昭和20年)8月12日、貝沼41歳であった。貝沼の妹、長曾我部繁子は、

「私の主人がよく申しました。洋二君は軍人ではないのだから自決しなくてもよかったのにと。でも私は兄の気持、人柄をよく知っていますから、それに終戦前のことですから、この道しかなかったと思っていました……兄が生きようとしたなら生還された方はもっと大勢いらしたのではないかと思いますと哈達河会（哈達河開拓団関係者・遺族の会—筆者）の皆様に申し訳ない様な気持で一杯になります。そして顔向けできないような思いがいたしますと共に又、やっぱり兄は生還できなかったかもしれない。若し帰還したなら皆様方よりもっともっと苦しみは大きかったかもしれないなど、肉親として思い巡らしております」（私信）＊64と、中村雪子は綴っている。

口数は多くなかったが、それだけに「俺について来い」という言葉が団員の中に抵抗なく入ってくるような人間的な魅力を彼は持っていた。麻山事件の生残り笛田道雄は、

「貝沼団長と団員との結びつきを知らないで麻山事件の解明はできない」＊64と確信を持って貝沼を語っている。

貝沼洋二は第一次開拓団（弥栄村）に、土竜山事件の落ち着き始めた１９３４年（昭和９年）９月から翌年の１９３５年（昭和10年）12月までの一年余りの間、同窓の先輩で団長の山崎芳雄の元で農事指導員として参加していた。第四次開拓団の団長として実際の現場を体験したのであろう。

中村孝二郎は『麻山の夕日に心あらば』＊59の中で、貝沼は「京城中学校を卒業し、直ちに北海道大学の農学部に進学された。大学在学中は、山岳部の部員として夏山や冬山に、十勝岳や大雪山連峰に登山して居られた」＊59と語っている。

先述したが、貝沼は北大卒業後は朝鮮に戻って、京城に本社のあった不二興業株式会社に入社し、鉄原農場に勤務して朝鮮農民小作人の世話をしていた時、中村の先輩であった、「朝鮮総督府殖産課長の勅任技師三井栄長さんからの御話で、貝沼君が是非満洲開拓事業に参加したいからとのことであったから、私は直ちに御引請けして拓務省の嘱託に採用していただいた」*59と、満洲開拓事業への参加は貝沼の意志であったとしている。

ここで貝沼洋二の経歴をまとめておく。

1905年（明治38年）、東京に生まれる

朝鮮・京城中学卒業。

1923年（大正12年）、北海道帝国大学予科入学

予科は3年だが、1年落第（筆者の時代はドッペル）して4年かかっている。

1927年（昭和2年）、北海道帝国大学農学部農学科移行

「第二農学部学生　農学科　第一年目　昭和2年入学　貝沼洋二（東京）」と名前がある。農学科入学者は25名であった。

1930年（昭和5年）、北海道帝国大学農学部農学科卒業

3月3日卒業試験合格　農学科　農学士　23名卒業

（『北海道帝国大学一覧　自昭和5年至昭和6年』）*38

卒業後、朝鮮・京城本社の不二興業に入社、鉄原農場で朝鮮農民小作人の世話を担当。
1934年（昭和9年）、中村孝二郎の紹介で拓務省嘱託に採用
渡満し第一次弥栄開拓団の農事指導員に、団長山崎芳雄から開拓団経営の指導を受ける。
1935年（昭和10年）、第四次開拓団の200戸を指導し哈達河地区に入植
途中、満洲拓殖公社の訓練課長に転出するが、一年足らずで哈達河開拓団に戻る。
1945年（昭和20年）8月12日、中国麻山で自決。41歳
開拓団員421名を率い、集団自決。

北大・予科

貝沼洋二が過ごした大正から昭和へ移り変わる時代、北大はどのような形だったのか。

1876年（明治9年）7月31日、クラーク博士が教頭として札幌に着任、9月9日に札幌農学校と改称。

1907年（明治40年）、札幌農学校は札幌所在のまま農学、農芸化学、林学、畜産学の4学科を持つ東北帝国大学農科大学となる。同時に予科（3年履修）を付設。

1918年（大正7年）、北海道札幌区に「北海道帝国大学」が設置され、東北帝国大学農科大学が北海道帝国大学農科大学へ。

1919年（大正8年）、北海道帝国大学農科大学を北海道帝国大学農学部と改め、新たに医学部を設置。

貝沼の入学した時の学長は、札幌農学校第一期生の佐藤昌介で、佐藤は約40年間総長として在籍し、1930年（昭和5年）退任している。

昭和5年度版『北海道帝国大学一覧』*80には、

「学部ニ入学セシムル者ハ本学予科修了者トシ　予科入学ノ際其ノ志望シタル学部ニ進入セシム」と

本科へ進むには、予科の修了が条件であるとあり、『予科規則』（昭和4年3月20日改正）には、

「北海道帝国大学予科ハ同大学学部ニ入学セントスル者ニ対シテ高等普通教育ヲ授ケ国民道徳ノ充実ニ努ムルヲ以テ目的トス。予科修業年限ヲ三ケ年トス。

学科課程

修身（三年間）、国語及漢文、第一外国語（英語）、第二外国語（独語）、数学、物理、化学、植物及動物、鉱物及地質、心理、法制及経済、図書、体操

入学資格　中学校第四学年ヲ修了シタル者　高等学校尋常科ヲ修了シタル者」*81

とある。

農学部在籍者の国籍を見ると、

本科311人中　朝鮮籍4人　予科193人中　朝鮮籍4人　台湾籍1人

実科178名中　朝鮮籍2人　支那籍9人

であり、『北海道帝国大学年鑑』[82]によると、1931年（昭和6年）3月31日での卒業生は、
農学部　農学科、農業生物科、農業経済学科、農業化学科、林学科、畜産学科第一・第二　計99名
予科　農類93名、医類69名、土類96名　計258名
農学実科24名　林学実科28名　計52名
となっている。
また、「寄宿ハ本学の中央ニ在リテ明治三十六年ノ建築ニ係リ建物ハ木造二階建木造二百九十六坪、付属平屋木造二百四十一坪五合　石造三十坪計五百六十七坪五合アリ、舎室ハ二棟ニシテ階上階下共ニ九区ニ対シ三十六室トシ内三十一室ハ毎室四人宛収容スルコトトシ……希望者漸ク増加シ来リ……大正十三年度ヨリ予科生ノミヲ収容スルコトトシ建物ヲ予科ニ移管スルニ至レリ」[81]との記述がある。

山岳部

貝沼の学生生活はどのようなものだったのだろうか。中村孝二郎は、

「大学在学中は、山岳部の部員として夏山や冬山に、十勝岳や大雪山連峰に登山して居られた」[59]と言っている。

私の訪れた北大校内にある北大山岳館には、1928年（昭和3年）6月15日に発行された北大山

岳部々報第1号が保存されている。北大山岳部は1926年（昭和元年）に、1912年（大正元年）に創部された北大スキー部から発展的に分かれて創部されたクラブで、貝沼は1927年（昭和2年）入学であるから、入学した当時には存在していたことになる。ところが中村の記述のように貝沼が山岳部に在籍したという痕跡は見つからなかった。

唯一見つけることができたのは、『北大山岳部部報1』*83の中に1928年（昭和3年）2月11日から12日にかけて、予科2年生の貝沼が無意根尻山へ登山した山行記録だ。

「無意根尻山山行記録」*83　1928年（昭和3年2月11日～12日）

「無意根尻山

一行　田中二郎、須藤宣之助、貝沼洋二、山口健兒、米井静雄、江幡三郎

二月十一日　一時晴後雪

豊平（九・三〇）薄別から小川に入って登る登路をとったので薄別の観測所にとめて貰う積りであったが、観測所は室中荷物だらけで泊められないので半町程手前の療養館と云う温泉宿に泊った。この宿は去年八月に出来たものでこんなものがあるとは誰も今迄知らなかった。温泉に荷物を置いてラッセルをつけに行く（一・四〇）―ラッセル終わり（四・〇〇）温泉の湯はとてもぬるい。

二月十二日　晴

宿（七・四〇）―ラッセル終（九・三〇）―昼食（十・三〇）米井は腹を悪くしたので此処から引

返す。―小白山から続く尾根の一〇四〇米の高さの所に登る―これからテレスを沿う―頂上附近の平（十二・二〇―四〇）吹雪となって何も見えず、温泉までは登りのスプールを伝ってくだる―温泉（二・五〇）―定山渓（四・〇〇）

備考　薄別に温泉が出来て都合良くなった、又今度とった登路も九〇〇米までは谷を行くし、又尾根を出てからも頂上まで1時間である。降雪時の辛さもなくなるし、ガスのある時も大部分谷を行くのであるから方向を誤る事も少ないと思う」*83

との記述があるので、厳冬期に山岳部のパーティーに同行したのは事実のようだ。

山岳部のデータベースには、入部した者は退部しても名前が残っているはずとのことなので、データに無い者は正式に入部していないということになる。山岳部自体がまだ発足したばかりで、正式に入部しない者でも同行させた可能性は充分にある。

また、『山岳部々報2号』には１９２８年（昭和3年）４月から１９２９年（昭和4年）８月までの記録があり、１９２８年（昭和3年）11月12日には「山岳部創立二周年記念懇親会」が早くも開催されていた。また、11月19日〜20日にかけてスキー合宿を1班から9班と別班1班で行い、12月20日から28日にかけては十勝で冬期スキー合宿を行っているが、どの参加者名簿にも貝沼の名前はなかった。

北大山岳部の創設にも関わった松川五郎は貝沼の5年先輩にあたり、１９１８年（大正7年）北大の予科に入学、農学部農学科を１９２４年（大正13年）７月に卒業している。予科の貝沼とは一年半ほど重なる時期があった。北海道に行けばスキーや雪山と関わり合うのは当然で、そのなかで貝沼も松川との関わりを持ったことは自然の成り行きだっただろう。

松川は卒業後満洲に渡り、１９３５年（昭和10年）には満洲移住協会参事となり、満洲の開拓事業にも関わっていく。松川は宮城県南郷村の分村計画を指導し、その一部を哈達河開拓団に入植させたことで貝沼との交流が再開されたと思われる。

戦後松川は、満洲から引き揚げてきた開拓民と共にサロベツ原野・豊富町に入植し、彼らの再起のために一家をあげて農業指導に当たり、天北庄内開拓農業協同組合参事となった。

後藤連一

貝沼の学んだ農学科には、一年後輩の後藤連一がいた。後藤は大連に生まれ、１９２４年（大正13年）北大予科に入学、一年ドッぺって１９３１年（昭和６年）農学科を卒業した。貝沼とは学年こそ違うが同じ農学科に2年間同籍したことになる。もちろん貝沼とも交流があり、後藤は貝沼から「レンコウ」と呼ばれていたという。

卒業後は満洲に戻り東亜勧業株式会社へ入社、満洲の開拓事業に関わることになった。後藤が学生時代に入っていた北大蹴球部の部報の卒業生の蘭には、「後藤連一　勤務先　哈爾浜市埠頭区斜紋街東亜勧業株式会社」との記載がある。

「満洲開拓は私にとっては決して華やかな大陸行進ではなかった。私は日本内地から送出され渡満してくる開拓団のためにその入植地を準備する現地側の受入体勢を固める仕事に終始したからである」*84と、後藤はスターリンが彼らをいみじくも「人間トーチカ」と呼んだとされる満蒙開拓青少年義勇軍60数団、約2万名を、黒竜江省小興安嶺のソ満国境の山麓に入植させてもいる。

また後藤は、自由移民団の一つである天理教団が、満洲で建設した天理村の設立初期段階から計画に参画し、1934年（昭和9年）哈爾浜の郊外南東にある、松花江の支流阿什河岸の天理村建設に助力した。天理村は哈爾浜に近く、収穫された蔬菜類は哈爾浜市内に運ばれて販売されて、順調に発展し多くのメディア、視察者が訪れた。

戦後、三国一郎との対談で、

「当時の連中、皆ねえやっぱりその拓殖会社というものに生きがいを感じてやっとった。しかしね、やっぱり、結論的に見るとね、満洲国という理想国家を作る反面においてやっぱり、満洲開拓というものはやっぱり、これは植民政策ですよね。こういった矛盾したものがね、よくまあ、あそこで同居できたと思うんで、やっぱり『剣を以て得たる土地は剣をもって奪わる。鋤を以て得たる土地は永遠なり』という言葉がね、今だにずっと生き続けて行くんではないかと思います……」*84と語っている。

1945年（昭和20年）8月9日、哈爾浜の遙か北、本社課長から1943年（昭和18年）1月に地方事務所長として赴任したソ連国境沿いの町の黒河でソ連軍の侵攻に遭い、黒河の南にある孫呉の日本軍基地でソ連軍の捕虜となって妻・恵子とも分かれ、シベリア・北朝鮮に連行され、1947年

（昭和22年）夏に帰国後、妻子と一緒に札幌へ移り住んだ。

その後、１９４８年（昭和23年）11月に結成された「国内開拓事業を通じて海外開拓に於いて開拓自興に従事した者の再起更生を図ると共に新生日本の建設に寄与する」目的で作られた全国組織「全国開拓自興会」の札幌駐在員として全道を回り、満洲から引き揚げて十勝・網走・釧路・根室の15町村にばらまかれて農家で就労していた96名の満蒙青少年義勇軍のメンバーたちの支援活動を行った。

後藤連一は言う。

「満洲国は民族協和をスローガンとして生成された理想国家であった。満洲開拓は日満両国政府の合議によって日満一徳一心の同義に基づく聖業であると強調しても、所詮大日本帝国の大陸政策の一環でありその政策は植民地満洲国への植民政策推進であった。聖鍬をかついで勇ましく渡満した満洲開拓民は屯田兵であり、植民者であった。満洲開拓の実体は関東軍ある限り国防第一線のフロンティアであった事実は否定できなかった」[*84]

卒論

貝沼洋二の卒業論文はハードカバーで製本されており、厚みは35ミリほど、Ａ３用紙を二つ折りにして、約４００ページ、原稿用紙２００枚にもなるボリュームがあった。背表紙にはおそらく貝沼自身によって書かれたであろう自身の名前が貼り付けられており、図書室の管理番号Ｋ12・１６１６とのシールが貼られてあった。

卒論のテーマは『朝鮮の米作』*85、自分の育った朝鮮での稲作作りが主題であった。卒論は「序」から始まる。

序

我が国に於ける最近の米穀消費額は人口の増加と国民の経済生活の向上とに依りて著しい増加の趨勢を示して居るにも係らず、生産額の増加がこれに伴わぬ為に年々九百万石を海外及植民地より輸入して、国民の食糧不足を補っている状態である。

而るに朝鮮は廣袤我が本州と略等しき面積を有し、稲作の自然用件に於いて恵まれ、且つ米作に古き歴史を有するにも関らず現在の生産額は千五百万石に止まり、今後の開発に俟つところが多い。又一方朝鮮の米作は産業界に於ける盟主でありその盛衰は二千万民衆の経済に及ぼす影響が頗る大きいから朝鮮の米作を振興することは最近の我が国食糧問題対策としても又朝鮮統治上の問題としても看過することの出来ぬ問題である。

我が非才も顧みず「朝鮮の米作」を卒業論文の題材に選んだ意義もこの点に存するのであるが、問題が余りに厖大に過ぎた為に論旨錯綜し且つ草稿の完結に先ち私の極く近くに起きた出来事のために私は嘗て経験したことのない大きな精神的の打撃を受け一時は草稿を破棄せんとしたのであるが三月半ばを過ぎて急いでまとめたもので訂正を施す期会なく遺漏脱落を随所に見いだし遂にその意を悉す事を得なかったのは衷心遺憾とするところである。
◯◯本論文を草するに当たって嘗て直接のご指導を賜りし恩師石川・手島両先生資料蒐集に便宜を與えられし朝鮮総督府技師三井栄長氏、同吉池四郎氏及び清書に際し多大の助力を受まざりし友人諸氏に厚き感謝の念を捧げる。

昭和五年三月廿五日

貝沼洋二　識

目次

第四項　干潟地土壌　第五項　赭《しゃ》色土壌
第三節　気候
第一項　朝鮮に於ける気象事業　第二項　気象要素
第四節　朝鮮の稲作と自然要素
第三章　栽培論
第一節　品種
第一項　品種の分布　第二項　品種試験　第三項　主要品種の解説
第二節　肥料
第一項　朝鮮の農業と肥料　第二項　肥料の三要素　第三項　肥料の肥効
第四項　肥料の用法及用量　第五項　緑肥
第三節　水稲栽培
第一項　播種　第二項　苗代　第三項　移植　第四項　本田
第五項　収穫調整及貯蔵　第六項　主要病害虫
第四節　天水〇耕作法
第一項　天水〇の種類　第二項　乾〇式耕作法
第三項　天水〇耕作法の改良
第四章　稲作経済

第一節　稲作収支
第二節　農業経営の現状
第一項　農業組織　第二項　農家の種類　第三項　農家の経済状態
第三節　農業金融
第一項　在来の金融機関　第二項　金融組織
第三項　銀行其の他の金融機関
第四節　小作制度
第一項　小作制度の沿革　第二項　小作制度の改善につきて
第五章　産米の改良及増殖に関する施設
第一節　産米増殖事業
第一項　産米増殖の意義及方針　第二項　土地改良事業
第三項　耕種法の改善　第四項　事業完成後の増収予想
第二節　米穀検査事業　第一項　沿革　第二項　検査の要綱　第三項　成績概要
第四項　検査の効果
第六章　我国の食糧問題と朝鮮の米作
参考書として、農商務省　韓国土地農産調査報告、朝鮮総督府　朝鮮総督府統計年報・朝鮮の小作習慣、朝鮮総督府殖産局　朝鮮の農業・朝鮮の灌漑及開墾事業、朝鮮総督府勧業模範場、帝国農会、朝鮮農会、農村文化協会、加藤末郎　韓国農業論、本田幸介　朝鮮の農業等50にも及ぶ論文資料が挙げられている。

「第一章　産米の概況」はこのような内容だ。

第一節　朝鮮の農業

朝鮮の農業は各種産業の核をなしており昭和２年の統計でも農業者数は総人口の１９１４万人に対し１４９０万人で全体の78％が農耕に従事し、農業生産物の価格は12億８６００万円に達し18億円の72％を占めて居る。又貿易でも総輸出額３億５９００万円に対し農産物及び加工品の学は２億８０００万円77％に及ぶのである。

第四章　稲作経済

第四節　小作制度

第一項　小作制度の沿革

新羅が統一した後は土地が全く国有となったが高麗朝の時期から土地の私有化が行われ小作制度も発生した。これにより地主の横暴犠牲となり過酷なる搾取が行われた。

日韓併合後、政府は土地調査事業を行い土地所有権は明確にされたが小作制度は変わることなく維持された。社会事情の変遷に伴い時代に適応する小作制度の確立は朝鮮に於ける目下の重要なる問題である。

小作料はすべての地域で収穫物により納められ、江原道の　収穫80%　金銭　5%　代物15%は唯一まれな方で他の道はほとんどが90%から99%となっている。小作争議も大正9年15件、10年27件、11年24件だったが大正12年以降176件、13年164件に及ぶ。

由来朝鮮の農村に於いては地主と小作人との間には土地を中心として、あたかも主従関係のごとく伝統的な厚き情誼が長き間に亘って結ばれていたのであるが、世界大戦の経済界の動揺と思想界の混乱とは、無事平穏なりし朝鮮の農村にも波及し農村問題が頻発するに至ったのである。

「結論」

……（朝鮮農業の現状を大まかに述べ）……以上の如き米作に対する生産技術の改良及び農家の経済状態の改善に関する諸項目も農民の知識を開発し農業に対する理解を深らしめ、農民をして自己の本分を知らしむるに非ざれば全て効果なきものである。この意味に於いて農民の教育は最も注意を要すると謂れ可であるが、今朝鮮に於ける農業教育機関を見ると高等農林学校1、公立農業学校23、公立農業（農蚕）補習学校17である。又勧農機関としては勧業模範場及び各道の種苗場がある、而し乍ら以上の如き施設もその衡に当たる人を得ざる時は無意味なる存在に過ぎず、特に朝鮮の施設に於いてこの感を深くするものである。即ち農民指導の立場にある人々が熱誠を以てその任務に当たる時に於いて始めて朝鮮の米作の前途に光明を見出し洋々たる将来の発展を嘱望するを得るのである。

—終—

木村三郎

貝沼は卒論の「序」で、「且つ草稿の完結に先ち私の極く近くに起きた出来事のために私は嘗て経験したことのない大きな精神的の打撃を受け一時は草稿を破棄せんとしたのであるが……」と書くが、「大きな精神的の打撃」とは何のことを指しているのだろうか。

また、「三月半ばを過ぎて急いでまとめたもので訂正を施す期会なく……」とあるが、確かに貝沼の卒論は、おそらく友人たちの手で清書されたのであろう、文字の様子から見ると4人から5人の筆跡で書かれている。

後藤連一は『満洲開拓物語』＊84の中でこう言っている。

「卒業を前に『すべてを愛するものに死は唯一の道である』という謎めいた言葉を残して手稲の春雪の中に自らを絶った蹴球部の先輩均欣こと木村三郎君のことであった。同じ下宿で卒業期を均欣と一緒に過ごしていた彼にとってこの事件は確かにショックであり、重荷であったろう。彼は均欣の遺骸捜査に心身共に疲れ果て、失意とも失望とも、なんとも言えない気持のまま卒業して朝鮮に帰って行ってしまった」＊84と。

後藤は「先輩均欣こと木村三郎君のことであった」と、卒論の遅れの原因は貝沼の友人である木村三郎の自死であると語っている。

木村と貝沼は同級生であり、大の親友でもあった。木村は貝沼と同じ1923年（大正12年）に北大予科に入学し、貝沼は予科2年組英語Bでドッぺっているのに対し、木村は予科3年組英語Bでドッぺっていて、二人は結局1930年（昭和5年）3月、北大を一緒に卒業することになっていた。貝沼と木村二人は、予科1年組英語Aと四年目の予科3年組英語Bで同じクラスになり、予科卒業後、貝沼は農学部の農学科へ、木村は農学部畜産科へ進んだ。

11、木村三郎

均欣

木村三郎は仲間の間で「木村のキンキン（均欣）」と愛称で呼ばれていた。木村の追悼集の中で「均欣」の文字が使われている。どうしてキンキンと呼ばれたのか、この文字がどうして使われたのかは不明だが、それほどまでに仲間たちから親しまれていた存在だったのは確かなようだ。

木村の学生時代の行動は、夏はサッカー、乗馬、冬はスキー、そしてビリヤードと、非常に活発で多才であった。スキーもゲレンデスキーはもちろん、アザラシのシールを着けての山スキー、バックカントリースキーも行っていたようだ。

彼が歩いた手稲山、奥手稲、百松沢山、天狗岳などの札幌郊外の山々やヘルベチアヒュッテ、そして私事になるが、学生時代、私の所属していた北大ワンダーフォーゲル部が小屋番として管理していた手稲山パラダイスヒュッテ、この日本初の丸太作りの山小屋にも幾度となく訪れていた。

木村は愛馬「高山」と一緒に札幌から山道を登り、小屋まで往復もしている。おそらくパラダイスヒュッテに泊まったことも何度かあるだろう、木村が最後に立ち寄ったのもパラダイスヒュッテであった。私は木村の死後40年後に幾度となく木村や、おそらく貝沼と同じ夜をパラダイスで迎えていただけに、なおさら感慨深いものがある。

関根嘉弘は畜産科の木村の評判を、「『徹底的によく寝て学校をよく休む』、『学校を休んで蹴球ばかりやっている』という人の噂から、単に『怠惰なる学生』としてしか感じていなかった」*86としていたが、1927年（昭和2年）12月、北海道帝国大学ではかつてないストライキが発生した中で、別の木村を見ている。

ストライキが1週間ほど続いた頃、大学当局の宣伝や策動が功を奏して学生たちの足並みが乱れ、農学部では二日にわたっての学生集会が開かれた。議論が混沌としていく中で突然木村が立ち上がり、「僕達は学校が好きで、学校が良いと思えばこそ、学生として居るんでないか。学校の態度に不満で、学校が嫌なら止めればいいと思う……吾々のとるべき道は、ストライキでなくて総退学でなければならない」*86と発言したとされる。

宮下利三も「突然、此の明瞭な非戦闘的な言葉が彼から聞かされた事は、彼の平生が呑気そうに見えただけに、僕にとっては驚き方も大きかった」と書き、「平和が好きです。争いは嫌いです」という木村の言葉に、自死を選んだ木村を見出している。このストライキを扇動した織田は、木村の自死した翌4月にやはり自死している。

木村には女性に関しての話がない。女性の居るカフェには誘っても行かなかった。亡くなる年の正月に初めて誘われて「カフェ三条」へ行ったようだが、それがきっかけとなったのかその後、関根は木村の方から誘われてカフェへ行ったという。その時は貝沼への土産だと言って狸小路できんとんを買って帰ったという。

以下、『木村三郎君追悼集』*86の中から木村の死への足跡を追っていく。

失踪

1927年（昭和2年）

・2年2月28日、円山4丁目で木村三郎、貝沼洋二、永井喬、小栗元二、棚橋寛吉5人は共同生活をしていた。木村は5月頃大通り西18丁目に引っ越した。

1929年（昭和4年）

・1月頃、畜産科で肉製品実習のため豚2頭を屠殺《とさつ》することになった。生きている豚の四肢を縛って仰向けにし、刀で頸動脈を刺し切る方法だった。木村の卒論のテーマが豚であったことで、木村が屠殺役に推されたが、木村は「『いやぁー』と言ったきり横を向いてしまった」。そのあとで屠殺した関根嘉弘に「お前はよく殺せたな。残忍な奴だな」とブツブツ言っていたという。

・その後、卒論の準備のために子豚を買いに豊平の牧場まで出かけ、泣きわめき散らす親豚からどうにか子豚1頭を引き離し、連れ帰る。結局5頭を飼育することになった木村は、実に熱心に豚の世話をした。そのためにわざわざ古道具屋で8円の中古自転車を買い、毎日豚の世話のため農場に通ったほどだった。

・「『豚だって実際可愛がってやればなつくものだな、やはり心があるらしいよ』と言っていた。豊平の豚小屋を見た時と違って、きれいに洗われていた」

・試験の終わった3月19日、木村は満洲旅行に参加した。札幌を発って内地を所々見学し、朝鮮から南満を回り哈爾浜の北満ホテルに逗留した。この時は8人であったという。最後は大連で4日間を過ごし、北大の先輩たちの歓迎会で阿片の回し飲みまで体験している。

・満洲旅行の感想を木村は、「『うん、つまらん、仕事をする処かもしれんが、住む処やないな』とだけ答えていた」

・10月4日か5日、関根に木村から「『今日殺すから一時半までに第一農場へ来てくれ』と言ってきた。一時半に僕は農場へ行ったが、既に豚は二頭殺されて、二つ割にされて、皮を剥がれつゝあった。『関根。時間の都合で早くやったんだ。僕が殺したぞ—』と、僕を見て言った時の彼の憐憫と苦悶の悔恨という様な複雑な表情を。当時の僕は単に彼の内面の故とのみ思っていた。すぐ又彼は快活にそこに来ていた人々と談笑し乍ら後の処理を続けていた。それから二三日後に又残りの三頭を殺した」

・10月の初めに三年目の連中のピクニックには、木村が馬車の御者をかってで真駒内まで飛ばし、ビールを飲んで大騒ぎをした。木村が学校に顔を見せなくなったのはそれからだった。

このように、木村が変わりだしたと感じられるようになったのは、卒業論文のために実験用に飼い、かいがいしく世話を焼いていた5頭の豚を自らの手で屠殺したこの頃からだった。

1930年（昭和5年）

2月

・木村の変わりようは、周囲の者を驚かせた。木村は台湾にいる兄から総督府に就職の口があるとの誘いも断っていた。

「俺は学校を止める、学士号を貰ったたって仕方ない。卒業免許一枚位貰ったたって何の価値もないよ。今度別れれば俺は皆んなともう会えんかも知れん」と言い、2月20日の卒業生の送別会の席上でも、精神的に追い詰められた木村を周囲の者は見ている。

・木村は小林直之にアザラシ皮（シール）の有無を問い、小林が「ない」と答えると彼にシールをあげている。シールはスキーを使った山での雪中活動には必要なものであり、高価で貴重なものであった。筆者もアザラシのシールは手に入れることはできず、代わりにナイロン製の代替シールをスキーの裏面に装着して雪山を登った。

小林は「あのアザラシ皮が無かった為に、手稲であの最後の時難儀せられ、予定の地まで行かれなかったのを思い、図らずしも悲しい想い出の種となってしまった……」と書いている。
・木村は小林を誘い、行きつけの喫茶店だかカフェだかの『白樺』で仲間たちと会い、ススキノ十字街で別れるとき、小林に「さよなら、これが最後のお別れになるかも知らんでな」と言ったとされるように、周囲では木村の変化には気がついていたようだが、まさか本当に自殺にまで至るとは考えていなかった。
・木村は小林に一枚の葉書を残している。そこには「日時を告げると君に云った最初にして　最後の虚言　お許しあれ　別に意味のある訳でもない　幸に健在なれ　札幌最後の日　木村三郎」と記してあった。
・2月26日、函館から木村は帰って来た。関根は木村とかねてからの約束通り写真館「三春」で写真を撮った。
「その日の彼はどこか元気がなかった。旅の疲れかなとも思ってみたがそうばかりでもないらしかった。僕は彼の心地をすっかり聞いてみたい衝動にかられていた。『均欣、お前は死ぬということを考えているか』と、遂に口を切ってしまった。『考えていぬでもない』低い彼の聲が答えた。僕はすべてが判った様な気がしたが……僕はもう彼に歎願していた。『死を考えるのも良いが、早まってくれるな。後一年でも良い、二年でも良い、郷里へ帰ってじっと考えてくれ』と。北海道に比べて明るい空の彼の故郷で考えていたなら、或は又、新しい路を見出すかも知れぬと思ったからだ。又『どこかの島でも良いし、山奥でも良い。豚でも鶏でも飼ってたゞ漠然と生きて行こうじゃないか』とも言った。彼はたゞ『うん』『うん』と言って聞いてくれた」
・梅澤一郎は木村との最後の別れをこう書いている。
「浅愚の才も顧みず僕は、貝沼君と共に均欣の思想の全般を知り、あわせて議論をした……均欣の自殺を断念せしむるものは、均欣を環る小社会を全く置換する事にあると考え、それは今しばらくで可能だから、緊急なのは、暫時均欣の自殺への飛躍を挽き留める事だと思った。均欣と貝沼君と僕と三人、徹夜をして語り又論じ合った。貝沼君も泣いた。僕も泣いた。均欣は打伏せてストーブの灰をかいた。僕は問うた。『均欣は自殺する決心か』と。均欣は答えた。『己にも生の本能がある。まだ生に対する未練がある』と。そのまま僕らは試験場へ。均欣は円山の方へ愁然とした後姿をして散歩へ」と。

3月4日

・関根が試験勉強をしている夜、木村が訪ねてきた。
「『いよいよ金も来たし。近い中に帰ろうと思う。長々御世話になって有難う。どうぞ御壮健で』と改まって、頭を下げた。全く元気なくしょんぼりしていた」

スキーを二、三日やってから帰るという。この前撮った写真はどうするかと聞くと、

「どうでも良い」と答えた後、「やっぱり送ってくれ。番地は広島市平塚町●●●、木村大介」と、父親の住所を答えている。帰る日と列車の時間を尋ねたが言葉を濁していたという。

3月5日

・木村が失踪する前日の5日、伊東豊治は高松先生から木村の様子がおかしく、退学すると言っているようだから一度様子を見てくれと頼まれ、伊藤にとっては初めて聞く話だったがとりあえず木村の下宿へ向かった。

・同宿していた貝沼はすぐに外出し、伊藤は木村と話し込む。木村は卒業論文は皆ストーブにくべて燃してしまった、「皆が心配してくれることは本当に嬉しい。然し現在の僕には学校等は問題でない。自分がいらなければ、学士になる必要はないだろう。僕には、人間はどうしなければならないと言う事が認められない」と言い、2、3日後に迫っている試験の時には、行先は言えないがもう札幌に居ないかもしれない、「豚を殺してまで、学士になる必要が認められない。僕は凡てのものを愛する。凡てのものが平和に過したい」と、伊藤に答える。

・窓際の木村の机の上には何通かの封筒が置かれていた。昼食を勧める木村を残して下宿を後にし、友人と一緒に高松先生宅を訪れ、「とにかく彼の故郷から何らかの通知があるまで、彼を札幌に留めておく様にしようということになりそれぞれの手筈もついた」と話している。

・この日、梅澤一郎も木村と会っている。木村は梅澤が無くしてしまったという蹴球部の自分の部員章を梅澤に渡し、

「『均欣は国に帰ってどうするつもりだい』との僕の問に、均欣は『何処かへ落ち着くさ』と答え、落ち着いたら消息をくれよ、との僕の言葉には答えなかった……一町余り歩いて電車道へ出た時、

均欣は右へ行くと言うし、僕は左だ。『右と左に泣き別れか？』という僕の悲しい戯語に、只『左様なら』と答えて、均欣は、暗夜の中に消えて行った。新雪五寸。明日の天気を想わす如く、空は星に輝いて居た」

・夜、木村は同室の貝沼と下宿のおばさんと3人でストーブを囲んで、他愛のない話に夜更けまで話し込んだ。貝沼は先に床に入り、木村は床の中に腹這いになって何か書き物をして居た。「私は軽くペンを走らせる音を聞きつゝ、まもなく眠りに落ちた。この時、彼は日誌の最後の頁を認めて居たのであろう。また私に宛てた遺書をこの時書かれたのであるかも知れない」と貝沼は回想する。

3月6日

・翌日まで20センチほど降り積もった雪も止み快晴、風もない穏やかな朝。9時過ぎに木村は試験に出かける貝沼と一緒に下宿屋を出る。スキー板を担いでいた木村と西20丁目で札幌駅行きの市電に乗り、西11丁目で貝沼は木村と別れる。

・「彼はさびしく微笑んだ。そして、口を動かした。聲は而し電車の騒音にかき消されて聞えなかった。恐らく彼は『さよなら』と云ったのであろう。嗚呼、この寂しい微笑みが、私の網膜に写った彼の最後の生ける悌になろうとは。

私はそのまゝ電車を降りた。

そして、彼は再び私達の世界へは帰って来なかったのである」と書く。

・試験を終えた徳田が下宿を訪ねるが、もちろん木村は居らず、出来上がった写真を持って関根は学校へ行く。

「明日が最後の試験だと言う六日。丁度学生研究室のスチームが冷えかゝった時刻に僕は表へ出た。教室の前の狭い雪路に、元気のない顔の伊藤、関根、貝沼の三君がひそひそばなしをしている……擦り抜けて十歩も歩かない中に……貝沼君だったとおもう……呼び止められて事の起こりを聞いた。そしてそれからの数日を皆と一緒に付近の山野を歩き廻った」と、宮下利三は書く。

・下宿机には『奈落の人』、『自殺者の心理』、『一握の砂』等の書籍が積まれてあった。

早速、大規模な捜索活動が始まった。

「山に登って死体が見つかっても、俺は人に知らせぬかも知れぬぞと言った貝沼さんの言葉ほど強く胸をうったものはなかった。只去った友達のあとをしたって真白な雪にシュプールを書いていく。無心に山を歩く」と、宮下利三は友を失った貝沼の気持ちを書いている。

「熊狩の人達が見つけたという電話で上手稲村に急いだ。二発鳴った銃声深く悲しみが山にこだまする。均欣は広島の見えるところで死んでいた」

貝沼は木村の死体収容にも立ち合っていた。木村の亡くなった手稲山の南東ネオパラ尾根の先には札幌の街を挟んだその先に、今の北広島市がある。北広島市は広島県からの開拓者25戸103人が1884年（明治17年）に住み着いた場所である。

1930年（昭和5年）4月15日、木村の葬儀は札幌の西本願寺で行われ、16日、木村の死体は豊平火葬場で荼毘《だび》に付された。木村の戒名は「釋慈圓」とされた。

新聞

1930年（昭和5年）3月8日の『北海タイムス』*87夕刊・市内版に木村三郎の失踪記事が大きく掲載され、連日のように報道された。

【3月8日（土）夕刊】

卒業の春をよそに
北大生謎の家出
机の抽斗しから遺書
畜産科三年目木村三郎（二五）

北大農学部畜産科三年目の学生原籍広島県三原木村三郎（二五）は六日午前九時半友人と共に下宿屋を出途中姿を暗ましたので三郎の日頃の気質を知れる友人は不思議に思ひ三郎の下宿にとつて返し調べたるに机の抽斗の中から自殺する旨の遺書を発見し大いに驚き一方大学に通知すると同時に捜索隊

を出し百方手を尽し捜索するも皆目知れず探ねあぐんでいる

スキーと

辨当を用意

思想問題の息詰りから

死を選んだか

右の木村三郎は北大を本年三月卒業すべきなるに何故家出自殺を謀る事になつたかに就ては種々取沙汰されているが日頃から見れば恋愛関係はなく思想の問題から行き詰り斯うした事になつたのであろう家出の際はスキーを持ち辨当を用意していたと

頭脳も明晰　成績も良い

素封家の子息

三郎は素封家の家に生まれ学資も豊に送られ思想問題の書籍を多分に買い込み耽読していたそして常に友人とは思想問題論議を闘はしていた頭もすこぶる明晰で大学の成績も優良であつたと

【3月9日（日）　朝刊】

友人と二人軽川で

夕方迄スキーをやる

家出北大生の新情報
捜索本部を軽川に移して捜索

行方不明の北大学生木村三郎のその後の捜索は夕刊所報の如く本紙記事が縁となり家出の朝……札幌駅から函館行列車に乗り込んだ事判明して以来一縷の光明を認め活気を呈していた折柄昨日午後一時頃捜索本部に突如訪れた同学農芸化学三年目学生中橋謀の口から更に有力な情報を得る事となつた即ち中橋は六日朝軽川方面にスキーをやるため木村と同じ午前九時五十五分の汽車に乗り込んだ處列車の中で偶然にも木村と出つくわしスキーに行くなら同行しようといふ事になり二人は軽川駅に下車それからパラダイスヒュッテまで登っていつたが夕方近くとなり中橋は大分晩《おそ》くなつたから帰ろうと誘つた處が木村は僕はもう少し滑りたいから先に帰つてくれといふのでそれではとそこで分かれて一人帰札したところで同人はその夜新聞を見なかつたためこんな大騒ぎがあるとは知らず翌日になつて図書館で始めて新聞を見て驚いて捜索本部にかけつけたというのである捜索本部では茲に於て更に捜索方針を一変函館沿線方面へ派遣の捜索隊を電報で呼び返し軽川に捜索本部を移して今度は銭函軽川方面を中心に専ら大捜査にかかることとなつた。

【3月9日（日）　夕刊】

スキー姿で　函館行の汽車に
家出北大生捜索に　耳寄りな知らせ

北大畜産一部三年生の木村三郎が卒業を目の前に控えてスキー姿で謎の家出をしたに就ては大学は捜査本部を学生課に置き附近の山々はもとより定山渓から十勝方面までスキー部山岳部学生総動員で八方捜査中のところ昨七日夜十一時半まで何等の手がかりもなく捜査に疲れ果てた本部に突如飛び立つような吉報―それは木村が家出の六日午前九時五十五分札幌発函館行の列車に確に乗り込んだのを見たという耳よりの報せに接し捜査本部は頓に活気を呈しこれにより捜査方針を一変して函館線沿線の銭函から小沢倶知安方面に向かって新たに捜索部隊を特派する事となったこの有力な手係り與へた人は木村の玉突き仲間の二人で此の朝知人の旅立ちを送るため札幌駅にかけつけた處丁度同じ汽車に乗るべくスキーをかついで改札口に立っている木村の姿をみとめ「ホー木村君スキーにいくんだなー」と二人で話をした様なわけであつた處での夜本紙夕刊によつてその木村が家出して関係者が血眼になつてこれを捜索しているよしを知り驚いて大学に此のよし知らせる事になつたというのである果してこの九時五十五分の汽車に乗り込んだとすれば木村はその朝九時に当時下宿していた南三条西十九丁目の家を出たといい植物園横までは木村と連れ立つて来た友人もあるというから最初からこの汽車に乗り込む積りで下宿から真直に札幌駅に行つたと思われる因に木村が当日の服装は大学の制服（右肱が破れていた）に黒のスキー帽を被り靴下は赤い筋の入つたもの白いリュウクサツクを背にスキーは黄色がかつた白色のものであつたという身長は五尺五寸位のやさ方の方で発見した人は知らせて貰いたいと

【3月10日（月）朝刊】

スプールも　雪に埋もれ

搜索困難となる　北大生家出のあと

北大学生木村三郎のその後の消息は友人と二人でパラダイスヒュッテに行つたまでは判明したのに力を得て既報の通り大学では捜索本部を軽川に移し学生はもとより地元青年団の応援を求めて死力を尽くして附近の山々の捜索に当つたが同夜は遂に夜半に至るも何等の手がかりも得ずただ手稲から奥手稲へ向つたスプールらしいものを見出したものがあつた事から昨九日は捜索力を更に此の一局部に集めていよいよ死物狂いの捜索をなしたが何しろ山は夜来の吹雪と一尺にも及ぶ新たなる積雪のため折角頼みの綱としたスプールも無残にかき消されていかんともし難く昨夕刻に至つても何等の吉報にも接する事を得なかつた

子息の死を覚悟して暗然たる父君

急を知つて郷里広島市から直行の三郎君の父木村大介氏は昨九日朝来扎静岡屋に投したが既に子息の死を覚悟せるものの如く「とんだ事で皆様に御厄介をかけて済みませんこちらに参りまして大学の方や友人の方々それに新聞社の方々まで意外の御同情にあづかつているのを知りましてただただ感謝の外はありません此の上はせめて遺骸なりとお骨折りにより持ち帰りたいと存じます」と気丈夫な言葉の裡にも流石に暗然として語つた

ヒユツテに居た三人

自殺の遺書を残して家出した北大木村三郎の捜索について北大では捜索本部を軽川に移して極力捜索を続けて居るも未だ不明の儘になつているが三郎と同行パラダイスヒュッテに至り別れて帰札した中松謀の話によると三郎と別れて帰る時時刻は六日午後二時頃ヒュッテには相当年配の三人連れが居たとの事である大学ではこの三人連から捜索上の有力なる材料を得べく三人連れを探して居れどもこれまた何処の誰なるか不明にして弱り切つている

【3月11日（火）朝刊】

死出の足跡は　奥手稲へ
ユートピア方面を捜索

北大蹴球部主任である木村三郎君は既報の如く六日朝自殺する遺書を残して家出し手稲山方面に姿を（当日二時頃）現わした切り今に至るまで姿をみせないでいるが軽川駅前の舟木旅館に捜索本部を置き北大根本事務官尾崎学生主任杉本主事補の三人が捜索幹部となり山岳部の伊藤秀五郎君とスキー部の伊藤健夫君が捜索隊の指揮者となって北大山岳部、同スキー部、蹴球部の選手から成る実際捜索隊五十名を十部隊に別け手稲山方面、迷沢方面、奥手稲方面、銭函附近の渓谷方面、ヘルベチュア方面と別け夫々計画的に捜索範囲を狭めて行つているが九日に至つて手稲山より奥手稲側にある九七一の急坂にジツクザツグを切つて登つたシュプールを発見しそれが単独行の跡であり、且又アザラシを使用していない足跡である事から確実に九七一山付近を通過したシュプールが木村君の死途の足跡である事に自信をつけて捜索本部では主力を九七一山付近に集中し専らユートピア方面を捜索することに成った因みに木村君の家出について謀君の語るところに因れば木村君の自殺は去年の八月頃より口ばしり居り、当時は友人間にて注意をしていたものであつたが年末の北大青山スキー合宿には班長を勤め「こんな苦しいものならスキーは絶対にしない」と云つたとの事である

3月11日（火）　夕刊　掲載なし
3月12日（水）　朝刊　掲載なし
3月12日（水）　夕刊　掲載なし

【3月13日（木）　朝刊】

北大生なほ不明
学校当局や友人が　岩内方面まで捜す

【岩内電話】下宿に遺書を残した儘行衛を暗ました北大畜産科三年目学生木村三郎に酷似した青年が去る八日午前七時頃岩内郡前田村リヤムナイ小学校前の道路付近をスキーをはいて方面に向つたのを同地アスパラガス会社第二農場の中田誠司が同日本誌掲載の木村の写真により之を知り此の旨書面で北大畜産科に通報したので北大では畜産学教室の三田村健太郎氏及学生課の早川喜一氏外木村の友人なる学生の三名にて十二日午前八時二十五　〇内列車にて来町し直ちに警察署及本社支局の手を経て

通報者中田誠司君と会見種々聴取するところあり一行は堀株村まで探査に向い同夕刻八時頃岩内町に帰着南河旅館に一泊翌十三日朝帰札したが前記の中田君の見たる青年とは服装に於いて此れが異なりたる点あり尚八日午後岩内スキー倶楽部員十余名が温泉に向かうべく雷電山脈を横断せる際に同山脈を縦走したるシュプールの跡あり或るは之が木村にて此の處より岩内に来たり堀株に向つたのではないかと観測を下す者あるが兎に角今のところ審かでない

この報道以来、木村失踪の記事は北海タイムスに載らなくなったが、同年4月7日付の『北海道帝国大学新聞』*88第56号にも「家出した　木村三郎君　今尚捜索中」の見出しで記事が掲載された。

「本学農学部畜産科三年目木村三郎君は去る三月六日自殺する旨の遺書を残してスキーを背負うて家出した。遺書の内容は大学を出て学士になつたところで何になる、山へでも閑居して静かに暮らして見たい、然し雪が深いので結局死んでしまふであろうと言う意味のことが書いてあり、札幌駅から倶知安方面に向かつて行つたらしいが、彼は正服にスキー帽をつけて、リュクサックに赤靴のいでたちで行つたが、其の後学校側と警察と共力して八方手分けして手稲倶知安方面から定山渓十勝方面に及ぶまでも捜して父君も来札して二百円の懸賞付で捜して居るが未だ何の手掛かりもない」*88

以来途絶えていた木村の記事が北海タイムスに掲載されたのは、3月28日の朝刊であった。友人の徳田御稔が長文の手記を載せている。

行方不明の

木村三郎

彼は何処へ死の国か

友人　徳田御稔

木村が本科に入り畜産を修める頃になってから、いよいよその性格は明瞭となり、その目指す方向は定められた如き感があった。

彼の進む道はあくまで真理の追究であった。彼は何事も哲学的に見つめ様として来た。彼は家畜の生産価値を知る前に、先ず家畜そのものに就いて深く考えていた。そして彼は動物にも心というものの存在することを主張していた。私はこの頃から彼の瞑想的なポーズを〇々見た。

しかし平生の木村は決して憂鬱ではなかった。それどころか誰でも彼から受ける感じは五月の雨の如く晴れやかなものであった。彼が如何にあらゆる人に良い印象を与えていたかはこの度の木村の捜索に如何に多くの人々が心から熱中したかによって裏書きされよう。

木村がこの度の「死」を選ぶに至った思想的根底は昨年の夏頃から力強くその芽をきざしたもの、様に思われる。夏から秋にかけて私は同じ下宿に起居していたが、夜な夜な彼は深い瞑想に耽るらしかった。今木村の日記を開いてみるに十月四日の頁に「夜床に入れば死の時期と場所と方法とを考える日が続く」と記されてある。しかしこの時の決心は一度翻されたもの、様だった。それは十一月の初めのある夜十時過ぎに木村は果物などを持って来て私の枕辺に座り夏以来死を計画したこと、しかし今は死ぬことを思い止まったということをしみじみと物語ったことがある。私達はその夜更けるを知らずに語りあった。その時に彼は人類社会は相対的であって広く生物界より見るとき人類が地球上で繁栄せねばならぬという何等の理由の無いこと、更に宇宙より見る時には地球の存在せねばならぬという理由の無いこと、畢竟あらゆる生物も無生物も、万物は唯ここに存在するというだけで、こうしなければならぬというMustなる語には無用であることなどを述べていた。此の考えは今回の彼の行動に於いてもやはりその根底をなしているのである。彼が生物学的、哲学的見地より万物は唯存在であるということうした思考と、彼が中学校を通じて人類社会国家の為にと教育され来った観念との間には、余りにも急に、余りにも大きなギャップが作られたものと思われる。又一つには彼をして死を急がしめた因子は、彼が人一倍愛情に富み特に動物に対する彼の愛着の念であった。木村が春以来自ら手塩にかけて飼育し成長せしめた豚を、自分の卒業論文の材料として昨秋自ら刃を取ってその命を断った時彼が如何にこの可憐な動物に対して哀憐の情を持っていたか、そして身勝手な人間に如何に嫌悪の念を高めたかは彼の日記にも記されてあり私も直接聞かされたことであった「これもみんな自分が学士になる為か」と彼は言っていたこれは決して彼の徒な感情ではない。彼の日頃求めていたものは決して農学博士という称号ではなくどこまでも真理への探究であったのだ。彼は遺書の中でも言っている「私はすべてのものを愛する。すべてのものを愛する私には死は唯一の途である」と。

かくして木村が死を考えて以来数ヶ月、しかもその間老いたる父母に対する連綿の情に如何に彼は苦しんだか。彼の日記の至るところに記されている彼のこの苦しみを読むにつけて、私はまた新たなる涙を禁じ得ない。そしてせめて彼に一人の異性の友達でもあったならばと愚にもつかぬことを考えたりする。私は彼との永い交わりの間に唯の一度も異性を中心に物語ったことはなかった。実際女ということについては私達の不思議に思う程淡々たるものであった。

然しこの度木村の御親父の許しを得て彼の日記をひもとき、彼の真実な心の叫びを知り、又更めて彼の日常を思う時、私は自分自身のこのいやしい考えに頭を上げ得ないのである。

正しいと信ずることに猛進する彼のモットーをそのままに彼は遂に最後の猛進をしたのだ。私達は深く深く彼の前に頭を垂れて、この正直な純情な友を失ったことを限りなく悲しみ、そして世の人々の彼の死に対する正しい諒解を切に望むものである。

3月19日朝刊

3月19日の朝刊に、木村三郎捜索のために懸賞金が付いた捜索願が顔写真と共に掲載された。賞金は200円、当時の大卒初任給は50円ほどだった。

懸賞尋ね人

木村三郎　北大農学部三年目

右の者昭和五年三月六日午後一時手稲パラダイス小屋ヲ出発以来行方不明ニツキ本人ノ居所ヲ左記ニ御通知ノ方ニ当人ノ生死ヲ問ハズ**謝礼金金弐百円**贈呈致候因ニ当時本人ハ金ボタン付キ黒学生服ヲ着シスキー帽ヲ被リスキー及ビルユックサックヲ携帯シ年齢二十五才身長五尺五寸中肉ニ候

尚発見ノ際ハ本紙上ニ広告可致候

通知先　北海道帝国大学々生課気付　大村大介

4月13日夕刊

懸賞金が懸かった捜索願が出てから暫くの間、新聞紙上に木村の記事は載らなかったが、4月13日の夕刊から急に情報が入り乱れて騒がしくなってきた。

夕刊には函館発として駒ヶ岳山麓で「十一日午後二時頃……年齢二十五才乃至三十才位の男の腐乱死体を通行人が発見……服装は紺サージの三揃いの背広を着し服に『木村』と名前が書かれてあり……過般家出した北大生の木村に非ずやと調査中であるが死後約一ケ月を経過している為人相その他は腐敗して判然せず引続き調査中である」と、森警察署からの連絡で北大職員の早川喜一学生監と貝沼洋二の二人が、同日午後九時四十分発の急行列車で現場に向かったと掲載される。

この死体を発見したのは付近に住む炭焼少年で「ズボンなども相当付近を徘徊したものらしくメチャメチャにやぶれて靴はなかった……長髪で死後十日間位だという死因は凍死らしいが……」と、12日の午後5時に森駅に下車した貝沼たちは左側現場に向かったとある。当時は札幌から森まで7時間以上かかっていたようだ。

4月14日夕刊

今度は13日の午前11時頃、「小樽郡朝里村大字朝里ガッカリ沢即ちヘルベチアヒュッテ奥に於いて腐乱せる男の死体あるを山遊びに行った子供が発見し小樽署に届出たので……時節柄目下行方不明を伝えられて居る北大木村三郎の死体ではないかと検死の結果に期待をかけて居るが何しろ小樽より往復七里の遠距離にある事とてなお判明せぬ」との記事が掲載される。

ヘルベチアヒュッテは1927年（昭和2年）に北大教授・山崎春雄氏、スイス人建築家マックス・ヒンダー氏らによって建てられ、現在は北大山岳部の管理となっている山小屋である。

4月15日朝刊

また怪死体

昨日手稲山で　熊狩が発見

十四日午後四時札幌郡手稲山上に黒サージの詰め襟にスキー靴スキーを穿いた二十五六才位の男が絶命しているのを上手稲村の熊狩が発見届出に依り札幌署より係官検視に急行したが或は行方不明の北大生木村三郎ではないかといわれて居り北大側からも関係者が現場に向かった。

4月15日夕刊

夕刊を飾ったのは朝刊の追い記事ではなく、もう1人行方不明の北大生の記事だった。見出しには「北大畜産科出身　委託生の家出　しかも木村と同クラス　未だ手懸りなし」とあり、

「北大農学部畜産科学生の木村三郎が卒業を前にして謎の家出をしてから約一月漸くその噂も下火に

なっている折りからまたまた北大生しかも木村と同クラスで本年畜産科卒業の三村義夫（二六）が去る七日以来行方不明となれること判明した……」とあり、三村の失踪は木村のそれよりは大学当局も困惑しているようだ。

それは三村が大学の推薦により陸軍の委託学生となって、二年前から月々学資の補助を陸軍から受けており、卒業後は速やかに旭川師団に見習獣医官として入営することになっているため、本人が生存していれば逃亡罪が成立するためであった。

そのため「師団当局に特に短期間の猶予を願極秘に附し血眼になってその行衛を捜索中の処十一日午後に至り樺太大泊の消印のある遺書の様なものが三村の友人某の手許に届いた……」とあり、樺太に潜伏していたことが明らかになった。

三村は木村と同県人でスポーツマン、

「木村が行方不明となった当時三村は友人に『キンキン（木村の渾名）のやつはおれがやろうと思っている事を先にやりやがった』といった様な言葉を真面目にもらした事もあるとかでこれも亦何か人生観的な謎の家出と見られていた軍務に関係あるだけに木村の場合より事面倒なわけである」

そして、続けてヘルベチアヒュッテ付近で発見された遺体は白骨に近く、証拠品も見当たらず身元不明の者として朝里役場に引き渡したとある。

4月16日朝刊

八本のゴム管で
首を絞めて
スキーで滑走した
木村君の遺骸西本願寺へ

【銭函電話】北大生木村三郎の死体は手稲山第二峰八三七札幌川下のネオパラダイス下の沢に横たわり居るを琴似村鈴木阿部両氏が発見し直に北大並に上手稲駐在所に急報したが木村の死体は筵に包み中の川広島青年会館で検視を行ったところ同人の首にはゴム管八本を巻きつけ両端を環で留められ顔面はブス色に腫れ上りスキーを穿いた儘なる点より見て先ゴム管を以て首をしめスキーにて沢めがけて滑走したものらしい死体は直ちに棺に納め午後四時半頃トラックにて札幌西本願寺に送った

遺書発見
雪質よく非常に愉快だと

なお陸軍参謀本部調査の五万分の一銭函地図の裏面に大要左の如き遺書が認められてあった
三月六日午後三時微風、雪は非常に良く滑るのに非常に愉快だった然しアザラシ、ワックスがない為自分が自殺を決心して居た場所に行き着くことが出来なかったのは残念である。此の死体が若し自分の死後二十日間に見つけられなければ非常に幸福である

4月16日夕刊

スキーを履いた
学生風の死体
今度こそは木村か　首にまいたゴム紐

十四日午後四時頃またまた手稲山上に北大家出学生木村三郎の死体らしい者が発見され急報により札幌署から係官が北大側と共に検視に急行した事は今朝刊所報の通りであるが今度こそはどうやら本物らしく同所に赴き帰学した学生課宮尾主事補は語る

『昨日手稲村字西野の熊狩三人がそれらしい死体を発見したというので早速先ず其の猟師に会いに行って来たわけですがその話によると場所はネオパラダイス付近俗称八百三十七という処の下あたりで学生らしい男がスキーを履いたまゝ仰向けに死んでいるというのですその左手にストックとリユクサックが置いてあり男の頚にはゴムの紐が三廻か四廻位しっかりと巻きつけてあったというし木村の写真を見せた処これに違いないというので私も今度こそ大丈夫と取敢えず引き帰して来ました』

なおこの報道に勢いを得た北大では学生六名に学生課職員二名が警察側二名と共に直に登山現場に赴いたのでこれで木村の方だけは自殺の謎は兎もかく行方だけは判明する事になるであろう

正しく
木村三郎
郷里へも打電

今朝北大から手稲山に急行した一行から同日正午に至って漸く木村三郎に相違なき確報が達したので恰も学生課に於いてその報を待ち焦がれていた木村氏の友人連は今更の如く悲痛の面持を以て涙ぐむのも哀れであった尚北大から早速郷里広島県の親元其他に打電し報告したが一方即刻トラックを仕立て、琴似まで死体を迎えに出かけたが目下融雪期で山間は歩行極めて困難のため軽川方面の登山路を取らず琴似方面に出でた由

死体発見箇所

且て捜索した処

木村の死体が発見された手稲山八三七南側のネオパラダイス付近は去月軽川駅前舟木旅館に捜索本部のあった際宇都宮、武野、中村君一行の捜索隊が隈なく探ねたところであるが当時は積雪深く遂にその死体を発見し得なかったと。

これで木村三郎に関する新聞記事は終わった。木村の死に様は強烈であった。青酸カリではなく縊死を選んだ。しかも頚《くび》にゴムひもを何重にも巻きつけ近くの木に縛り付けたのだろう、そのまま急斜面をスキーで滑った。おそらく絶命するには時間がかかっただろう、木村がわざわざその方法を選んだのは意味があるような、あれだけ可愛がっていた豚を卒論のために自分の手で殺した、彼にとっての原罪がそこにあるような気がする。

4月18日の夕刊には、「逃げた三村　樺太で捕まる　北大でもホッと安堵」との記事が載っていた。

『木村三郎君追悼集』1

木村三郎が失踪した翌年、1934年（昭和9年）に有志の手によって『木村三郎君追悼集』*86が作られた。追悼集はハードカバーでケース付の、本文だけで235頁にも及ぶ立派なものである。この時代にここまで立派な追悼集を作るのは、賛同した仲間たちからの寄付金だけでは到底間に合わないだろう、おそらく木村家はかなり裕福な家だったのではないか。

編集者・発行人は、自身も追悼集に寄稿している関根嘉弘だった。その中で木村三郎の経歴が詳しく述べられている。

明治三十九年十二月八日	支那福建省厦門鼓波嶼に生る
大正二年四月	広島県三原町県立女子師範学校付属小学校入学
大正八年三月	同校卒業
同　四月	広島県立広島中学校入学
大正十二年三月	同校四年修了
同　四月	北海道帝国大学予科入学
昭和二年三月	同予科卒業

同　四月　　　　　　　北海道帝国大学農学部畜産学科第一部入学

昭和五年三月六日　　　　手稲山腹にて逝く

木村の出生地は中国厦門《アモイ》、現在の実家は広島県三原市で、父母と一郎、二郎の2人の兄、他に3人の姉と2人の妹の8人兄弟姉妹の三男として生まれている。彼は運動神経に優れていて、学生時代は蹴球部とスキー部の両方を掛け持ち、夏はサッカー、冬はスキーで活動的な学生生活を送っていたようだ。

蹴球部

木村三郎は予科入学と同時に蹴球部に入部し、のちにマネージャー、主将としても活躍した。『木村三郎君追悼集』の中で、木村が蹴球部雑誌に寄稿した「仙台遠征の感想」と「北大ア式蹴球部に於ける木村三郎君の生活記録」が下記のように紹介されている。

「昭和三年十月、東北帝大と定期蹴球戦を行う為に、仙台へ遠征したのであるが、その時の感想として木村三郎君が蹴球部雑誌にのせたものがこれである。彼の日記でこの附近は殆ど文字を見ない。相当参考になる所であろう。再録する所以である。

北大ア式蹴球部員　梅澤一郎

○うぬぼれてはいけません。

うぬぼれてはいけません。

○秋も半、三角の紅葉、放牧場の林、長いポプラの影、土で黒く汚れた足、背に感ずる汗、医学部の電気、ゴールのバーにかゝつた黒いスエーター。第二農場でかい牛がなく。所で牛乳を飲んだらどんなに美味いだろう、かと諸君は思ひませんか。いくら大学農場でも牛は食はねば死ぬそうです。

○前半の不成績は試合前の練習不足によると思ふ。試合前に三十分位は強く練習すると良い。若し時間が無ければ走れば良い（疲れを覚へる位まで）試合前の練習不足は最初の五分が危険だ。

○併し何かの事情で体力の続かない時はこの限りにあらず。

○仙台で、試合の前、健全な体の人僅か三人、淋しかった。塚本が出来ると言った時は喜んだ。

△Condition の悪かった為、二対○にて終ったこと。

△仙台のことはこの位にしとく。

○英国一流選手 Andy Duckeyatt 氏曰く、『Football はゴルフ、クリケット、テニス、水泳を沢山やること』と。

○水泳は悪いと云ふ人もあるが如何です。（私は学校チームとしては勿論良いと思ひます）

○考え過ぎて失敗した戦法。

今度の仙台の時、Forward はN字形を取った。不結果でした。

○攻撃するときの Forward は、直線形が最上と思ひます。もし時間を損ぜる時は、ヘ形の方法がNより良い様です。又攻撃に失敗せる時初めてW形になるべきでせう。

○長くなったからここらで止める。
○予科遠征に幸多らん事を。
○各人その立場をあやまらぬ様に。

十月二十二日　　　　　　　　　　　　木村三郎

北大ア式蹴球部に於ける木村三郎君の生活記録

大正十二年

○四月、予科入学と同時に部員となる。
○対小樽高商戦にR．I．（Right Inner）として出場。七対○勝つ。

大正十三年

○春、対小樽高商戦にR．I．として出場。七対○勝つ。
○夏、対弘前高校戦に出場。七対二勝つ。

大正十四年

○一月、東京帝大主催、全国高等学校ア式蹴球選手権大会に出場の為東京に遠征す。対松江高校戦にR．I．として出場。三対二敗る。
○十二月、蹴球部東京遠征。東京蹴球団主催、全国大学専門学校蹴球大会、同ヘーグ記念杯争奪戦、及び、東京帝大主催、全

国高校選手権大会に出場、殆ど各試合にR．I．たり。試合成績次の如し。
全国大学専門学校人会
第一回戦　対明治大学　四対一勝つ
第二回戦　対慶応大学　一対〇勝つ
第三回戦　対法政大学　二対〇負る
ヘーグ記念杯争奪戦
第一回戦　対明治大学サッカー　一対〇勝つ
第二回戦　対成城サッカー　四対〇負る

大正十五年

〇一月、全国高校選手権大会に出場。第一回戦に第二高校に四対三にて負る。

〇四月、予科蹴球部のマネージャーとなる。

〇七月、第二高校と札幌に於て戦ふ。四対二勝つ。

続いて弘前に遠征。対弘前高校戦、五対〇勝つ。

〇九月より全国高校選手権大会を目指して予科蹴球部猛練習をなす。降雪後は雨天体操場に於て練習す。されどこの年聖上陛下崩御によつて大会は中止となる。

昭和二年

〇農学部に進入。春落馬して足を傷め、夏まで練習せず。

○六月、第一回対東北帝大戦あり、出場せず。
○十一月、明治神宮球技会に北海道代表として、北大蹴球部出場。対関西大学戦に一対一、抽選にて負る。

昭和三年

○十月、第二回対東北帝大戦の為仙台に遠征。主将たり。二対〇勝つ。

昭和四年

○六月、第三回対東北帝大戦に出場。二対〇負る。
○大日本蹴球協会北海道支部再設に努力す。
昭和五年再設なる」*86

スキー部

北海道帝国大学文武会スキー部の『北大スキー部々報2』*89に、向井四郎が寄稿した「テイネパラダイスヒュッテのことども」の中で、

「斯くも当ヒュッテは重ね重ねの光栄に浴し、又指導標も出来て益々スキーヤーに利用されることが多く成りました。一方、発達の陰には木村氏の死や小屋守の死等があり、又一昨年の秋煙突の不備から屋根を半焼した事もありましたが大事に至らず今年に及んで居ります」*89と書かれており、木村がスキー部員であり、彼の死についても書かれている。

また同部報には「技術優秀にて、北大スキー部に対して功労あり、且つ部員として恥ずかしからず、尚熱心なるものに対し幹事会の推薦により與るもの」として、「北大スキー部モノグラム所持者名簿」に秩父宮殿下・高松宮殿下を筆頭に大野精七ら功労者の名前に続いて、北大スキー部に在籍した卒業生の名前が1番から192番まで通し番号で続き、その155番に木村三郎の名前が掲載されている。

実際に卒業していない木村三郎がモノグラムの受賞者となっていることは、同じクラブの仲間として、一緒に卒部した者として木村三郎を見ている気持ちの表れであろう。このことからも木村三郎は蹴球部と同時にスキー部にも所属していたことは確実であり、単独でパラダイスヒュッテまで行くことも、その奥の奥手稲山方面までも行くだけの技術と知識も十分に持っていたと考えられる。

ただ私が学生時代、ワンダーフォーゲル部の新人歓迎会や同期の仲間たちとの卒業間際の最後のコンパまで幾度となく訪れた標高1023メートルの手稲山、山頂から石狩湾の遙か向こうに真っ白な雪を被る暑寒別連山を、眼下には石炭ストーブの煙で黒いスモッグに蔽われた札幌の町を眺めることのできた3月初旬の手稲山は、深い新雪のラッセルこそ無いにしろ、パラダイスヒュッテまでは比較的容易に行くことができても、その先三郎が行ったとされる奥手稲方面へのシール無しでの単独行は、かなりの体力と気力が必要であったと考える。

パラダイスヒュッテ

木村三郎の最後の目撃情報は、手稲山中腹にあるパラダイスヒュッテである。たまたまスキーに行くため同じ列車に乗り合わせた農芸化学3年目の中橋某と一緒に軽川駅（今の手稲駅）からパラダイスヒュッテまで同行し、午後2時頃中橋某は「僕はもう少し滑りたいから先に帰ってくれ」と言う三郎を残し帰途に就いたが、同時刻にヒュッテには相当年配の3人連れもいたという。

　私たちが慣れ親しんだパラダイスヒュッテは老朽化のため、現在は少し上の方に移築・改築されてしまったが、三郎が訪れた当時のパラダイスヒュッテは、新築されてからまだ何年も経ってはいなかった。パラダイスヒュッテ建設の話は『北大スキー部々報第2』*89の中で、向井四郎が詳しく書いている。

「たまたま同十四年（大正）の納会の席上、明十五年は我がスキー部創立十五周年に当たるので、其の記念事業として記念式を行い、記念出版を刊行し、手稲山付近にヒュッテを建設し、山頂に指○台を造る事を大野部長が計られました。

　此の計画に由り大正十五年五月の幹事会でスキーヒュッテの建設の事にきまり、建設委員として次の人々が挙げられました……以上の諸氏や元予科教師の瑞西人アーノルドグプラー氏の御教示に依って、当時光風館裏から始る大曲コースの昼食場となって居た雁皮平の所謂パラダイス（其の頃遠藤先生に依り自然に名付けられた所）の場所へ建設する事に決定し、設計は瑞西人マックスヒンデル氏に依って、純瑞西式のスキーヒュッテを造る事に成りました。

　初め千五百円で出来る筈で、前佐藤総長も此の計画に大いに賛成されて、一千円を設備費として学校から出して下され、残りの五百円は諸先輩、諸先生に学生有志から募ることとなって、大正十五年七月二十一日に起工され、当時の部員も軽川から現場までの材料の運搬等に大いに努力しましたが、工事の途中、丸太の不足や請負者の止むを得ざる変更等に由って、最初の予定の屋根の石葺や指○台の建設等が費用の関係上省かれて、建設費総計二千九百四拾六円九拾四銭で、今日の如きヒュッテが同年の十一月二日に竣工し、大野部長によってテイネパラダイスヒュッテと命名されました。今日では略されてパラダイスヒュッテで通って居ります」＊89

そして、秩父宮、高松宮がパラダイスヒュッテを訪れたことも書いている。

「畏くも昭和三年二月に秩父宮殿下が雪の北海道へお成りの節、此のパラダイスヒュッテに御一泊遊ばされました。当時の状況を大野部長からお聞きしたことに由りますと、二月二十四日午前八時五十四分に札幌を発せられて軽川に御着になられ、九時半頃一同軽川神社の広場に整列し、大野部長の御案内でパラダイスヒュッテへと御出発遊ばれました。当時は前田農場の落葉松も小さく雪に埋もれて居て非常に気持ち良く登られたそうです。十一時頃千尺高地の辺りで一寸雪が降ったきりで御順調にヒュッテに御着遊ばされ、御昼食後、手稲山山頂を極められて当ヒュッテに御宿泊遊ばされることになりました。

翌二十五日は晴天で、早朝にユートピア、奥手稲を経てヘルベチュアヒュッテへと、いとも御元気に御向はされ遊ばしました。

越えて翌昭和四年二月二十一日には高松宮殿下が渡邊秩父宮家御係と共に、大野部長の御案内で手稲山を極めてから、パラダイスヒュッテに御立寄り遊ばされ、御昼食を御取りになられました」＊89

『木村三郎君追悼集』2

三郎の失踪、捜索、発見、葬儀が終ると間を置かず、木村三郎追悼集の制作が始まった。三郎の下宿していた家主が原稿の依頼を受けたのが5月の半ば頃、編輯《へんしゅう》を終えたのが12月20日、発行が1934年（昭和9年）1月10日、三郎の失踪から僅か9カ月で235頁にもなる立派な体裁の追悼集が完成している。予科・本科を含めると7年間の学校生活、多感な時期を一緒に過ごした仲間たちの想いが込められた追悼集だ。

追悼集には蹴球部の仲間たち、三郎と親しかった貝沼たち友人、三郎の父母・兄弟姉妹、そして最後に下宿していた大家・三宅チヨノと娘ミチ子が追悼文を書いている。

目次

思ひ出

『木村君と私』貝沼洋二

木村君は純真に生き純真に逝いた。

私は一点の汚れなき彼の死を賛美する。彼は敢然自己の信ずる道に邁進したのだ。この偉大なる勇気、それは嗟嘆とむしろ羨望の念さえも感ぜしめる。と同時に、この純情の友の死は私に償い難き悲哀と寂寥を與へた。この痛手は到底癒やすことの出来ない深手である。

私は彼の死の直前に、約半年を同じ屋根の下に生活して居たので、彼の死に自ら関係深きものあるを覚える。私は彼の友人として、また一同居人として、彼について見聞きせることどもをしるして、彼の人格を闡明するの一助ともならんことを願い、あわせて、短かからぬ年月のあいだ、厚き友情をい、い、頌てる彼を偲び、暫しの思い出に浸りたい。

私が彼を知ったのは、大正十二年に北大予科に入学してからのことであるが、恵迪寮及びフライハウス時代の彼については、彼が私の中学の友人、高木健吉君の従弟にあたること、それから「恐ろしくよく寝る」そして「少しも学校へ出ない」人であると云ふことを知るに止まった。私達は謂わば単なるクラスメートにしか過ぎなかったのである。それが大正十五年の秋、私達が予科三年の時である、ある偶然の機会から、一緒に自炊生活をはじめるようになって、急に親しくなって行ったのである。

この自炊生活は一年余りで皆んながやや倦怠を覚えたし、孤独の時間を持ちたいと云う希望を持つ様になったので、昭和二年十月頃解散してしまひい、彼は丸山愛馬会裏の原っぱにぽつんと立った一軒家に引越して行った。而るに、翌昭和三年の二月、私達は再び同居する様になった。それは彼が桑園の私の下宿に引越して来たからである。同年五月、私は同じく桑園で別の下宿に移り、彼は西岡、徳田の諸君が居た久保氏宅へ引越した。ここで彼は一年余を起居したのである。この時も私達の宿の距りが僅か二三町に過ぎなかったので、常に往来していた。昭和四年秋私達は三たび同じ屋根の下で暮らすようになった。これが、彼の最後の宿となった三宅さんのお宅であったのである。

私達の以上の三年余にわたる交流は、主として家―下宿―に於けるものであり、従って、私が彼について語り得るのは、彼の私生活に於ける部分に限られて居る。実際彼は、生活あっての蹴球ではなく、蹴球あっての生活である、と思われる位に、全てを蹴球に打ち込んで居たようである。

私と彼との交友に於いて、限りなく思い出を持つやうで居て、而もこれに明確な輪郭を與へて行くことが出来そうにもない。それで、割合鮮明な記憶にある彼の生涯の最後の半年―私が三宅さんで彼と共に在った―の彼について語り、彼の跡を辿って見たいと思うのである。

彼の遺して行った日記によると、昨年の十月四日のところに、一たび死を決したことが書かれてある。而も幾日かの懊悩ののち考えを直して、再び生きるべく決心した。私達は当時、彼が春以来愛育せる豚を、実験材料として使用するために、自らメスをふるって屠らねばならなくなった時期が迫って居たことを記憶する。而も彼は私達が不思議に思うほど、逡巡日を延ばして居た。この間、彼の懊脳はその極に達して居た。愛豚を犠牲にすることも忍び得ぬことであったし、また、自ら裁くことが遺された人達にどれ位大きな悲しみを与へるものであるかを考えると、この決心も鈍らざるを得なかった。彼は全てのものに対する愛と、人間愛との間に迷いぬいた。そして遂に「生きる為になすべき事は何時でも自殺し得る全き準備をなす」ことであると悟り「これで生きていく目標が決まった」のであった。私達が三宅さんへ同居する様になったのは、彼が斯の如き心的苦悩ののち、再び生きて行く可く決めた時であったものと思はれる。

私達の間には、十月中旬頃から、一緒に下宿しようと云う話が持ち上がって居た。そのために、私達は数回丸山の方へ家を見に散歩がてら出掛けていった。間もなく彼は三宅さんで空室があるので来てもよいと云う話をもたらした。十一月十日の夕刻、彼は景気よくトラックに荷物を積んでやって来た。かくして、私達は三宅さんへ移ったのである。

三宅さんでは、三階の六畳に二人の机を置き、二階の十畳を寝室として、枕を並べて寝て居た。だから彼の最後の半年と云うものを、私は完全に彼と起居を共にして居たのである。

彼は移転後暫くの間は、毎日実験室に通い、実験の完了後も、家に在ってグラッサーのノートなど取り出して勉強して居た。彼は未だ独逸語でやる試験に通って居なかったのである。就職用の履歴書を書いたのも、この頃であったと記憶する。

私は当時の彼からは厭世的な何ものも感知することが出来なかった。彼は常に快活であったし、また何とはなしに張合いのある生活を送って居るようにもみえたのである。只一つ、彼が青酸加里をしきりに手に入れたがって居るのが、不思議なことであった。而し彼の日常を思い合はせると、重大な意味を持つものとは考えられぬことであったので、幾分の不安を感じ乍らも、この毒薬を「どうするか」について彼に尋ねたことはなかったのである。

十二月の初め、彼の誕生日には四五人の友人を招いて、おばさんの好意の御馳走でお祝いをした。この時、伊藤健夫君へ出した「生を南支に享けてより云々」と云う六ヶ敷《むつかし》い招待状の文句を名文だろうと云って、得意になって居た無邪気な彼を思い出す。

十二月に入ってから、彼は朝寝夜更かしの生活を続けるようになった。いったい、彼の朝寝坊は彼を知る程の人は皆んな知って居る程、有名であったが、三宅さんへ来てから暫くは気分が転換したせいか、それ程ひどくはなかったのである。私は夕刻帰宅したとき、未だ床の中にある彼を暫々見出した。またある時は、どてらのままでストーブの傍の窓に倚り、暮れて行く藻岩山あたりに瞑想的な瞳を向けて居ることもあった。遺稿集にある、

○圓山のからす　一匹づつたんねんに数へて見たい心。

○只只　黙……　手稲は静かに眠って行く。

私は彼から手稲のスケッチを見せてもらったこともあった。

彼は食欲が少しもないことをうったえる様になった。一緒に膳についても、平常の健啖にも似合わ

ず、まるでおつきあいに箸をとっているかの様に、如何にも大義さうであった。と云って血色もいつもと大して変わらないし、病気の様にも見えなかったので、私は「君の様に寝て許り居ては飯の食えぬのも当然だ」と云ひ云ひした。まあ、軽微の神経衰弱ぐらいに考えて居たのである。而し彼は日記のうちで、

○近頃は起きたることもなし　肩、足は日日にやせる　うれしとは思わず。

と云っている。彼は床の中に在っては瞑想して居るのであった。また、彼にとっては、食事そのものが苦痛であったのではないか。食膳にのせられる一片の肉にも、そのうらに、人類生存のために犠牲にせられた可憐なる生命のひそむことを思へば、何として之を口にすることが出来たであろう。私は彼が伊藤に「肉鍋をつついていると、その一片々々が牛に見えて仕方がない」と語ったと云う言葉に、少しの誇張も感じないし、また彼の本当の気持ちを表はして居るのだと思う。而し当時は前に述べた様に、食の進まぬのは寝て許り居るからだとしか考えて居なかったのである。

彼は不眠に苦しめられて居た。夜明け頃まで眠りにつけぬことが間々あるらしかった。そのために私が前夜の約束通り、朝になって彼を起こしても、めったに起きたことがなかった。また目覚し時計を掛けて寝ても、これを役立てたことは殆どなかったのである。彼は床に入っても安らかに眠ることができなかった。

○何がなし胸騒ぎがする

見ない見まいとして恐ろしき夢をみる。

○何故の胸騒ぎか
　吾に問へど知らず
　　何となし不安に思う。
彼が目をつむると眼底に浮んで来るのは、彼がメスをふり上げた瞬間の豚の顔であった。
○殺さるゝ豚より吾は不幸なり
　べっとりと赤黒き血のつきたる刀見つめて。
○吾が常にSeeleと云えるは間違なり
　ぢっと豚の顔をみてきがつけり。

私は事実耐えられぬ苦しみにうなされて居る彼の聲に目覚まされたことがあった。彼は寝ても覚めても苦悩にさいなまれて居たのだ。私は彼と一間と離れぬところに寝て居た。そして遂に彼の苦悩の一端をも察することが出来なかったのだ。

十二月下旬に、私達は青山温泉のスキー部合宿に行った。彼は初め気が進まぬ模様であったが、スキー部からの依頼で遂に行くことにしたのである。この合宿生活は短い期間ではあったが、彼の健康には少なからぬ効果があったようである。規則的な生活と、適度な運動とが、食欲の増進や熟眠を得させたのである。合宿中の彼は、独特の白の夏ズボンをはき、セルのスキー服にメリヤス一枚と云う薄着で、酷寒の吹雪の中を兎の様に跳ねまわって居た。とに角、合宿中は表面的には頗る愉快そうであった。

彼は合宿の帰途に数日ニセコ温泉で送った。この温泉には合宿中にも暫々訪れたし、その後二月の上旬に訪れている。彼は、高くはないが、美しい山々にかこまれた、この閑寂ないでゆを愛して居た様である。私は暮れから正月にかけて数日を吹上温泉に行って居たが、彼に対して別に帰札の日付けなど通知してなかったにも拘らず、駅頭に出迎えて呉れて居た彼を見出した時には、それが予期せぬことであった丈けに非常に嬉しく感じた。この時の彼は忘れ得ぬなつかしき俤の一つである。

一月の半ば頃から、またしても朝起きられぬ日が続いた。夜は寧ろ私より早く床に就いて居たが、多くは輾転反側夜明けに至るまで眠ることが出来なかったようである。私は学生々活も余すところ僅かになって来たので、学校へ少しは出て見てはどうか、と彼に奨めて見たが、彼も一再ならずその気になった様に見受けられた。而し結局一度も実現するに至らなかった。この頃既に心中深く決するところがあったのであろう。

彼は深夜只一人で数回円山へスキーに行ったことがあった。月光をさえぎる雲の影を追て直滑降をとばす壮快さや、淡い光が全てのものを浄化し、奥深いものにすることなど、帰って来てストーブをつゝき乍ら物語ったことである。彼は私の知る限り賑やかなことの好きな人であった。而しその反面に孤独を欲する気持を多分に持って居た。寂しがりやでありながら、淋しさが好きであったのだ。私達が自炊を止めた時、彼は好んで孤独のうちに入って行った。而し乍ら毎日の様に友達のところを尋ね歩いては、電車のなくなる頃になって円山まで歩いて帰って行った。そしてある時は下宿の閉出しを喰って、煙突を利用して部屋に入ったなどと、語って居たものであった。私は二三時間の月光の下の彷徨から帰って来た彼に、孤独を愛する彼を見た。

私は彼と一緒に暫々スキーに行ったが、彼の技術は殆ど無謀であると思われる程の速力を易々として統制し得た。札幌近郊の山々の猛烈なブッシュの間を急速力で下降して行く彼に、私は危険をすら感じたことがあった。彼のスキーの技術は実に確かなものだった。

たぶん一月の末のことであったと思う。彼は二三の友人と近郊の百松沢山へ登るべく朝の九時頃出発して行った。ところが普通ならば夕刻には帰札が出来る山であるにも拘らず、夜に入っても帰ってこない。この日はさして悪天候と云う程でもなかったし、又彼の悉知して居る山でもあったので、私には別に不安を感ぜられる程のものではなかったが、おばさんの心痛は非常なものであった。結局十時過ぎになって定山渓から無事を知らせる電話が来て安堵したのであったが、あとで聞くところに依ると、彼は烏帽子岳の頂上に至るまでは、札幌へ帰るつもりであったが、小樽内川の渓谷を見たら急に定山渓に降りて見たくなったのだそうである。彼にはこんな気紛れなところもあった様である。

私は平常の怠惰の報いとして、卒業期を前にして頗る多忙であった。こんなことに心労せねばならぬ自分を情けなく思い乍らも如何ともすることが出来なかった。この頃、彼は夜になるとよく外出して居たが、外出すると帰りには私の為に手みやげを忘れなかった。私達はこのおみやげを開いて、就寝前の少時を雑談に過した。彼が抱ける思想を断片的乍らもほのめかしたのは、こんな場合が多かった。而し私は彼の考えを綜合して、それが何を意味して居るかを知ろうとはしなかったし、またそれについて議論はしても、いつも其の場限りに終っていたのである。何となれば、元来が私は「只生きている」に過ぎない人間であり、従って彼の如き苦悩も切実には感ぜられぬものであったので、彼の言葉は了解することは出来ても、本当の気持を了解することが出来なかったからである。率直に云えば、彼の言葉は高遠の真理としてうけ容れることは出来ても、私の現実とは余りにも掛け離れたものであった。

二月になってから、彼の友達達は彼の考えが頗る厭世的なものであることを案じだしたて、この気持を翻さすことに努めだした。特に蹴球部の諸君の、彼の信念を議論に依って履さんとする努力や、また明るい気持に転換せしめようとする色々の試みは、涙ぐましき程であった。彼は深くこの友情には感じて居ったことであろう。而し彼の悩みはより以上に深刻であり。その信念は友人達の力では如何ともすることの出来ぬ確固たるものであったのだ。

彼は決して多弁ではなかったが、適切な引例によって、簡潔に私達に説いた。彼は友人達の反駁は決して否定はしなかった。彼の頭には凡ゆる立場が認容された。私達が貧弱な頭を搾って考えついた駁論を永々しく述べたてたあとで彼は、

「君の様な考え方もそれでいゝ。そして、それ以外に僕の様な考え方が僕には出来る。只それ丈だ」

と云うのみであった。私は彼に同意することは、結局彼に死を奨めることになると思ったので、只反駁せんがための反駁のみをこころみていた。而しこれは徒労に過ぎないことは勿論であった。と云って外にどう云う術もない情けない私であったのである。

私は彼に対して、決して忠実な友人ではなかった。ことに彼の気持をある程度まで了解できる様に

なった後も、彼の考えが妄想狂的であるとか、また「思い上がり」であるとか罵ったりした。今更くやむも及ばぬことではあるが、真卒に考えて居た彼にこんな不真面目なことをよくも云えたものだと、心から恥入って居る次第である。

また試みに私は彼に再考することが出来るかどうかについて問うてみた。即ち彼と同様な苦悩に悩んだ先人もあることであろうから、これらの先人について、彼等が如何にして、苦悩に解脱し、道を得て行ったかについて、跡を辿って見るならば、彼にも他に道が開かれて来るのではないか、と云った。それに対して彼は「今はこれ以上他から求むるものはない」と云う意味の言葉を述べ、彼の信条の確固たるものであることを示した。彼は自らの裡に道を求め、遂に道を得たのだ。自己の進むべき道を体得せる彼は、日記の中に「吾が信ずる道を一度発見せば只勇敢に実行するのみ」と断じている。この彼にどうして再考の必要があったのだろうか。

私も彼から「他に求むるものはない」と聞かされた時には、彼の思想的苦悩は死によってのみ解決されるものであると思った。而し考えたことと実行とは、それが死を意味する場合は、そう容易には一致せぬものであると云う矛盾が私には赦されることであったので――死は難きものであると思って居た私は、如何に彼が死が最善の道であると信じたとは云え、簡単にその考えに殉ずることは萬々ありはしないと思って居たのである。何と云う怯懦な考えか、私は思ったことは何処までもやり通さねば止まなかった純情の友の前に頭を上げ得ないのである。

私は今、死を決して以来の彼が、超人間的な平静さに終始していたことを、驚異の眼を以て回想する。彼は平常と少しも変わることなき悠揚さを以て全てを処理していた。平然と牛鍋をつゝいて談笑する彼であったし、また嬉々としてスキーに親しむ彼であった。既に己の道を悟った彼は淡々水の如く凡てにこだわらぬ気持になっていたのであろう。青酸加里の毒性を試験した金魚を買う時には、私は丸井呉服店まで同行したのであるが、彼は手づから網を以て桶より小鉢に金魚を移し入れた。そして表面的には嬉々として打興じつゝあったのである。丸井より帰宅後、私は青酸で殺してしまった、と彼から聞かされた時、やゝふまんをこそ覚えたが、決してある重大な目的を以ての実験がなされたのだとは考えも及ばなかった。

彼が学校を止めるとは、それ以前から云って居ったことであり、私達も彼の気持が動かない以上は静かに傍観するより仕方がないことであった。彼が死の数日前、卒業論文の実験データや学修簿をストーブに投じたのを知った時、彼もいよいよ学校を止める決心を確かめたのかと思い、この上は早く父母の膝下へ帰って暖かい和やかな生活を送ることを望んでいた。私は彼に郷里に帰ってからの方針などについて問うて見たが、彼はいつもはっきりした返事をしたことがなかった。これは彼自身迷って居るからであろうと単純に考えていた。

その前夜、私達は寝室のストーブを囲んで、おばさんを相手に賑やかに談笑して居た。おばさんは私達がまだ起きて居ることを知って、お茶とお菓子を運んで来て呉れたのである。お話しは何時もそうである様に、真に他愛ないものであった。而し彼はこんな他愛ないお話しをおばさん達とするのが好きだったのである。これは純真な性格と相通ずるものが、おばさんの裡にあったからであろう。夕方から降り出した雪は未だ止まぬらしい。ガラス戸を軽くたたく音に夜更けを知って、私達は床に入った。彼は床の中に腹這いになって何か書き物をして居た。私は軽くペンを走らせる音を聞きつゝ、まもなく眠りに落ちた。この時、彼は日誌の最後の頁を認めて居たのであろう。また私に宛てた遺書をこの時書かれたのであるかも知れない。

三月六日の朝、私達は八時過ぎに起床した。洗面を済まして二人は、寝室のストーブの傍に寄って、窓外の景色を眺めて居た。夜の間に積った五六寸の新雪は、燦然たる三月の陽光に眩しい許りに輝いて居た。空には一点の雲もなく、風もない静かな輝かしい朝であった。私はこんな気持のいい日に試験など受けに出掛けねばならぬことを考えて、やゝ憂鬱だった。彼はスキーに行くと云った。それは重々しい彼の気分を幾分でも明るい方に転換するに効果のあることだと思われたので、私も奨めたことであった。いったい、三月初めの札幌は余りいゝお天気のことは少ない様に思う。生ぬるい風が吹いて、ぼた雪がたくさン積る頃だ。だから私はこの日の快晴であったのを恨みたい気持を棄てることが出来ない。このお天気が悪かったら——少なくとも、この日には——彼は行きはしなかったろう。私は彼がルックサックの用意をして居る傍に寝ころんで、前夜買って来た家畜飼養学の本を開いていた。私はこれから、この家畜飼養の試験を受けに行かねばならなかったのだ。彼は海豹皮を友人に与えてしまって持って居らなかったので、私のを使用してはどうかと問うたら、良く効くシュタイグワックスがあるから入らぬ、と云い、それから暫くワックスの話などをして居た。

九時過ぎ、私達は揃って家を出た。西廿丁目で札幌駅行きの電車を待合して乗った。車中私達はワイスホルンの話をしていた。彼が、ワイスホルンへ行くかなあ、と云ったからである。私は今からだと泊まり掛けでなければ行けまいし、又それに相応した用意をして居ないことも知って居たので、止めた方がい丶、と云った。彼はその外に、どこへ行くとも云わなかった。私は勿論、日返りの工程として手稲或は奥手稲あたりへ登るのであろうと思ったので、別に尋ねもしなかったのである。

電車が西十一丁目に近づいたので、私は立ってステップの方へ進んで行った。彼は突然私を呼びとめた。そして「今日は帰らないかも知れない」と口早に云った。私は咄嗟に「ワイスホルンへ行く気だな」と考え、何やらわけの分からぬことを口走った。私は今、この時何と云ったのか憶えない。とに角、小事に躊躇して、ついに何が起こりつ丶あるかを知ることが出来なかった私である。

彼はさびしく微笑んだ。そして、口を動かした。聲は而し電車の騒音にかき消されて聞えなかった。恐らく彼は「さよなら」と云ったのであろう。嗚呼、この寂しい微笑みが、私の網膜に写った彼の最後の生ける悌になろうとは。

私はそのま丶電車を降りた。

そして、彼は再び私達の世界へは帰って来なかったのである。

彼の天性純真なる性格は、彼と遊んだものの等しく心を打たれるものであった。この性格ゆえに彼は何処にあっても異彩を放って居た。またそれ丈、多くの友人の敬愛をあつめて居たのである。私は知らぬ間に、彼に引き付けられて行った。これは私の裡の不純なるものが彼に接近することに依って浄化されることを無意識の中に望んで居たからであるかもしれぬ。嘘疑は彼の純真さとは絶対に相いれぬものであった。彼から偽られたと云う様な記憶を持つ人は絶対にないであろう。彼は人を欺かなかったと同時に己も欺かなかった。彼は死を決して以来の幾月かの間、常にあるがまゝに在ったのだ。厳父より与えられた「あるがまゝに」の歌の心は如何なる場合も彼の言動の基をなして居たのだ。

彼は運動に秀でた才能を持っていた。これは恵れた素質にも依るとは云え、また何事もなせばなる、と云う自信に基いて得たところも大きかったのではないか。彼の寒さに対する抵抗力の如きも、この自信を以て体得したものと思われる。私達は彼の寒さに対する強さが余りに人間離れしていたのに驚く前に、こゝまでに到達する事を得せしめた、彼の修養の力を考えねばならぬ。彼は一度び信じたことは、何処までもやり通さねば止まなかった。この直情なる性格が彼を最後まで駆って行ったのである。

また彼は非常に情けにもろい豊かな人間味を持って居た。他人の為になるなら、自分のものを犠牲にして悔いぬと云う美しい情操は、彼に対してより人間的な親しみを感ぜしめるものであった。私は彼のこの他のものの為犠牲たらんとする心を、彼の死にまで導いて行った思想の根底に見る。彼の一本調子に何処までも突き進んで行かんとする直情なる性格が、この暖かい人間味と相触れるところに、彼の美しい全人格が書き出され、またそこから彼の深刻なる苦悩が生じて来たのではないか。全ての存在は只の存在のみに過ぎぬ、と悟り一方生物界の実相が弱肉強食の修羅場であることを痛感し「全てを愛するものに死は唯一の道である」と云う結論を得た彼にも、人の子としての苦悩があったのだ。

全てのものに犠牲たらんとする心――全ての愛する心――と、親兄弟を思う人の子としての心、この二つの心に挟まれた彼は、半年の長き懊悩を続けて居たのだ。

私は、この苦悩の彼に、もっと心からの友情を以て接することが出来なかったか。私が彼の死に対して責任を感ずるところがあるのは、彼に対して友達として信実であり得なかったことを意味するものである。而し今は、全て終ったことである。私は、死が最善の道であると信じて、勇敢に実行し得た彼を、賛嘆すると共に、心からなる祝福の詞を贈りたい。そして、この世のある限り、生存の苦悩を続けて行かねばならぬ人達に、何時までも叫びかけてくれる彼に、限りなき畏敬を感じ、冥福を祈る次第である。(五・一一・二〇)

父・木村大介

父の手記からも解るように、三郎は中国・厦門西岸の沖500メートルに浮かぶ小島、鼓浪嶼(コロンス島)で生まれた。コロンス島は1903年(明治36年)に日本を含む列強の共同租界地となった島で、各国の領事館などが建てられ、その欧風的な佇《たたず》まいから世界遺産に認定されている。

三郎の生まれた当時、父大介は日本領事館などの公的な仕事に就いていたのか、歌を嗜《たしな》むなど学識も教養もある人物のようだ。三郎の幼年時代の生活基盤は広島県三原市にあり、尾道には三郎の両親の弟の叔父が居り、福山にも親戚がいたようだ。父が三原で何を生業《なりわい》としていたのかは定かではないが、生活もかなり余裕があったようで、三郎にはトランペットを買い与え、家には「女中たち」も居り、兄二人は岡山の第六高等学校へ進学している。
木村三郎はいつ頃からか「均欣（キンキン）」と愛称で呼ばれていた。当初は両親が中国、朝鮮と関係があるのではとも考えたが、遺稿集の中でキンキンが三郎の渾名《あだな》であることがはっきりとしてくる。それだけ周囲からは慕われていたのだろう。以下『木村三郎君追悼集』*86から父の手記。

月日が経つのは早い。三郎が手稲山に消えてより早くも半年を過ぎ、天下は已に秋となった。三郎の好きな月は毎夜中天に冴えて居る。

　月を見てよしと云う子も今は亡し老の身に浸むあの月を見て

此淋しき老懐を慰むるものは彼の親友達の友情である。去るものは日日に疎しと云うに、親友達は今尚三郎を偲びて追憶集の企てあるを告げ、予にも何か書けとの手紙が来た。終始渝らぬ友情真に感謝に耐えない。

憶い起せば二十五年の昔。厦門鼓浪嶼の居留地に於て十二月八日の夕方。健康なる彼の母は産気付いた様だと告げて産室に退いた。引違いに下女が夕食を持って来た。其夕食も未だ終らぬ内に底力ある大きな産聲が産室より洩れてきた。其時の句、

　男の子かもそれかも蓋しあらじかもうぶ屋の鵜茅葺き合えぬ間に

彼の誕生は斯様に安産であった。産室に入りて見れば男の子である。しかも奇怪な風貌をした男の子であった。彼の頭に毛が無い。頭頂に只数十本の黒毛が立って居る丈であった。又彼の鼻には鼻頭

が無い。剃刀で切取った様に真平らな鼻であった。彼の母の義妹は写真を見て「丈夫そうな児だが、鼻が少し可笑う御座います」と云って来た。此奇怪なる風貌に生まれて一年立たぬ間に鼻は人並みに高くなり、髪は人並勝れて濃くなった。昨年九月二日、彼が髪を切って丸坊主になった時の日記を読む度に此誕生の時の風貌を思い出す。

彼の日記は予は繰返し読んで居る。幾度読んでも飽かない。彼の思想は予の思想にそっくりである。子は親の延長なりとは善く云ったものだ。彼が自己の言動に全責任を負うの覚悟。此処だなと頭に響くものがあったら唯我独尊の意気を以て勇敢に之を実行するの気性。過去未来に頓着せず只眼前の瞬間に全霊を打込み、重き確な足取を以て進まんとする意気。そして自己の浮沈は運命に一任して芋に逢えば平気で芋を喰い、米に逢いば亦平気で米を喰うの寛懐。特に「呑気な親娘」を羨み常に物外に超然たらんとするの憧憬等々。此等は皆予が年来体験せる心境になれば、予には彼の心持が善く解る。されば彼の日記を読めば、我心を読む様な気がする。我心を鏡に映し端的に之を見る様な気がする。幾度読んでも飽かない。読む度に感激に満たされる。

摩訶不思議読めば身に浸む響きあり手稲に消えし人の子の日記

彼が遺書の一つに「僕は僕の考を信じて死んで行く」と書いて居る。彼を死に導きし其考は慥に予の心境にも最後の一石を投じたるものである。予の心境今や多少の動揺を覚える。

静かなる水に小石を投げし如心の波のひろごりて行く

彼の日記や遺書を一冊子となし、彼が死の経過の報道に代えて、彼の先生や友人其他へ贈呈した。

何れも懇切なる返書を賜った。此等の返書を一括して之を編者二郎へ送付した時、二郎の返書に、
本日落手の手紙一々読んで見ました。生前直接に三郎に接した友人等は無条件で三郎を理解して居る様です。未知の人や余り親しくなかった人などは、仍り理屈を並べて居る様です。生前三郎を知らずして三郎の死を理解する人は真に素直な生き方をして居る人でしょう。某先生の手紙も読んで見ました。あれは一片の理屈だと思います。酒呑が其友人が呑人が皆酒呑であれかしと望むと同じ真理に立つ理屈に過ぎぬと思います。生きたくて生きて居る人は只黙って生きて居るが善く。神の様な人の死の前には只頭を垂れるのみです。

と書いてあった。是は予が言わんと欲する心持の全部を言い盡したものである。予は真に其様に感じて居る。

「酔醒の水の味い下戸知らず」餅の味も上戸には解らぬであろう。生きたくて生きる世界を超越して死んだ者が、其の死に対する味や死の匂いは、生きたくて生きて居る人には解るものではなかろう。違った世界に住んで居るからである。上戸のする餅の攻撃。下戸のする酒の排斥。何れも聞き苦しいものだ。違った世界の出来事は解らないものとして御互に敬意を表して居れば足りる。之を批判せんとするが如きは僭越であろう。「飲水冷暖自知」

予の知人にして素直な生き方をして居る一人は冊子を一読したる後、嘆息して曰く「此世の出来事とも思えない。此世の人とも思えない」と、三郎の死は生きたくて生きて居る世界の出来事ではない。だから生きたくて生きて居る人に其様に見えるのは蓋し詐らざる素直な告白であろう。只漠然と生き

て居る予にも其感が深い。

千早振る神かとぞ思う神ならぬ人の子ながら神かとぞ思う

予は追憶を書く積りであったのに何時の間にか感想を書いて仕舞った。仕方が無い。之で筆を擱く。筆を擱くに当り予は茲に再言す。三郎はあれで十分だ。純真に考え純真其儘にて此世より消え去りし三郎は幸也。予は我子の大往生を合掌賛嘆すと。是予が忠心の聲である。

弟・三郎へ

父木村大介の手記の後は、母・以登、兄・一郎、二郎、義姉・まさゑ、姉・文子、あや子、妹・百合子、小枝たち身内の手記が続く。この中で三郎の幼年期からの生活ぶりが朧気《おぼろげ》ながら明らかになって来る。

自転車で尾道に行ったり、三郎12歳の時には2歳年上の二郎・「ジランチャン」と二人で、多度津から歩いて池田町で引き返すことになった四国縦断を試みたり、13歳の時にはやはり二郎と二人で富士山登山を行い、8月9日に富士山の頂上に立っている。またトランペットも嗜み、姉妹からは「サブちゃん」「さばんちゃん」「三ブアンチャン」と愛称で呼ばれ、活発な人気者であったようだ。

特に、次男の二郎とは親しく、二郎が結婚して住む東京世田谷にも何度か帰省の度に寄っており、義姉のまさゑが好きだというスズランを、三郎の友人が上京した折に届けさせもしている。三郎は亡くなる前年の1929年（昭和4年）4月に満洲旅行から帰る途中、二郎宅へ3泊しているが、その時の印象を二郎は三郎が「何時もニコニコしている彼に変わりはなかったが、非常に深くなっているのに内心驚いた」と三郎の内面的な変化を手記に記している。

また二郎は手記の中で、三郎が豚に執着していることを――豚の死が三郎の死に関連していることは貝沼も追悼文の中で指摘しているが――こう書いている。

「三郎が大学二年の時の春休みのこと。僕はその頃中田村（鹿児島市外）に住んでいた。帰って来て『ジランチャン豚を飼おうや』と云って盛んに豚の話をしていた。そして一晩豚肉を買って来て大いに喰い乍ら盛んに話したものだ。彼曰く『ジランチャン、生徒に嘘を教えて月給を貰うのなどとは感心せんから二人で豚飼いになろう。僕が卒業したら始め様』などと云っていた。その内台湾の兄さんも戻ってもらって三人でやろうなどと話し合ったものだ。学校を休んで一緒に豚の虚勢術を見に行ったのもその時だった。談論風発、完全に僕を豚の中へ引き込んでしまったのもその時で、土地の話まで何処がよかろうかと話したものである。その彼も今は消えてしまった」＊86と。

そして、「時が経つにつれて、彼の書き残した数々の物により、彼の心境を知るにつれて、僕の悲しみは、弟の死の賛美に変わってしまった。札幌で貝沼君の話に、三郎は貝沼君に最近次の様な事を縷々話したそうである。曰く『今俺はある信念を持って此処に立っている。そしてある行動をしようとしている。人々は帰路だと云って忠告してくれるが、若し実行せずして時間の経過を待てば成る程俺の思想も変わって来るだろう。然し後になって再び元の場所へ戻ろうとしても既に不可能じゃないか。云々』是は彼が退学帰郷即ち死の決意をした時の先輩友人の忠言に対する感想を語ったものであろう。そして彼は彼の考えを信じて敢然之を実行した」*86

二郎はこうも書く。

「『人は何故に他の物を殺してまで生きていかなければならぬのでしょうか』と彼は書いて来た。僕にも之は解らぬ。解らぬが人は生きていくかでなければ途中から自殺するか二つに一つである。どちらが善いのか僕も知らない。恐らくどちらでも善いのだろう。只生きていたいと思う人は理論は一切抜きにして生きて行くが善く、生きたくなければ是亦理屈は後回しにして即座に黙って自殺すべきであろう。人が生きようとすれば其処には又生き得られる心境を古来多くの人々が発見して居る。まあよく考えて卒業したがよかろう。と云った様な意味の返事をした様に思う。勿論之以外にも現に生きている自分の心境などに就いても色々書き送ったがそれは今要もないので此処には書かぬ。この時然し僕は『三郎と死』に就いては正直の所微塵の連想さえ持たなかった。自分の深い心的経験で人の心事を忖った浅ましさみじめさである。彼からは何の返事もなかった」*86

三宅チヨノ、ミチ子

追悼集の最後は、三郎と貝沼が下宿していた大家の三宅チヨノとその娘・道子の手記となる。寡婦のチヨノは娘と、今の札幌医科大学に近い南三条西十九丁目で学生相手の下宿屋を営んでいたようだ。下宿を三郎に紹介したのは三郎の友人で、チヨノたちは最初から貝沼より三郎の方が話しやすく親しみを感じていたようだ。チヨノも普通はやらない下宿人の布団の上げ下げを三郎たちだけには行い、朝も三郎をよく起こしに行った。

「朝起こしに参りますと何時でも本当に罪のない聲で『ウ、、、、』と申されました。只の一度できっとご返事なさいましたが、只今で考えますと、あゝして何度か泣かれた事もあるのだろうと思います」*86と、6月4日付の「三宅チヨノ氏」からの手紙にはある。

三郎はチヨノにも娘のミチ子にも大いに気に入られたようで、三郎の死後幾度となく木村家と書簡のやり取りをしていて、何通かの手紙が追悼集で紹介されている。この手紙の中で、三郎についてのいくつかの情報が明らかになっている。

三郎と貝沼は三郎の亡くなる前年1929年（昭和4年）10月頃、二人で下宿屋を訪れ、「どの部屋も気に入ったから皆借り様かなと仰いまして、それから茶の間でお茶を上げまして柿の御馳走を致しましたら、気持ちよく召し上がってくださいました」*86と、すぐに二人で引っ越して来た。

追悼集では10月20日付のチヨノからの手紙で始まっている。

6月4日付の三宅チヨノからの手紙には、

「私はお棺の釘も打たせて頂きました。其時私はお国元の皆々様の御心中をきっとお引き受けした様な気持が致しました」*86と、三郎の遺体が発見、収容されたことを示す表現がそこにはある。また、

「三郎様のいらっしゃった部屋に蹴球部から○○さんと云う方を寄越すと申しましたら、道子はあの人がキンキンさんをいじめたから、どうしてもいや、来らせないでと申すので御座います。それはある晩木村さんへ学校を止める止めないに就いてお諫めにいらして、一晩明かされた事が御座いまし

たのをいじめたと云うて恨むので御座います」＊86と、蹴球部のメンバーも木村の状態を心配していたことが判る。

6月10日付三宅チヨノ氏より

「私の家の前にある高い藻岩と云う山が御座います。之は三郎様が御行きなさる朝、暫くの間じっと御覧なられました山で、屹度この山にも野心が御座いましただろうと思います」＊86

6月12日付三宅チヨノ氏より

「御立派なる御墓の御写真御送り下さいまして有難う御座いました……道子も非常に喜びまして丁度百ヶ日の御待夜の事とて部屋を片付けて、お飾りを致して居りますから道子の致すがままにさせて居りました」＊86

8月20日付三宅ミチ子氏より

『木村三郎追悼集』が届いたことを知らせる手紙がある。

「……母も私も毎日今日届くか今届くかと思って御本を待って居りましたが、今日やっと待ちに待った御本が参りました。『凡てのものを愛する者に死は唯一の道です』と云う御本の題や……母や私は首を突っ込んで本を読みました。本を読み乍ら二人共声を立てて泣きました。在りし日の事がそのまま書いてありますので、キンキンさんの生前の事が眼に浮んで来ます……広島の皆様の御家では、活動写真をしていらっしゃるそうですが、せめて私共も一度でよいですからキンキンさんの在りし日の笑顔だけでも見たいと思います」＊86とあり、ここで書いてある「活動写真をして……」とは、木村の実家の生業を指してるのか。三郎の映ったスライドフィルムなどを見ているということなのかは不明だ。

11月9日付三宅チヨノ氏より

手紙の最後には、「……それから御父上様より直して頂きました歌を御本に入れたいと思いますが如何で御座いましょうか。

白雪の深き思を奥手稲　入りにし人の行衛知らずも

見るからに思ぞまさる朝な朝　手稲の山は消えて失せこそ

何時も勝手ばかり申上げまして御許し下さいませ。皆々様御身御大切に」[*86]とあり、これで『木村三郎追悼集』は終わっている。

「編輯同人」として北大ア式蹴球部、貝沼洋二ら8人の名前が連なり、「編輯兼発行人」の関根嘉弘は「……11月の初めには、鴻の巣から貝沼君が同月には神戸から徳田君が……」編集の応援に来てくれたと書き、貝沼が卒業後すぐに朝鮮に向かったのではなく、一時埼玉県鴻の巣に滞在していたことを示唆している。

「時師走。友を失った思い出の昭和五年を送ろうとして、まことに感慨の深きを覚えます。そして、友の永遠の冥福を祈って止まぬ次第です。五、一二、二〇　関根記」と関根は、編集後記を書き終えている。

しかし、ここでおかしいのは『木村三郎追悼集』が発行されたのは1931年（昭和6年）1月、編集後記が関根嘉弘の手で書かれたのが1930年（昭和5年）12月20日であるのに、チヨノが思い出を書くことになったのは10月20日、6月4日に本が出ることを待っているとして、8月20日にはチヨノとミチ子が本の届いたお礼をしているのは時間的にもおかしなことになってくる。考えられるのは10月20日が誤植であり、5月20日とするなら後の流れが正しくなる。

こうして友・木村三郎は手稲山に消え、貝沼洋二は傷心した心を持ち朝鮮へ渡った。

12、8月9日

棄民

太平洋での連合軍との戦いも劣勢となり、中国戦線も拡大泥沼の様相を呈してきた。

１９４３年（昭和18年）になると、日本は精鋭とされる関東軍の兵力を南方軍へ続々転用し始め、１９４５年（昭和20年）には、南方戦線に抽出された兵士の穴埋めとして、在留邦人15万人、予備役25万人の徴用、いわゆる大規模な「根こそぎ動員」が行われ、開拓団でも義勇軍でも多くの男子が召集された。

また、ソ連軍の侵攻が必至であると予想した関東軍は、防衛線を大連―新京―図們の線まで後退させ、朝鮮半島の北部山岳地での持久戦に持ち込む作戦を秘密裏に計画・命令・実行し、実質的に満洲の防衛を放棄した。

満蒙開拓平和記念館発行の『満洲開拓民入植図』を見ると、連京線（大連～新京）以東、京図線（新京～図們）以南の内側にある満洲南部の開拓団の数は少なく、ほとんどの開拓団と青少年義勇軍入植地が防衛戦の外側、満洲北部・満蒙国境周辺に取り残されることになり、結果として日本そして関東軍に見捨てられた１３０万人の居留民、特に開拓団員は筆舌に尽くしがたい悲惨な運命をたどることになった。

哈達河開拓団の生き残り笛田道雄は、『麻山の夕日に心あらば』の中でこのように書いている。

「『関東軍は盤石の安きにある。邦人特に国境の開拓団は生業に安んじてよろしい』とは、遂この間の二十年八月二日ラヂオや新聞で流した関東軍報道部長長谷川大佐であった筈だ。その開拓団は何時の間にか自国総力の防衛圏外に置き去られていたのである」＊59

この防衛戦の後退はもちろん秘密裏に行われ、しかも、８月９日のソ連軍侵攻を知った関東軍、満鉄関係者は、我を争って後方へ避難を開始した。藤原ていが『流れる星は生きている』＊90の中で書くように、当時ていの夫は新京（今の長春）郊外の観象台所長をしていたが、

昭和20年８月９日真夜中

「『一時半までに新京駅へ集合するのだ』

『えッ、新京駅ですって！』

『新京から逃げるのだ』

『どうして？』

夫はそれに対して言葉短かに説明した。関東軍の家族がすでに移動を始めている。政府の家族もこれについて同じ行動を取るように上部からの命令である」＊90と、８月15日を待たずに軍政府関係者

はこぞって逃げ出している。しかも、こんなことまで藤原ていは書いている。

「八月十四日の昼頃一台の飛行機が旋回し始めた。何かよいしらせに違いないと日本人たちは外へ飛び出して布を振った。飛行機はそれに答えるようにビラを撒いて飛び去った。そのビラは関東軍の一高級将校がその家族の行方を尋ねるためのものであった」*90

もちろん満蒙開拓青少年義勇軍もその例外ではなかった。『満洲開拓史』*42には「嫩江義勇隊訓練所寮母の遭難手記」（寮母　中込くに　代記）として、8月17日の嫩江訓練所の様子が次のように書かれている。

「赤紙召集出発。夜のいかめしい警備に引きかえ昼のおだやかさ。ああ満洲の風物　赤紙召集解除とともに軍協五百五十名の訓練生突然帰所。話によれば、兵隊は指揮刀をすて、米、毛布等を大量井戸の中へぶち込み、チチハル方面に南下したとの訓練生の言に不信を抱く」*42

戦後になって、元大本営作戦課長の天野正一少将は次のように弁明していると、中村雪子は『麻山事件』*64の中で紹介している。

「国境線より開拓団を動かすことは内外に大きな動揺を与え、ソビエトの対日開戦の導火線ともなりかねない状況だったし、『開戦に先だち一三二万余の居留民を内地に還送することは船腹その他の関係上不可能であり、朝鮮に下げることについても、いづれ米ソ軍の上陸によって戦場化することが必至であると見られていたほか、第一それに必要な食料に対する目途がつかなかった』（戦史叢書『関東軍』）。また開拓総局にも開拓団を後退させる意向はなく、中央の拓務省でもそのような意見はでて

いなかったという」＊64

軍としての職責放棄と責任転嫁、これが最強と言われた関東軍のなれの果ての姿であった。

8月9日前夜

1945年（昭和20年）、入植10年周年の記念事業を行う予定でいた哈達河開拓団は、開拓団経営もようやく軌道に乗り、人口も増え1022人になるまで大きくなった。しかし3月頃から徐々に始まった召集は5月に入ると「根こそぎ動員」となり、168人が応召されていった。

当時の召集された人々を本部勤務員を例にとって見ても、副組合長2名、庶務兼僧侶、郵便局長、実験場長を含めて26人もの大半の勤務員が動員され、本部の機能はほとんど麻痺状態になってきていた。開拓地内の各部落に於いても同様の動員が実施され、このため満人苦力たちへの依存度が高まり、本部から離れた開拓部落では情勢の変化を敏感に感じ取った満人たちとの間でトラブルも起き始めてきた。

貝沼が自ら「『君―まさか関東軍の面子にかけても開拓団を見殺しにする筈はないからね』と言うように、辺境の地にある開拓団を捨てて逃げ去るとは露も疑ってはいなかったが、満人達の中には日本の敗色をいち早く察知して、開拓団を陰で『日本屯匪』と呼ぶ者も出てきた」＊59

4月下旬に開かれた全満開拓団地区代表会議に於いて、有事の際の開拓団に対する非常措置が検討・決議された。
・北満辺境の開拓民を浜綏線以南に移動せしむこと
・応召留守家族を団体部に集結すること
・8月迄に奥地僻遠の地にある開拓団を併合集結すること
・団幹部の応召免除を関東軍に強硬に要請すること
またこの時、満拓東安地方事務所長・山藤四郎から冒頭「生産物は種子用を残し全部供出し配給を受ける方式である」と発言があった。これに対して貝沼が立ち上がり「裸供出に異論は無いが配給を確立しておく必要がある。それには供出する穀物は各団に集荷保管し、村全部の食糧を確保し、残りを外部へ転用する方法を中央政府に要請してもらいたい」*59と発言し、山藤所長に「貝沼団長の意見は最善の方法と思う、必ず実行させるよう政府側に要請し約束させる」*59と言わしめたとある。

しかし代表会議で決議されたこのような施策の実施も容易ではなかった。

「貝沼は暇を見つけては部落を廻って応召家族の家を見回って歩いていた。貝沼の一番の心配事は『この応召者の家族をどう団の中で扱っていくか』ということであった……入植当時の長い共同生活に倦き、このように応召され大黒柱を失った家族、満人達に囲まれた中にある家族等、家々の置かれている状況が大きく異なってきている中で『もう個々の利害や打算を超越してお国のために一丸となって尽くさねばならない』と、貝沼は『最近の団員に対する原住民の態度等は甚だ不穏当の空気を感じる』として警備防衛の強化と、『残存男子と応召家族とを含めた集団の共同経営』を二つの柱とし

て開拓団を纏めるべく走りまわった」＊59

8月7日、哈達河開拓団の副団長になった上野勝は、貝沼と一緒に協和会開拓部会に出席した。その場で上野は、貝沼が久保田・鶏寧県長に最悪の場合、開拓団特に婦女子に対しての対策は出来ているのかを問いただしているのを聞いている。

久保田が「『大体立案はしているが今此処で打ち明ける段階ではない。近近伝達できると思うが、その時は又会議を開く』（手記『麻山』）と答えた旨が記されており、そのまま八月九日を迎えたのであった……しかも哈達河開拓団がようやく鶏寧に到着した時には、県長はじめ彼らに召集令状を（口頭であるにせよ）伝達した兵事係員まで、日本人職員は全部列車で避難してもぬけの殻であったという……」＊64

8月9日

午前零時、関東軍司令部に第一報が入る。「東寧、綏芬河正面の敵は攻撃を開始せり」、ソ連の全面的な満洲侵攻が始まった。異変には哈達河開拓団でも気づいていたが、まさか日ソ中立条約を破ってソ連が攻め込んでくるとは誰も信じていなかった。6月に沖縄が陥落したことは皆知っていたので、遠くで聞こえる爆音は米軍の飛行機のものかとも噂し合っていた。

空が明け始めた頃、東の方角から飛行機が東海駅の西隣、東海駅から約13キロ先の平陽駅の方へ飛んでいくのが目撃され、平陽駅の日本軍駐屯地の物資集積場から火の手が上がるのが遠望された。
貝沼は情報を得るために東海警察隊の本村辰二隊長の元へ走った。本村はすでに県警本部からソ連が宣戦布告して来た事実を知らされていた。ここで初めて貝沼はソ連の侵攻を知ることになるが、その後の展開など予想ができるはずもなく、県長からの指示があるまで待機するように各部落に伝令を走らせた。

伝令として走り回った納富善蔵が本部に戻った時には日も暮れていた。本部では貝沼団長、福地医師、衛藤校長、本村警察隊長たちが善後策を話し合っていた。

「寄宿舎の子供を無事親元へ帰すこと、倉庫内の食飼料の取扱い、重要書類の片付け、武器のとりまとめ、現地人の今後の問題、次から次へと問題は出て来た」＊64

「午後九時頃、満人部落の屯長を召集し、武器を集めさせ、最後に貝沼団長の挨拶があった。『我々はソ連と一戦を交える為鶏寧に集合する。戦いは短期間に終ると思う。当然日本は勝つ。其後哈達河に戻り君達と又村造りに励む。それ迄君達もソ連軍の迫害を受けると思うが、それにも負けずに頑張って呉れ。本部の倉庫内にある食糧は皆で仲良く分けて利用して欲しい』」＊59

武蔵野部落にいた笛田道雄はその日、

「黄金色に稔った小麦畑の穂波を見廻って、もうすぐ鎌を入れねばと農場から戻った午前八時、国境の町半截河の彼方から飛来してきたソ連のマークらしき二機を発見する。それと前後して突如！殷々たる砲声が広野の大気をゆさぶる、豆を煎るような機関銃の音も続く。東海駅に発着する汽車の

余韻も只ごとでなく絹を裂くようで不安を抱き乍らもまさかソ連が対日宣戦を布告したとは思っても見なかった」＊59

笛田が避難命令を受けた時は夜の9時を回っていた。詳しい事情の分からぬ笛田は、5人の応召者の留守家族19人を引き連れ、自身は2台の馬車を仕立て妻と子供4人を乗せ、6キロ離れた本部前に着いたのは翌10日の午前8時頃であった。ほとんどの団員はすでに出発しており、避難民の列は1300人、馬車180台の長きに及んだ。

笛田は言う、「団本部の土壁を環らせた広場の中には満人甲長の一団やその他の自警隊員が銃を肩にして右往左往の物々しい雰囲気……赤皮長靴と短銃を腰にした団長は……遅れてくる団員を待ちあぐねているかの様子、私の顔を見るなり一喝！『今まで何をしていたのだ、……みんな先に出発したぞ、早く行け！ 早く！』……『みんなをつれているのだな。河横、平田も丸山も栄も森もいるんだな』『奥さん達、鶏寧迄行けば汽車に乗れるのだからしっかりと元気を出していくんだよ、笛田！皆を頼んだぞ！』

この最後の言葉で先刻の叱られた口惜しさも一気に解消して泣き出しそうだった胸の中を爽やかな風が通り過ぎたようないつもの平静な自分にかえっていた」＊59

この日、本村警察隊長の元に県警本部から避難のためのトラックが差し向けられたり、平陽の西隣鶏寧の駅長から、最終列車に日系駅員の引き揚げと一緒に乗車するように勧められたりしたが、本村はすべて断って哈達河に残ることを決めている。

戦後、生き残った本村は団員の一人に、

「若し私が一住民であり、皆様と関係が無く、警察官が職務でなかったら、他に避難の手段はあったと思います。私には地域住民の生命財産を守る課せられた任務があり、国境警備の重責を果す者で、あの場合自分や家族の安全を考慮する余裕は毛頭なく唯任務遂行のみを感じ」＊64と書き送っている。

本村自身は、麻山で妻と3人の幼い子供を失っている。残念ながら本村のような人物は関東軍には少なかったようだ。

8月10日

哈達河開拓団の団員は、虎林線に沿って東海、平陽、鶏寧、西鶏寧、滴道、蘭嶺、青竜、麻山そして林口、その先にある牡丹江へ西へ西へと待避を始めた。途中、哈達崗でソ連軍機の空襲に遭い、荷を曳く馬を失うなど大きな被害を受ける。ようやく到着した鶏寧の町はソ連軍の攻撃で炎に包まれており、久保田県長以下鶏寧の日本人はすべて最後の避難列車で避難し終わった後だった。

貝沼たちは仕方なくその120キロ先の林口を目指すことになったが、夜が更けると激しい雨が降り出し、満洲独特の黒土はすぐに泥濘《ぬかるみ》と化し、一行の進行を阻み、気温は急激に低下し幼子の命を奪った。この間のことは『麻山の夕日に心あらば』で笛田道雄が詳しく書いている。

「真夏の日は既にとっぷり昏れて凄い程燃え熾る町の中を前後左右を警戒しつつ足を踏み入れる。満載のトラックの群が幾つも追いついては追い越していくそれは無敵を誇った関東軍であった。開拓団のたった一つの頼みの綱、この軍ゆえに惜しみなき協力を我々は続けて来たのに……ソ連参戦と同時に新京はじめ中間地帯の各小隊は、『機動作戦』の名のもとに、在留邦人をほうり出して第一番に後方へ遁走した。彼等は関東軍司令部がまっ先に南朝鮮に逃げ込もうとしたことをまねたのか？　幾つかの国境守備隊と開拓団とは、軍の虚栄の捨て石として無残にも捨て去られた。そして又県公署並に警察署、満鉄に在った日本人官吏は種々の情報から、日本敗戦の結果をいち早く察知し一片の避難命令を伝えたあとは日本人保護の任も何も放り出して、妻子をつれていち早くわれ先にと引揚げていたのだ。

我々を追越す兵隊達の中には『ソ連軍がもう国境を越えて進撃を開始したぞ』と伝えていく兵もあった。何処でもよい早く汽車に乗れる処まで行くのが先決、最初の目的地鶏寧はもう駄目だとしたら目指す目標は一二〇粁彼方の林口よりないのだ。男子ですら思うに任せぬ馬車を馴れぬ女手で操らねばならぬ応召家族の苦労は考えただけで胸が詰まってくるばかり。

鶏寧を通過の砌満人暴徒に竹槍で大腿部を抉られ瀕死の重傷を負った安東夫人（大分出身）や町角で方向を誤ったばかりに土民に鈍器で殴られた榑林氏（静岡出身）そしてその夫人が何処かに連れ去られてもどうすることも出来なかった……列から少しでも後れると蠅が寄るように集まって来て品物をねだる。そして女だけの車と見れば強奪に変わる。彼等は今、家を、品物を焼かれたのだ。品物が欲しい。口惜しい。口惜しい恨を弱い日本人に報いようとするその心もやむを得ぬことかもしれぬ」

＊59
8月11日

西鶏寧を過ぎる頃から降り出した前夜の雨は、11日午前中には小康状態となったが、午後にはまた驟雨《しゅうう》となって団員たちの足を奪った。泥濘で思うように進めぬ「隊列も乱れ前馬と後馬との差は約三里も距り、連絡意の如くならず且つ暗夜のため断崖より転落し何処の者か悲鳴のみを残して哀れ谷間に落ちて負傷せるものあり」＊64、避難途中に出産した小川美枝子を収容した本部トラックも前進不能となり、貝沼は行動を一時停止することにし、雨の中、ほとんどの者が立ったまま寒気に震えながら滴道で夜の明けるのを待った。

笛田はただ黙りこくった貝沼に、「林口へ着いたら汽車に乗れるのですか」と問う。

貝沼は「『我々がこの調子で林口に着く頃は、既に敵の飛行機は林口を荒らしているだろうと思える。光はない。哈達崗で十六歳以上の男子は全部林口防衛隊に加わるよう警察隊から令状を貰っているので、男子と女子は離ればなれにならねばならないだろう。困った事だが覚悟せねばならない。何事もお国の為だ―とも角ひとときでも早く林口に着いて女と子供をのがしてやらねば―』私にこう答えると又気ぜわしく足を早め出した」＊59

この冷たい雨の中、何人かの幼子が亡くなった。

8月12日

運命の日、陽が昇ると今度は真夏の猛暑が一行を襲ってきた。道は相変わらずの泥濘のままであった。哈達河開拓団の避難の列は4キロ以上にも伸び、3つの集団に分かれてしまっていた。中央集団には貝沼洋二団長、衛藤通夫小学校校長、本村辰二警察隊長を中心に、僅か1年前に入植した南郷開拓団員も加えた約400名がいた。

中央集団の約1キロ後ろには笛田道雄の率いる応召家族の一団、負傷者・妊婦に付き添ってきた福地靖医師たちもそこにいた。そして中央集団の1キロ先には哈達崗の空襲を逃れ馬車の損失を免れた一団が進んで、その集団には貝沼の妻子もいた。

貝沼たちの中央の一団が麻山手前の三方を山に囲まれた谷戸にたどり着くと、前日開拓団を追い越していったと思われる大勢の兵士の一団に出会《でくわ》す。遠くに聞こえていた砲声の音も近づき、ダダダダと頭上を弾丸が突き抜けるようになって来た。

一人の騎馬兵が駆け寄り貝沼に告げる。

「行軍は停止せよ……前方に優勢な満軍の叛乱部隊がいてソ連の将校が之を指揮しているらしい。この隊（開拓団）の先頭は既に敵に包囲され戦死者が続出している。之以上前進は無理だ。林口はソ連軍の爆撃をうけ日本軍は牡丹江に向かって撤退している様子である」＊59

この時、すでに先頭を行く集団60、70名は戦闘に巻き込まれて悲惨な状況を呈していた。ソ連軍の無差別な攻撃から逃れられず、多くの団員が包米《とうもろこし》畑に倒れた。女性と子供約20名もソ連兵に連行され、絶望の余りあちこちで自死する者、家族を手に掛ける者が出た。

遠藤久義は言う。

「私はもう夢中だった。合掌する妻（みつえ。32歳）を正面から撃った。つづいて母にならって手を合わせている長男（輝夫。8歳）はじめ三人の子供たちをつぎつぎと撃った。そして部落の妻君たちを……」＊64

三人の家族を殺した後、自決を図るが死にきれずに苦しんでいた古川清徳を介錯《かいしゃく》した吉岡寅市は、遠藤と一緒に脱出し後方の貝沼へ状況を伝えに走った。貝沼は自身でも状況を確認すべく山に登ったが、銃声は前方からだけでなく側面からも広がりつつあり、ソ連戦車が現れるのも時間の問題のように思われた。

「団長はこの裏山突破を考えたらしく一ケ小隊の護衛を懇願したが隊長に『牡丹江に転進を命ぜられて急いでいるのでとても応じられない』と断られた。最後の心の支柱として頼みの綱の軍に剣もホロロに断られたことは意外であり、虚無と絶望で顔面蒼白となった」＊59

それでも後方に待機中の部隊に納富善蔵を走らせ、援助を依頼した。

「『哈達河開拓団の者ですが、団長の命令でお願いに来ました。団員全員を安全地帯まで護送願いたい』と再三お願いするも聞き入れてくれない。隊長らしき人が出てきて『我々の任務は開拓団の保護ではない。気の毒だがそのように伝えてくれ』とすげない返事であった。それでも何とか出来ないでしょうか、と必死にお願いしたが駄目であった。あまりしつこいので或る兵隊の如きは国賊呼ばわりをして銃殺寸前までいった」＊64と報告を受けた。

その時ちょうど、遠藤と吉岡が山を駆け下りてきた。

「『前方には叛乱部隊、後方からはソ連の戦車隊が追撃してくる。軍隊ですら敗退してくる現状では脱出する望みは不可能と思う。万が一脱出したとしても、全員がこの取囲まれた敵中で一緒に行動することは之も不可能であろう。開拓団入植以来私を助け、お互いが一家の様に親しんで来た皆と、バラバラに別れることは自分には耐えられぬ苦しいことでもある。脱出する道を探るか、固まって死ぬも生きるも同じ行動をとるかそれは諸君等自身で決めて貰いたい。又この他の意見があれば聞かせて欲しい』沈痛に重々しく一同に訴える団長の声に、誰も黙っていた。婦人達の啜り泣きのみがあちこちできこえる時に『私を殺して下さい』と立上がる婦人に『私も、私も』と思い立ったかの様に四方八方から声がとんできた」＊64と、1950年（昭和25年）2月に参議院外務委員会『麻山事件調査会』で、小学校校長・衛藤通夫は証言した。

生き残りの一人、及川頼治は『麻山の夕日に心あらば』の中で、最後の場面を、

「生きて捕虜の辱を受くるなかれと耳にたこの出る程聞かされた戦陣訓の一節、私達一人一人の胸に走馬燈の如くにかけめぐる息づまる沈黙のひと時でした。

誰からとでもなく肌身離さず持って居った遠い故郷の父母の写真、応集中の夫の写真、貴重品札束、

軍関係品等が山とつまれ火がつけられた、荷物を解いて白はち巻白たすきを締め、又子供にも締めさせ谷間の水で水杯を……ささやかな最后の饗宴が一時間ばかり続いて居る時化石の如く立上がった団長が口を開いた。

『自分としては今となっては死ぬのが最善の方法だと思う、沖縄の人達も最后を飾って玉砕した。捕虜となって辱を受けたり、敵手に倒れたり、逃げまどって満人にあなどりを受けたりするよりは、自決の道を選ぶのが最も手近な祖国復帰だと思う、しかし銃を取る男子だけは一人でも多く敵を倒してから死ぬべきだと思う。最后まで皆さんと行動を共に出来ないのが残念だが、それが日本人としての義務だと思う、自分は開拓団の責任者として女子団員と共に自決する』

やがて団長の指揮でバンザイが三唱され、夕闇せまる谷間の死の祭典は何か胸にせまるものがありました。誰の目からもとめどなく涙があふれ出ましたが誰もぬぐおうともしませんでした」＊59

8月12日午後5時、麻山の谷間には夕闇が迫り、真っ赤な夕陽があちこちに点在する部落ごとのかたまりを照らし出していたという。

「やがて団長が右手のピストルを御自分のコメカミあたりを打ち倒れました、それを合図に銃声がはげしくこだましまして硝煙はみるみる広まって行きました」＊59

こうして465名が麻山で命を落とした、貝沼洋二41歳。

及川はこの集団自決を「合意の殺人自決」だとしている。「合意の殺人自決」を終えた40数名の男子は、本村辰二警察隊長を隊長に決死切り込み隊を編成し、退却してきた日本軍と戦闘に参加するが、ソ連軍の襲撃の前になすすべもなく、10数名が残されるだけになった。
「それから死期を逸した私達は生きる本能のトリコとなり途方もない南下の放浪が始まったわけです」*59と書いている。

日本軍全滅の中、彼ら残った切り込み隊約20名は兵3名と山中に入り、先頭隊の生き残りの前原親子4名、上野親子3名たち7名と合流し、8月15日、合流した日本軍と共に林口を突破、森林鉄道に沿って横道河子に勃利方面からの難民と一緒に向かった。

上野親子は脱落したが、途中2泊した釣魚台の原住民は好意的で、炊き出しと宿舎の提供を受けた。8月31日から9月20日まで海林収容所、10月10日まで拉古収容所に収容された。

結局、この中央集団からの生き残りは、遠藤久義（長野県　団員）、江藤通夫（大分県　哈達河学校長）、及川頼治（宮城県　団員）、上野勝（熊本県　副団長）、木村辰二（長崎県　警察隊長）、亀井広（岩手県　団員）、笛田道雄の7人だけだった。

福地靖医師

貝沼たちの自決の報は、後方集団に青年学校の生徒・吉岡善蔵からもたらされた。集団から偵察に出た上野勝・高橋秀雄からも報告された。貝沼たちの自決現場ではまだ息のある者もいる中、周辺住人たちの掠奪《りゃくだつ》が始まっていた。

報告を聞いた男たちは、ここまで来たらのるかそるかの斬り込みしかないと、近くにうち捨てられていたトラックの中からウオッカを持ち出し、気勢を挙げ気負い立っていた時、突然、今まで一言も発していなかった、貝沼から最後尾の集団を委《まか》されていた福地靖医師が立ち上がった。

福地は皆に呼び掛けた。

「『既に敵の手の中に落ち込んだ我々は斬込むのもよいし自決もよいが勝つ見通しのない戦をするのが果してこの際執るべき最良の道であろうか？　我々は鶏寧を通過するある哈達崗の台地で警察隊から林口防衛の任務を命ぜられている筈だ。この場を生き抜くことは正しい道だと思う。死中にだって活路はある筈。生きて事の仔細を中央に連絡する義務もある。生きぬく努力をなすべきと思う』

あの痩せた、おとなしそうだが鋭く強いこの人の言葉は次第に熱を帯びていく。生きぬくのだ。生きねばならぬのだとたたみかけて諄々と語り継ぐ。はじめはいきり立って死ぬことより考えていなかった一同も、理路整然たる彼の言葉に虚をつかれたように呆然となり次にはダンダン落ちつきを取戻してコクンと頷く」＊59

福地は鞄《かばん》から地図と磁石を取り出し、一行は山の中へ林口を目指すことになったが、問題は大勢の女性や子供がついて行くことができるのかどうかだった。集団内に緊張が走る中、一人の女性が、

「私し達も一緒につれて行って下さい。男の人が倒れたらその仇をうつのが次代の子供です。坊や達を助けねばならぬし生かさねばなりません。足手まといにはなりません。つれて行って下さい」＊59

と叫んだ。結局、

「男子は林口警備に向うから、女子は女子で何れの方法なりと選ぶこととなった」*59

時間は午後8時頃だったという。最後尾の一団でも、

「団長自決す、の報に、笛田道雄のいた高粱畑で『ああ、これで死ねるわネェ』と女たちが思わずあげた歓声にも似た声を、笛田道雄は現在も深く記憶にとどめている」*64

笛田の妻・米子たち女7人は、すでにここを正念場と覚悟を決めていた。

「迷っても無駄です。あなたのしなければならない仕事は他にあるハズです。大きな愛に生きて、早く林口に向かってほしい」*64と妻から言われた言葉を、笛田は中村雪子に伝えている。

「団長の自決と聞いた瞬間は腹の中を大きな風が吹きぬけた様な、たまらないむなしい生ける屍となってしまったのだろう。人間が極限の果てに考えついた死は既に恐怖ではなく、何かこうほのぼのと明るいものをかんじさせていたのであるまいか？　愛しい子供らを母の両側に座をとらせ東方を向いて手を合わせているのです。私に相談する前に彼女達の間で水杯が交され最后に私に差出すのでしたが。母の心はビンカンに子供達の心にうつるのか母の顔を見てはニッコリとしてノンノ様のことなど聞く子に真顔になって教えている母の姿なのです……そして『天皇陛下バンザイ』と可愛い丶手を差し上げて親と一緒に唱和するのです……銃口を心臓にあて丶一、二、三のかけ声で目をつぶるわが子をそして妻を真っ先にして、一番最後に平田さんを射ち終わったころは四辺の山々からヂットこの場の姿を見ている現地住民の津波の様な喊声でした」*59と笛田は書く。

皆を窮地から救い出した福地靖は、

笛田によると、診察の合間にはよく読書をしていて、書棚には哲学書が並べられていたという。笛田が民主主義という言葉を初めて耳にしたのも福地からだった。福地から、

「人間の生き態は国が決めるものでもないし勿論団長が自分中心の考え方を強引に押しつけるのはいけない。国破れても山河は残るのだから、日本人という小さな框の中に生きようとするのでは真ものになんかなれやしない」＊64とも聞いている。

開拓団経営には直接関わりはしないが、福地は、

「団長の全体主義を極端に嫌ってよくその反骨を貫き、意見の対立があったというが、その神髄を流れる潔癖さにお互い相通ずるものを感じ、愛していた。団員たちも、時には彼の頑なさに辟易しつつも、その孤高と言うべき良識を敬愛したのではなかったか……そして貝沼団長なればこそ、即断即決を迫られたあののっぴきならぬ麻山において、この福地靖に後尾集団二百名の運命を託したのではなかったかと思える」＊64とも、中村は書いている。

最後部集団には男子29名、女子43名、子供107名、計180名内外がおり、このうち武蔵野部落の24名が自決。福地医師に従って林口を目指した者は150名から155名、そのうち日本に引き揚げて来ることができたのは20～25名、残留して中国人と結婚したり養子となった者は約10名とされる。

生き延びた人から命の恩人と言われた福地も、麻山を脱出してから4日目に体調を崩し、笛田に「身体の回復を計って出発するからそれまでこの地に滞在する」＊59と言い残し消息を絶った。福地は当時43歳だと思われる。

先頭集団にいた貝沼の妻・君代はどうにか逃げ延びることができ、牡丹江の拉古収容所に収容されたが、心身共に衰えたところに発疹チブスに罹患し、拉古病院で30歳で亡くなる。達子7歳、斉子5歳、徳男1歳も発疹チブスに罹患し収容所で亡くなっている。

実は、君代は子供を抱えた身重な身体での逃避行だった。君代は収容所で出産したが、栄養失調に加えて酷い下痢に苦しんでいたようだ。そのためか、皆が収容所を去る時には起き上がることもできないほどで、自ら残ることを希望したという。

貝沼の最後についてはいくつかある。『満州開拓民悲史』には貝沼の最後の場面を、「やがて団長はピストルで妻と愛児を射殺し、とって返して自分のこめかみにピストルを当て引き金を引くとドタリと倒れた」との表現で、貝沼と妻子が一緒に行動したように書かれているが、先頭集団にいた貝沼の妻子は拉古の収容所で死んでいるのが確認されており、他にも貝沼の最期を自身の佩《はい》する日本刀で自害したと表現している書物もいくつかあるようだが、事実は実際に目撃した及川頼治の証言通りだと考える。

岩崎富満子

1941年（昭和16年）、北海道生まれの岩崎富満子（旧姓　畑　澄子）は、哈達河公立在満国民学校に17歳で赴任してきた。

当時、「寄宿舎は小学一年から高等科迄四十名位でした。先生と生徒が寝食を共にし勉強は学校で又寄宿舎でするのでした。殆どの生徒は国防色の綿入れの上下を着用していて、頭髪だけが男女の区別をつけていました……祖国日本では食料のない時でしたのに、哈達河の生徒達は三度の食事をたきたての白米でした。味噌汁もご飯も、たらふく食べ肉も魚も野菜も、炊事場の地下室に豊富に保管されていました」*59

校長は赴任当時の初代校長・高田成章から2代目の衛藤通夫に代わっており、「熱血の校長を失った事を生徒の為に惜しみます。生徒の不運はこの時　始まったと思うのは、麻山に高田校長ありせば　必ずや　生徒は救出されたであろう高田校長なりせば……と私は思うのです」*59と語る。

終戦の年には生徒数も少しずつ増えて150人ほどが在籍していた。

「尊敬する貝沼先生の許で皆一緒に、昭和二十年の四月には約四十五人の新入生が入学したと思います」*59中には満洲生まれの生徒も多くいた。

岩崎は夏休みに校長の命令で東安へ4泊5日の勉強会へ出張していた。8月9日、「日ソ開戦だ……鉄橋は爆破され列車は不通なり……男は全員残り敵と戦う。婦女子老人は……鉄橋復旧次第避難列車にて……出来るだけ南へ下がれ」*59との命令が出され、岩崎がどうにか東海行きの列車に乗れたときには、もう東安駅前は火の海だったという。

東海駅で降りようとすると30機余りのソ連機の機銃掃射に遭い、多くの人が倒れていった。列車に飛び乗った数人の哈達河の婦人から「畑先生、もう哈達河には日本人は誰もいません。夕べのうちに皆でかたまって避難しました」*59と言われ、列車に引き上げてくれた。動く列車からは鉄道沿線沿いに避難していく日本人の列がどこまでも続くのが見え、途中ソ連軍の執拗な攻撃を受け多くの犠牲者を出しながら、翌10日に牡丹江高女へ泊まり、11日は豪雨にたたられながら牡丹江神社の山中で一泊、15日に哈爾浜に着いた。

岩崎は言う。「満洲で骨を埋める覚悟で玄界灘を越えて行った勇士達にして、麻山での集団自決は本望であったのでしょうか、私は防人の妻らしく、潔く自決して果てた人が、最愛の子を道連れにしてゆかれた事が、何としても悲しいのです……甚だ身勝手乍ら私の思っていたままをもう少し続けさせていただきます。せめて生徒だけでも、集合場所を定めて蜘蛛の子を散らすように一時分散させて頂きたかった。銃をかまえる男の前に『射つのは止めて』と絶叫したい気持に、今もかられるのです……短くも清い命を、哈達河の丘に咲かせ、桜花のように散った皆さん、助けられなかった私を許してください」*59

岩崎富満子は『麻山の夕日に心あれば』の中の手記「二十五年泣き続けた開拓地の教師は語る」の最後に、思い出される限りとして、92名の生徒の名前を書き出して、その中で「○印生存して帰国せし者」として８名、「◎麻山に残ったと思われる人」２名に印をつけ、残り82名は麻山で、或いは避難途中で亡くなった生徒と思われるとしている。

岩崎は「札幌郷土を掘る会」に、１９７９年（昭和54年）「麻山を偲ぶ」、１９９２年（平成４年）

「集団自決で生き残った7人の小学生」「なぜ死をえらんだのだろう?　婦女子465名」、1997年（平成9年）「代弁」、2002年（平成14年）「慟哭の麻山　尊敬する麻山の人々」、2014年（平成26年）「野ざらしの骨」と、麻山事件について何度も投稿している。

また、1991年（平成3年）10月20日の第7回札幌民衆史講座で、哈達河在満国民学校の教師・岩崎スミとして「せめてこどもは逃がしてほしかった」*109をテーマに講演し、自身で加筆した原稿を投稿している。

「……覚悟の出来ている大人は、それでよかったかも知れません。でも、あのあどけない沢山の子供達は人間として生きたいという強い願いを持っていたと思います。玉砕せねば〝捕虜の辱め〟を受けたでしょうか。

1983年に麻山の現場へお骨をひろいに行ったとき、こう思いました。『この広い丘の、しかも8月ですから草も生い茂って、近くの山の樹の生い茂っているところもある、その中にもぐって時間を過ごせば大人も子供も助かったのではないか』と……この麻山事件の関係者は、誰も『なぜ、子供まで殺してくれたのだ』と抗議する人がなく、表面は『立派な最期をとげてくれた』と言うのです。内心はわかりませんけど、誰もが表立って何も言いません。それに対し、私が『なぜ、逃がす道を探さなかったか』と言いますと、『団長のりっぱな行為をけがすのではないか』とわたしをそれとなく非難する人もいるのです。本当は、一つしかない尊い命を思う時、貝沼（洋二）団長はどんなことがあっても〝最後の最後まで守って一人になっても助けるのだ〟という強い信念で通していたなら、違

っていたことです」＊109

また、『麻山の夕日に心あれば』の中でも「笛田委員長の詩文の中にある様に麻山の自決は愛の極致であったと表現されていますがそれが本当なのかともうなずかれます……せめて生徒だけでも、集合場所を定めて蜘蛛の子を散らすように一時分散させて命を助けて頂きたかった。銃をかまえる男の前に『射つのは止めて』と絶叫したい気持に、今もかられるのです」と、麻山での集団自決を難じている。

確かに今の時点で考えれば、岩崎の主張にもうなずけるところがある。ほかに生き残る手段はなかったのか、実際福地の率いる後方集団はその場から離脱したではないか、貝沼の判断は正しかったのか、それ以外になかったのか。

貝沼にはほかの手段が無かったというより、ほかの手段を選ばなかったという方が正しいのではないだろうか。サイパン島ではバンザイ岬から多くの婦女子が身を投げ、沖縄ではひめゆり学徒隊12名が、引率した先生2人と自決を遂げた。皆、降伏しようとすればできたはずだ。

貝沼にとって選択肢は少なかった。万策尽きたと考えた貝沼は、生きることを選ばなかった。日本から遠く離れた満洲の地で、心理的にも強く結びついていた開拓団員たち、平穏な日常が突如として破られ、唯一の頼みだった軍にも見放された彼ら女性や子供が、砲弾飛び交う中、強い不安、恐怖によるストレス、そしてストレスに曝されることによって起きた集団ヒステリー、そこから抜け出すためにあったのが集団自決、そしてその引き金を引いたのが貝沼の自死だったのではないだろうか。

塚原常次

『せめてこどもは逃がしてほしかった』*109には、事件当時18歳だった二人、手島光男と久保昭三の証言を載せている。

『いきなり銃で撃ちました』手島光男　１９９３年（平成5年）

「……そこで貝沼団長は納富善蔵（18歳）に伝令を頼みました。『関東軍に助けを求めに行って欲しい』と、行って戻ってきた納富さんは関東軍に断られたことを伝えました。その時に団長は覚悟したのではないかとおもいます……団長のもとに残った男手が集められました。30から40人だったと思います……団長は『あとに続け、あとを頼む』といって日本刀で割腹自殺をしました。ピストルで頭を撃ったという話もありますが割腹自殺です。介添え者はいませんでした……今思えばあの時一時山の中に逃げればよかったんです……私は麻山での自決は早合点だと思います。それは昔の教育がそうさせたのです」*109

『私は自決現場にいた』久保昭三　１９９５年（平成7年）

「……ところが団長は先に自決してしまいました。今思うと責任者が先に死んでしまうなんて合点がいきません。本来なら最後まで見届ける立場です。今になってはその理由が分りません」*109

手島、久保の言うことも確かなことだ。ただ、私がここで取り上げざるを得ないのは、『せめてこどもは逃がしてほしかった』で、最後にあとがきとして「戦後七〇年『麻山事件』を再検証する」を書いた編集者の一人、塚原常次の主張だ。

彼は麻山事件に関わるいくつかの証言の一部分を取り出し、

「これを読むと今まで私塚原が持っていた中村雪子さんの書を含め『麻山事件』が『自決』や『戦死』……ましてや『愛の極致』ではなく、単なる足手まといなる婦女子を処置する『殺人』であったことになる。婦女子を殺して生き延びた『決死隊』によるでたらめな報告を歴史に残すと、四六五名の死者に対する冒瀆になろう。中には妻子を殺してその姉と結婚した者もいるという。男の気がしれないと岩崎さん」と、岩崎の言葉を引用し、

「手を下した男たちは妻子の親族にも最後を話さなかった。国会証人になる際口裏をあわせソ連兵一人もいなかったのにソ連戦車は十八台いたと、妻子を殺して生き延びた『決死隊』のでたらめな証言が真実となっている。その三〇人余りの決死隊は朝になると消えていたという」[*109]とする塚原の主張は、まるで決死隊が生き延びるために465人を殺害したようなことになっている。

貝沼の自決は、予め決死隊を逃がすための打ち合わせ済みの自決であったのか。ソ連兵が一人もいなかったと書くが、確かに自決現場にはまだソ連兵は出現してはいなかったが、先頭集団がソ連軍との戦闘に巻き込まれたのは事実だ。ソ連戦車が何台いたのか台数が問題なのではなく、彼らの前方にソ連兵と戦車が出現したこととの事実が問題なのだ。

塚原はまた、東日本大震災の大川小学校の例を挙げ、

「先生が引率した大川小学校は生徒が殆どが亡くなり、一方の子供が自由に避難した釜石は全員が生存したという……生死を分けたのは、その開拓団の指導者か？」とまで書き、指導者の在り方を批判しているが、これはあくまで結果論である。確かに地震に対する訓練が日常的に行われていれば、大川小学校でも多くの命が救われていただろうし、逆に釜石の生徒たちが亡くなっていれば、釜石の先生が責任放棄として非難されたであろう。

ソ連の侵攻が9月頃にあるのではとの確かな情報は、日本陸軍・関東軍のほんの少数の者しか知らない機密であり、まして満洲各地に点在する開拓団に知らせるつもりも、彼らが知る術《すべ》もなかった。

麻山事件の責任は団長・貝沼洋二個人に帰するのではなく、その場に貝沼を居らしめた日本の大陸進出に根本の原因があり、そうならしめた日本の軍事的、政治的、教育的な責任者が負うべきものではないだろうか。

13、8月15日

山崎芳雄の8月

1945年（昭和20年）5月現在の満洲開拓公社の調べでは、開拓団関係16万7091人、義勇軍関係5万8494人の計22万5585人にも上る人たちが満洲にいた。終戦当時もほぼ同数の人たちが残っていたと考えられる。

開拓団長として第一次移民団を仕切った山崎芳雄が、5年間永豊鎮で開拓に従事した後、訥河青少年訓練所長へ、そして1940年（昭和15年）には嫩江青少年訓練所長へと転進したことは『札幌農学校実科同窓会々報』第21号に掲載されている名簿から明らかだが、1945年（昭和20年）8月15日には新京に居た。

当時哈爾浜には、浜綏線・香坊駅近くの香坊区新香坊に、1937年（昭和12年）開拓団基幹農民訓練所、同指導員訓練所が、続いて哈爾浜義勇隊訓練所、義勇隊嚮導訓練所が建設されており、この施設が哈爾浜近くの開拓団員を含め約6000人の難民の収容施設となっていたが、多くの指導員はソ連軍の男狩りによって牡丹江方面へ連行されてしまった。

ソ連兵は昼夜の区別なく強姦、略奪を働き、特に避難してきた開拓民の女性は彼らの格好の標的となった。掠奪を働く者の中には日本軍の敗残兵もいたといわれている。

『満州脱出』*98の中で、武田英克は避難民の押しかけた当時の新京の町の様子を語っている。

「そのころはまだ市中（長春）の食糧は概して豊だった。関東軍の倉庫が、終戦と同時に暴民の略奪を受け、ここに保管されていた莫大な食糧が市中に流れ出たため、白米なども金さえ出せば十分手に入った……餅も同様で、二十一年の正月には、日本人はたっぷり食べられたのである。しかし、地方から難民となって逃げてきた人々は、それを買う金がないために、この豊かな食糧を目の前にして飢えて死んだものも多かった」*98

このような中、哈爾浜でも流入した多くの開拓団員救済のために、哈爾浜日本人会では開拓民が一般邦人と事情が異なる点から、新たに農民部を設置することになり、新京から第二次開拓団々長で満拓理事の職にあった宗光彦を部長に迎え入れた。

しかし、就任間もなく宗は病床に就き、宗の後任として新京にいた山崎芳雄に出馬を懇願した。山崎は当初農民部長就任を渋っていたが、開拓関係者が無理を通したかたちとなって農民部長に就任したという。

何故山崎は部長就任を固辞したのか。山崎氏の部下で１９４９年（昭和24年）６月に帰還した元山形開拓団幹部の島津登之助は、

「前々年先生が御令室を亡くされその遺骨埋葬の際（東宮先生の下の方）墓穴へまず自ら入ってみられ『満洲は実によい処だ、安静に休める気持を愚妻もさぞ満足するであろう』といわれたことがあるが、農民部長になられたのも開拓民を思えばこそであり、満洲の土となられたことは本望であろうと語っている」＊42

山崎に部長就任を依頼した中村孝二郎も、「なぜ山崎が就任を渋っていたのか不思議だった」と感想を書いている。山崎は亡き妻の墓のある新京に留まりたかったのか、自身が率先して築いてきた開拓事業の一瞬の崩壊の前に気力を失ったのか。

その山崎も隔日くらいに収容所に勤務していたが、

「惜しいかな二十一年五月発疹チフスに罹り、六月二十六日ハルピン日本人会病院にて死去、享年五十五歳。四日後収容所葬、七日忌に日本人会葬を農民部事務所で施行した」＊42

島津は新香坊の山崎氏の墓参りをして来たという。

『満洲開拓史』＊42には「山崎芳雄氏の遺詠」として山崎の歌が載っている。山崎は雅号を「六頭」としていたほど歌を趣味としていたようだ。

昭和十九年盛夏に

感謝は和の母なり　天地への感謝は　野への道なり

昭和二十年一月

地を拓き　山に植ゆ　人生の志楽なり

昭和二十年五月　ハルピンにて（辞世の句）注：二十一年の誤植ではないか
敷島の大和心は　乱れ世にこそ　いとど宝なれ
（元満洲第一次弥栄開拓団長　元満洲開拓義勇隊嫩江訓練所長）

加藤完治の8月

開拓団の帰還者の中には「満洲開拓の父」とも呼ばれ、移民事業に主導的に関わってきた加藤完治が戦後、その責任を感じ自死したと受け止めていた人も少なくなかったと言われているが、加藤はその生涯を生き続けた。

8月15日、61歳となっていた加藤は、茨城県東茨城郡下中妻村字内原、常磐線の友部と水戸の間、内原駅から東南へ1・5キロ離れた片田舎、官有林27町歩、民有林13町歩を買収し松林を拓いて建設され、現在はその跡地に水戸市内原市民運動場のある「満蒙開拓青少年義勇軍訓練所」で天皇の終戦の詔勅を聞いた。

加藤は1945年（昭和20年）12月1日に発売された雑誌『公道』＊92の創刊号の巻頭に、

「只自分の如きは涙と汗とを流しながら直立不動の姿勢で暫時、茫然自失の体であった。御放送が終って一体ならば所長として一同に何事か言い渡すべきであったが、何分にも万事頭の中が混乱状態に陥って居るので後のことは今井所長に一任して自分は家に帰って考え込んでしまったのである……十六日には午前中家に閉じこもって静かに御詔勅を繰り返し奉読し更に謹書して大御心の那辺にあるかを拝察し……陛下が仰せられる『萬世ノ為ニ太平ヲ開カムト欲ス』との御言葉を載して今後は真剣に世界平和の使徒として日本国民の本分を尽くそうと固く決心するに到ったのである」*92と書いている。

確かに上　笙一郎が『満蒙開拓青少年義勇軍』*74の中で、

「内原訓練所では、昭和二十年八月十五日正午のいわゆる玉音放送を、所長はもちろん訓練生全員が大食堂に集まって謹聴した。そして天皇の放送が……すなわち日本の無条件降伏を告げるものだとわかると、加藤は、全員が茫然とするなかをまっすぐに所長室へ戻り、そのまま久しく号泣していたということである」*68と、加藤のもとで副所長を務めていた今井文二の回想を紹介しているように、玉音放送を聞き自室に閉じこもって号泣したのは事実だろう。

学徒出陣で海軍へ入隊し、高知で終戦を迎えた完治の三男・加藤弥進彦《やすひこ》は、9月10日に内原へ戻ってきた。

「満員の列車に揺られて帰省したのは夜遅かったが、父は書斎に閉じこもって終戦の詔勅を筆記していた。私が挨拶すると『無事に帰ったか』と一言いって、また筆記を続けた。机上には丁寧に清書された和紙が何枚もあった」*99と、呆然《ぼうぜん》自失の状態となった父・完治が畳に頭をすりつけるようにして、天皇の詔勅を筆で何枚も何枚も必死の形相で書き写していた姿を見たという。

しかし、「十六日には午前中家に閉じこもって静かに御詔勅を繰返し奉読し更に謹書して……」は事実に反するだろう、加藤は間違いなくウソをついている。

加藤はどうやって詔勅の全文を手に入れることができたのか。大食堂で直立して天皇の詔勅を聞きながら速記に落とすことなど不敬なことはできるはずもなく、詔勅の全文を見れば判るように、多くの難解な言葉を正しく書き取ることなどできるはずもなく、テープレコーダーなど録音する機材などもあるはずもなく、ＦＡＸで詔勅が送られてくるはずもなく、詔勅全文を入手できるのは当時新聞だけであった。

「迫水書記官は記者団に、正午の玉音放送の終るまで誤っても朝刊を出さないように、くり返しくり返し念を押した。書記官ばかりでなく馬場情報官からも、二十人近い官邸詰記者に注意があった。もし放送の前に発売されるようなことがあれば、不穏の噂の高い一部陸海軍人がどんな暴挙をあえてするか計りがたい、と。昼過ぎの朝刊とはまことに格好が悪いが、記者団はこれを了承した」＊93と半藤一利が書くように、15日の新聞朝刊は玉音放送が終わってから発売・配布された。この新聞が16日の午前中までに内原の加藤の手元へ届くだろうか。はたしてこれは無理だと考える。

玉音放送

いわゆる「玉音放送」は１９４５年（昭和20年）８月15日正午に放送されたが、その放送予告は14日21時と15日７時21分のニュースで２回行われた。今、我々は放送の内容をドラマ等で聞くことはたまにあっても、そのほとんどはほんの最初の部分だけでしかない。

・正午の時報
・和田信賢放送員「ただいまより重大なる放送があります。全国のみなさまご起立願います」
・下村宏内閣情報局総裁「天皇陛下におかせられましては、全国民に対し、畏くもおんみずから大詔を宣らせ給うことになりました。これより謹みて玉音をお送り申します」
・君が代
・玉音
・君が代
・下村宏内閣情報局総裁「謹みて天皇陛下の玉音放送をおわります」
・和田放送員の朗読「畏くも天皇陛下に於かれましては万世の為に太平を開かんと思召されきのう政府をして米英支蘇四国に対しポツダム宣言を受諾する旨通告せしめられました……謹んで詔書を奉読いたします」と、改めて詔書の奉読。
・和田放送員による内閣告諭の朗読「本日畏くも大詔を拝す、帝国は大東亜戦争に従うこと実に四年に近く而も遂に聖慮を以て非常の措置に依り其の局を結ぶの他途なきに至る……聖断既に下る、赤子の率由すべき方途は自ら明かなり……官吏は宜しく陛下の有司として此の御仁慈の聖旨を奉行し以て堅確なる復興精神喚起の先達とならむことを期すべし　昭和二十年八月十四日　内閣総理大臣　男爵　鈴木貫太郎」
・和田放送員より「御前会議の政断の経過」「ソ連を通じての和平工作の失敗」「ポツダム宣言の内

容と受諾の経過」「カイロ宣言の内容」「8月9日から14日までの重要会議の開催経過」「平和再建の詔書渙発」の報告が続き、約37分間で終了した。

玉音放送

朕深ク世界ノ大勢ト帝國ノ現狀トニ鑑ミ非常ノ措置ヲ以テ時局ヲ收拾セムト欲シ茲ニ忠良ナル爾臣民ニ告ク

朕ハ帝國政府ヲシテ米英支蘇四國ニ對シ其ノ共同宣言ヲ受諾スル旨通告セシメタリ

抑〻帝國臣民ノ康寧ヲ圖リ萬邦共榮ノ樂ヲ偕ニスルハ皇祖皇宗ノ遺範ニシテ朕ノ拳拳措カサル所　曩ニ米英二國ニ宣戰セル所以モ亦實ニ帝國ノ自存ト東亞ノ安定トヲ庶幾スルニ出テ他國ノ主權ヲ排シ領土ヲ侵スカ如キハ固ヨリ朕カ志ニアラス

然ルニ交戰已ニ四歳ヲ閲シ朕カ陸海將兵ノ勇戰朕カ百僚有司ノ勵精朕カ一億衆庶ノ奉公各〻最善ヲ盡セルニ拘ラス戰局必スシモ好轉セス　世界ノ大勢亦我ニ利アラス

加之敵ハ新ニ殘虐ナル爆彈ヲ使用シテ頻ニ無辜ヲ殺傷シ慘害ノ及フ所眞ニ測ルヘカラサルニ至ル　而モ尚交戰ヲ繼續セムカ終ニ我カ民族ノ滅亡ヲ招來スルノミナラス延テ人類ノ文明ヲモ破却スヘシ

斯ノ如クムハ朕何ヲ以テカ億兆ノ赤子ヲ保シ皇祖皇宗ノ神靈ニ謝セムヤ　是レ朕カ帝國政府ヲシテ共同宣言ニ應セシムルニ至レル所以ナリ

朕ハ帝國ト共ニ終始東亞ノ解放ニ協力セル諸盟邦ニ對シ遺憾ノ意ヲ表セサルヲ得ス　帝國臣民ニシテ

戰陣ニ死シ職域ニ殉シ非命ニ斃レタル者及其ノ遺族ニ想ヲ致セハ五内爲ニ裂ク
且戰傷ヲ負ヒ災禍ヲ蒙リ家業ヲ失ヒタル者ノ厚生ニ至リテハ朕ノ深ク軫念スル所ナリ
惟フニ今後帝國ノ受クヘキ苦難ハ固ヨリ尋常ニアラス　爾臣民ノ衷情モ朕善ク之ヲ知ル
然レトモ朕ハ時運ノ趨ク所堪ヘ難キヲ堪ヘ忍ヒ難キヲ忍ヒ以テ萬世ノ爲ニ太平ヲ開カムト欲ス
朕ハ茲ニ國體ヲ護持シ得テ忠良ナル爾臣民ノ赤誠ニ信倚シ常ニ爾臣民ト共ニ在リ　若シ夫レ情ノ激スル所濫ニ事端ヲ滋クシ或ハ同胞排擠互ニ時局ヲ亂リ爲ニ大道ヲ誤リ信義ヲ世界ニ失フカ如キハ朕最モ之ヲ戒ム
宜シク擧國一家子孫相傳ヘ確ク神州ノ不滅ヲ信シ任重クシテ道遠キヲ念ヒ總力ヲ將來ノ建設ニ傾ケ道義ヲ篤クシ志操ヲ鞏クシ誓テ國體ノ精華ヲ發揚シ世界ノ進運ニ後レサラムコトヲ期スヘシ　爾臣民其レ克ク朕カ意ヲ體セヨ

茨城新聞

私はまず内原訓練所のある地元茨城新聞のバックナンバーを探しに国会図書館に行くが、マイクロフィルムに当時の新聞はなく、茨城新聞本社に問い合わせると、当時の新聞は本社には保存されておらず、国会図書館と茨城県立図書館にマイクロフィルムで残っているはずだとの返事であった。

後日、水戸の茨城新聞本社に出向くと、応対をしてくれた担当者から当時の新聞のコピーが渡された、しかしそれは茨城新聞ではなく朝日新聞であった。しかも、8月15日朝日新聞の一面には「機動部隊の一群を補捉　空母等二隻を大破」の見出しが躍り、どこにも詔勅の記事は載っていなかった。

翌16日の朝日新聞朝刊に「戦争終結の大詔渙発　新爆弾の惨害に大御心　帝国、四国宣言を受諾畏し、万世の為太平を開く」の見出しと共に「詔書」全文が掲載されていた。このことからも、少なくとも15日には加藤の手許に詔勅の掲載された新聞は届いていないことになる。

では、どうして茨城新聞ではなく朝日新聞なのか。『茨城新聞百年史』*94から当時の状況を振り返ってみると、開戦とともに一県一紙の方針が示され、「いはらき新聞」と「常総新聞」が合併し、1942年（昭和17）2月に「茨城新聞」となる。

1944年（昭和19年）6月16日にB29による初めての日本本土爆撃が行われ、空襲が常態化してくるようになり、多くの新聞販売店で従業員が徴兵され、残った従業員も軍事工場へ派遣されたために、販売員が不足し、各地の大売捌き店や系統店などを解体統合し、販売も共販制が採られるようになっていた。

このような事態に対処するため、政府は日本新聞協会が行使してきた統制権を、政府自ら直接的な統制のもとに置くことにし、「戦局に対処する新聞非常事態に関する暫定措置要綱」を決定し、中央紙（東京5社）と地方紙との合同を図った。

このため茨城新聞は読売新聞から人材と機材の派遣を受け入れ、両新聞の合同紙を地方紙として発行することになったが、1945年（昭和20年）5月25日の東京空襲で読売新聞、東京新聞両社が被災・全焼、朝日新聞、毎日新聞が両紙を分担印刷することになる。

水戸は県庁所在地で交通の要所でもあり、また隣接する非常に重要な日立工場のための労働力の供給源であり、下請けの中心でもあるため空襲の恐れがあり、輪転機など機械設備にも疎開命令が出て、近郊の内原や岩間などが疎開先の候補に挙がるが、果たすことができず、偕楽園近くの千波湖畔にシートを掛けて放置したまま水戸空襲を迎えることになった。

水戸空襲はB29第314航空大隊所属の161機によって、1945年（昭和20年）8月2日0時31分、投下高度1200フィート（3700メートル）から行われ、焼夷弾1万7890発、1152トンが投下された。

この空襲で旧市役所を中心として東西2キロが「ちょうどこうもりが翼を広げたような形に焼けた」*95ようになり、当時の写真から見ると、水戸の市街はほとんど焼け野原の状態になった。それより前の7月17日には夜11時過ぎから艦砲射撃が行われ、水戸を揺るがせた。これらの攻撃で茨城県での死者は2626名、重軽傷者・行方不明者は3250名となった。

この空襲で社員3人が犠牲となり、社屋の焼け跡に残ったのは「石の門柱と社屋の外壁の大谷石だけ」*94となり、8月3日に懇意にしていた茨城印刷所から号外を出すが、配達はできず社員の手配りで配付する状態となった。

このように、終戦直前の混乱期には東京からの新聞輸送がほぼ不可能となり、茨城新聞社で印刷されたタブ2頁の新聞さえ発行することは困難となっていた。

茨城新聞社では、

「新聞再発行の目標を十月一日、それまでに社屋を建て新聞製作機器を整えること、再発行までは号外の形でつなぐことになった……戦後の紙面で確認されているのは十一月一日以降で……また、八月十五日以降の号外も新聞も未確認だ」*94となる。

水戸から常磐線で3駅、14キロほどしか離れていない内原訓練所所長室のあった内原・鯉渕村とはいえ、この状況下でどのようにして8月16日発行の朝日新聞が16日の朝に加藤の元へ届くというのか。

このことから、16日には午前中家に閉じこもって静かに御詔勅を繰り返し奉読し、さらに謹書していたと言う加藤完治の言葉はウソだと断言できる。詔勅を聞いて引きこもったのは事実だろうが、その後のことはすべて嘘で後付けの理屈だ。

加藤完治の戦後

約27万人の満蒙開拓団と高等小学校を卒業したばかりの15、16歳の年端も行かない8万6530人を満蒙開拓青少年義勇軍として満洲に送り出し、ソ連兵の歌声も聞こえるほどのソ満国境近くに配置され、後ろ盾となる関東軍は知らずのうちに退却し、終戦の混乱のなかで多くの犠牲者を出した満蒙開拓団・満蒙開拓青少年義勇軍の立案・結成・送出に当初から大きく関わってきた加藤完治は、どのようにして責任を取ったのであろうか。東條英機のように、少なくとも不器用な手で銃口を自分の胸に当てようとしたのであろうか。銃は無くとも直心影流の免許皆伝の腕を持つほどの彼の手元に、刀の一振りもなかったのか。

周囲の者は皆、加藤が自害するのではないかと警戒していたという。しかし加藤は「生きる」ことを選んだ。確かに加藤なりに悩んではいたようだ。復員してきた息子の弥進彦は当時61歳の加藤が、毎日のように「終戦の御詔勅」を書き写している姿を見ている。「そのような日々が何回か続いた後、決心が固まったらしく元気に活動をはじめました。後に語るところでは、忍び難きを忍ぶという陛下の大御心を体して、生きる覚悟を決め食糧生産に励んで、祖国再建に生涯を献げるという、大方針を樹てたのでありました」*108と加藤の心の変化を書いている。

8月15日から一カ月の間に、敗北の責任を感じてか、戦争責任の追及を恐れてからか多くの軍人・関係者が自ら命を断ち、新聞紙上を賑わしたが、敗戦時の昂奮と混乱が収まるにつれて人々の関心は日々の生活へと向かって行った。加藤は「敗戦の日、暫し茫然のていの自分だった」とよく言うが、確かにそうだったのかも知れない。足下は崩れ去り、天は割け真っ白な状態になったのだろう、思考が停止した加藤は、瞬時でも刀を手に取ろうと思う余裕すらなかったのだろう。

まして、9月11日の東條英機の自決未遂記事でさえ、島津蔵相演説「為替によるインフレ阻止」の経済記事の下に追いやられていくように、時が経てば経つほど刀は遠くになって行ったのだろう。「過去の事は過去のこととして懺悔すれば足りる。人はいかなる人でも失敗というものはある。その失敗を顧みて、二度とその失敗をくり返さぬように覚悟し、新たに確固たる人生観のもとに孜々としてその理想実現に努力する人こそ、我等は真人と思うのである。

ただ無闇に人の事ばかり責めて、自分の事を少しも反省せぬ態度は、決して真面目な日本人のとるべき道ではない。互いに責め合うことはやめて、日本をして今日あらしめたのは、考えて見るほど日本国民全体が悪かったのである。ここに一大反省をして本当に道義の国日本を再建して、世界各国とともに世界の平和に貢献したいと私は念願する」*92と、終戦の年の秋には『公道』に寄稿している。

東久邇稔彦総理大臣が施政方針演説で「一億総懺悔」を言葉にしたのが8月28日、加藤の変わり身の早さには唯々呆れるばかりである。

1972年（昭和47年）、中村雪子の「加藤完治をご存知ですか」の問いかけに、初対面の笛田道雄は、「満洲に送り込んだ教え子たちのその悲惨さに涙するまごころだにあらば、人を通じてなり、又わらじをはいて、各地の山野に開墾をすすめている開拓引揚者や義勇隊員を訪ねて、激励の言葉ぐらいはかけて欲しかったと思うのは私ばかりではあるまい」*64と応じている。

1950年代に入ると、日本各地で開拓団員や青少年義勇軍犠牲者の慰霊祭が開かれるようになり、日本国民高等学校校長に復帰していた「満州開拓の父」加藤にも案内状が届くようになった。加藤の教え子の女性が、出席を渋る加藤に、どうして招待状の届いている慰霊祭に行かないのかと尋ねると加藤は「私を信じてくれて満洲で亡くなった人々のことを思うと、腹を切って済むことなら腹を切ろう。又坊主となって全国を行脚してお経をあげて霊を慰めることができたならそうもしようとおもった。しかし僕は死ぬまで鍬をとって離さぬことが一番だと思った」と言ったともいわれる。

「死んでしまおうか……、坊主にでもなろうか……いや、日本再建のために生きるのだ……それが償いだ」と加藤は枕詞のようにどこでも言っている。彼は生き残る理屈をここに見つけ出した。「たまたま生き残った」と加藤は言うが、それは本当ではない、加藤は生き残ろうとして生き残ったと私は思う。真に詫びようと考えるなら慰霊祭にも出席し、遺族の冷たい視線に自分を晒すことも厭《いと》わなかっただろう。

終戦の詔勅にある「萬世ノ爲ニ太平ヲ開カムト欲ス」、加藤はこの言葉に飛びつき、「今後は真剣に世界平和の使徒として」生きようと看板を取り替えた。そしてその彼が生きるために取った行動は、まず自身の身の安全だった。何故なら戦争犯罪人摘発の手が彼にも迫ってきたからであった。

西郷村へ

1945年（昭和20年）11月9日には「緊急開拓事業実施要領」が閣議決定され、戦後の退役軍人、引き揚げ者、開拓民の救済と、食糧増産のために日本国内での開拓・干拓事業が始まり、国が開拓用地を買収し入植者に売り渡すこととなった。

開拓目標は5年間で全国155万ヘクタール（北海道70万ヘクタール）の開墾、10万ヘクタールの干拓、210万ヘクタールの土地改良により100万戸（北海道20万戸）を入植させようとするもので、満洲から引き揚げてきた開拓団員も当然その対象となったが、満洲での開拓とは全く違い、荒野を拓く開墾そのものだった。

戦犯の指名を受け、終戦から３カ月経った11月19日、青酸カリを飲み割腹自殺した満洲事変当時の関東軍司令官・本庄繁。当時、旧陸軍内に設置されていた財団法人遺族及び傷痍軍人並退職軍人補導会の理事長をしていたその本庄から、

「外地からの大量の帰還者が入植できるよう指導してくれないか」と懇願されたとして、加藤完治は未だ加藤を慕う訓練所に残った満蒙開拓青少年義勇軍団員やその指導員養成所員たちと、福島県白河市郊外西郷村の旧陸軍馬補充部演習地跡地・約７００ヘクタールの土地へ向かった。家族は内原に留まっていた。

10月13日に先遣隊の14名に続いて、加藤自身は11月18日に西郷村に入り、その年の12月までに合計84名が入植した。

連合軍が指名した戦争犯罪人の逮捕は、第一次が９月11日の東條英機ほか主に東條内閣関係者17名、第二次が11月19日、日本軍上層部など11名、第三次が皇族を含む軍官民59名で、12月２日、第四次が12月６日の９名と続く。

おそらく加藤が戦犯として逮捕されたとしたら、第三次の12月２日だっただろう。ここでは笹川良一、星野直樹、大川周明なども逮捕されている。加藤が東京を離れた時期と不思議に一致するではないか。これは邪推だろうか。

加藤は「また進駐軍より呼び出しを受けて、二十年の十二月急遽白河を下りてより二年間にわたり、

時々取り調べを受けたのである。最初の呼び出しの時にはもちろん、その後しばしば呼び出しに応じて急いで山を降りて行く師の姿をしばらくの見納めになるのではないかという切ない気持で見送ったものであった」*100と、『白河報徳開拓誌』にはある。

GHQから取り調べを受けたとき、

「加藤がしばしば人に語っているところでは、彼が戦犯として指名されなかったのは、取り調べのとき調査官が加藤に向かって『お前の主張している大和魂とは一体何か』と詰問、彼が『大和魂とは人に親切を尽くすことなり』と答えたのが心象を良くしたからだということである」*68と、調査官の鼻を明かしたことを後日自慢そうに話しているが、おそらくこの話も加藤の作り話であろう。

また、『白河報徳開拓誌』は、加藤の白河入りを批判的に論評した『文藝春秋』『思想の科学』を批判し、特に戦前加藤に朝日賞を贈った朝日新聞に対しては、よほど腹に据えかねたのか、何度か取材で求められた面会も拒否し、

「朝日新聞は敗戦となるや百八十度の転回をして、戦前戦後を通じ一貫して変わりなく日本の農民のためかつは日本国民の食糧増産のため心血を注ぐ朝日賞を贈った同じ加藤をいとも簡単に嘲笑し去ったのである」*100と厳しい。

朝鮮から民間人の本格的な引き揚げが始まったのは10月以降、満洲・樺太からは翌1946年3月以降であり、引き揚げ開拓団員の再入植の準備を本当にするのなら、東京にとどまってなすべきことは一杯あったはずだ。しかも日本国内には開墾すべき土地がないことを満洲進出を主張する根拠とし

ていたのに、加藤の取った行動は噴飯物でしかない。

「満洲移住協会はその管掌した内原義勇隊訓練所は九月二十五日をもって閉所式を行い、訓練中の義勇隊は夫々帰郷するにいたった。訓練所の不動産は移住協会の石黒忠篤氏の斡旋により全国農業会に譲渡」*42と内原訓練所は廃止された。

内原訓練所も閉所はしたが、その後、引き揚げ開拓団員の収容施設として利用され、収容開始は1946年（昭和21年）7月からではあったが、1947年（昭和22年）8月までには延べ5万9981人を一時収容し、日本国内への再入植地の斡旋、就農・就業の相談斡旋に応じている。

このように、加藤は内原を去らずともいくらでも仕事はあったはずだ。

報徳開拓農協

加藤は入植地を選定する条件として、あえて不毛の荒れ地を開拓してこそ農民精神発揮の真髄だとして、

①誰も希望しない不毛の荒地
②全体共同体による経営
③自給的農業を確立
④「理想的な村づくり」の範を示す

と4つの条件を示し、ほかに推薦されたいくつかの候補地を蹴って白河郊外の西郷村を選んだとされる。

しかし、加藤たちが入植した報徳地区の旧軍馬補充部跡地には、「少なくとも雨のもらぬ建物があり炊事の施設があり、馬房があったりしたことは取りあえず助かることであった」*100と、施設を転用できたために生活面では恵まれた状況にあったし、入植地700町歩のうちに耕地は約20町歩あり、播種期は遅れていたが早速小麦を5町歩、大麦・小麦・ライ麦を他に2町歩、約1反に越冬用馬鈴薯を無肥料で播種することができた。

加藤はここで、開拓地での農業は集団で行うべきだと、従来の国民高等学校の教育方針を実施、共同経営思想を維持しようとした。そのために義勇軍訓練所と同様の同居生活を送りながら、自ら「農民の生き方」を講義するなど、精神教育を取り入れて家族的な協同経営体を目指した。その意味で西郷村は、加藤自身が自身の思想を実行した唯一の開拓地であった。

西郷村は那須火山帯の東山麓、標高500〜700メートルの高冷地にあり、火山灰土壌や冬期季節風によって営農環境が厳しい地域であった。1946年（昭和21年）6月には「白河報徳開拓組合」を立ち上げ、あくまでも加藤の指導の下、農業・栄養・土木・建築・保険・総務と6部門に分かれて開墾に従事しようとしたため、農業に回す人手が少なく、地域社会との有機的結び付きもなく、農業経験の乏しい者たちがほとんどを占めていたことや、地力の低い火山灰土壌で生産した小麦、馬鈴薯、大豆、陸稲、トウモロコシなどの多種な作物の出来は、予測収穫量の3分の1から2分の1にも満たなかった。

このような状況下で経済的・精神的困窮から下山者（脱落者）も出るようになり、また満洲で開拓に従事したことのある者は、個人経営を強く望むようになり、加藤は結局妻帯者9名には自家用に分け与えた畑を実験農場と称して、独立経営に移行させた。

1951年（昭和26年）10月、加藤の公職追放が解除され、白河報徳開拓農業協同組合の組合長となるが、1952年（昭和27年）加藤は東京で脳溢血《のういっけつ》で倒れ、同年12月に三男の加藤弥進彦が組合長に指名される。

下記の退所者の年代別状況からも、1950年（昭和25年）から1952年（昭和27年）にかけて多くの退職者が出たことが窺える。

弥進彦は1921年（大正10年）、加藤完治の三男として山形に生まれた。長兄は北大農学部出身で満洲移住協会に就職したが、間もなく陸軍に入った後南方へ、のちにシベリアから帰国。次兄は東大工学部を出て航空技術将校に。弥進彦は京都大学農学部へ進学するが学徒動員で海軍に入隊。

復員の翌年、1946年（昭和21年）8月に北大農学部編入、1948年（昭和23年）北大農学部を卒業している。学生時代は雨竜、喜茂別の農場で実地研修、

白河報徳開拓農業協同組合退所者

年	1946	1947	1948	1949	1950	1951	1952	1953	以降	合計
退所者	0	3	12	4	8	13	10	5	6	61

1945年10月から1948年10月までの入植者111名
『白河報徳開拓誌』から

卒論は『北海道農業に於ける資本主義の発達』を提出している。

卒業の正月、進路を完治に相談する。弥進彦自身は経済研究所のような機関に就職し、農村金融と財政学の勉強をしてから農村に入り農民運動をしたいとするが、完治に「金融とか財政の問題は二の次で、最も大切なものは人である。農民さえしっかりしていれば、経済は自らついてくるものだ。経済研究所などに行く必要はない。すぐに国民高等学校に入って、農民教育に励むべきだ……教育さえしっかりしていれば、一時は苦しむかも知れないがいずれは解決する。経済などは自らついてくるもので、絶対に心配はない。お前の考えは間違っている」*99と譲らない完治と大喧嘩、朝まで続いたという。

1949年(昭和24年)、農林省の鴻巣試験場を辞して内原の国民高等学校へ。翌年に妻の実家・栃木県芳賀郡山前村道祖土(真岡市)で、使い込みされた農協の建て直しに関わっている。レーニンに傾倒していた弥進彦は『レーニンの発達』上下巻をポケットに、福島西白河農協組合長に就任したという。

「当時、この組合は実験農場と称する一部を除いて、完全な共同経営をしていた。食料も資金も組合事務所から配給されるので、生活は保障されているが、極めて低い水準のいわる最低生活の保証であった」*99と、当時の組合の現状を書いている。

1955年(昭和30年)、恩師で北大の渡辺侃《ただし》教授が来訪、組合の中を案内した折、「ここは乳牛がよいか、和牛の放牧の方が良いでしょうか」と質問。即答はなく帰り際に、

「君、乳牛にしたまえ、さよなら」*99と教授は去って行ったという。「私を失敗させないため、市場の将来性などまで考え抜いた結論であったろうと、今も感謝している」*99と、弥進彦は書いている。

父完治の理想から離れ、西郷村の自然環境や消費地の郡山・白河を近くに控えた地理的要因から、酪農中心の商業商品生産へという一大転換を図り、共同経営を解体し個人経営を確立することで村の飛躍的発展を図った。これは加藤完治の離脱というアクシデントによりそれをなし得たとも言える。

1932年（昭和7年）の1月、奉天での「満蒙に於ける法制度及経済政策諮問会議」以降、加藤完治たちの満洲開拓の主流から外された形の北大が、弥進彦を通して完治を救うことになったことは歴史の皮肉でしかない。

このように、加藤完治は幸いにも戦犯指定は逃れたが、終戦の翌年1月4日に戦争協力者として公職追放となった。しかし時代は彼に味方した。1950年（昭和25年）に勃発した朝鮮戦争が彼を救った。戦前あれほどソ連の脅威を叫び、対ソのための青少年義勇軍でもあったのだが、今度は同じソ連・中国の脅威が彼を救うことになった。

日本国内に吹き荒れたレッドパージと引き換えに、1951年（昭和26年）8月18日には公職追放が解除され、加藤の公職追放解除を祝う祝賀会が組合をあげて行われた。翌年には脳出血で倒れはしたが、1953年（昭和28年）4月に、従来の日本国民高等学校の名前を一部ひっくり返した日本高等国民学校（現在の日本農業実践学園）校長へ、加藤は復帰した。

そして時とともに満蒙開拓の悲劇の記憶が少しずつ薄れ、満洲への感傷・郷愁の想いが増し、多くの満洲開拓関係者の団体・組織が作られるとともに、「満洲開拓の父」加藤完治は積極的に世に出て行き熱弁を振るうようになった。

武田清子は『土着と背教』＊97の中で、「最近内原に加藤完治氏を訪ねた筆者に対して、氏は以上見て来たことと本質的には何ら変らない農民教育思想を熱心に語りつづけ、ヒットラー、ムッソリーニらの農村問題解決の方法を称賛した。そして、開拓団・青少年義勇軍に対しても、自分は誠意のありったけをもってやったことであり、何ら後悔していないと語るのであったが、主観的誠実さの客観的結果に対する良心の傷みの不在は驚くばかりであった」＊97と書き、加藤の教育思想「この教育思想において農民を人間らしくあらせようとする意味での農民教育への情熱と皇国主義とが橋渡しされるという距離感を失い、両要素が一致するものとして、単純に一体化する時、それは驚くべき実践的エネルギーをもった教育運動となって日本ファシズムを推進していく一つの力となったのである」＊97との指摘している。この武田の主張には納得するものがある。

茨城県水戸市を中心に、同じ農本主義者と言われた橘孝三郎は、五・一五事件により、あたかもロシアによるウクライナ侵略中の2023年6月に起きたプリゴジンの乱の如く、「獅子身中の虫」として体制に潰された。一方、加藤完治は体制の強力な後押しによって、「驚くべき実践的エネルギー」を持って満洲侵略の前衛を担っていった。

1965年（昭和40年）4月には、天皇主催の皇居園遊会に農林業功績者として招待され、国・地方公共団体の公務的な業務に長年にわたり従事し、著しい功績を挙げた者に送られる勲四等瑞宝章を授かる。その2年後の1967年（昭和42年）3月30日、国立水戸病院で胃癌で死亡、83歳。翌月には従五位を贈位され、青山葬儀場で日本国民高等学校協会葬として葬儀が営まれた。加藤完治は天寿を全うした。

14、最終章

犠牲者

敗戦時までに満洲に入植した日本人開拓団は８８１団、開拓者数約32万１０００人、満蒙開拓青少年義勇軍31訓練所に２万２３０５人、その他報国農場などに男女約５０００人がいた。このうち敗戦前後の混乱や引き揚げの過程で戦死・自死・殺害・病死した者は８万人以上と言われている。

『満洲開拓史』＊42には、「事件別開拓団死亡者一覧」として「日ソ開戦後開拓団から避難の途次、あるいは現地に踏み止まって越冬中、ソ軍、満軍、暴民の襲撃等により戦斗死または自決したものの内、ほとんど全滅あるいは犠牲者十五名以上出した」＊42開拓団、77団（９６６２名）を掲載している。そのうち31団が１００名以上の犠牲者を出しており、２００名以上の犠牲者を出したのを『満洲開拓史』＊42から挙げると次のようになる。

開拓団名　　日時　　被害者数　　原因

第3次	瑞穂村開拓団	8月17日	495名	土匪襲来
第4次	哈達河開拓団	8月12日	465名	ソ連軍戦車来襲
第5次	黒台信濃村開拓団	8月12日	228名	土匪襲来
第7次	清和開拓団	8月27日	371名	満軍反乱
第8次	亜州開拓団	8月27日	356名	土匪襲来
	大泉子開拓団	8月18日	225名	満軍反乱
	小古洞開拓団	8月18日	242名	ソ連軍侵入、土匪襲来
第9次	万金山高社郷開拓団	8月27日	420名	ソ連軍攻撃
	尖山更科郷開拓団	8月27日	294名	ソ連軍攻撃
	鳳凰開拓団	8月24日	216名	ソ連軍侵入、土匪襲来
	哈達湾開拓団	8月19日	324名	満軍反乱
第12次	興安仏立開拓団	8月25日	469名	ソ連軍威圧、土匪襲来
	来民村開拓団	8月17日	268名	土匪襲来
第13次	興安東京荏原開拓団	8月27日	620名	ソ連軍威圧、土匪襲来
	高橋郷開拓団	8月17日	299名	土匪襲来

この一覧の中に第二次千振開拓団でも、土匪襲来で自決者100名死亡との記載がある。

また、満洲各地に設けられた避難民収容所の中で、黒竜江省北東部にあった旧三江省方正収容所には、翌年5月までに8640名の避難民が収容されたが、このうちの6～7歳以下の子供のほとんどが亡くなり、ソ連に拉致された者460名、脱走者200名、自決・病死2360名、満人の妻に2300人、ハルピンへ移動1200人、現地に残留したのが1120名とされる。

「その死亡者は伊漢通開拓団の裏山に積み上げられて春を迎え、暖気の訪れとともに解凍し始めたのでこれを焼却したが、二昼夜にわたって燃え続けたという誠に凄惨な状況が伝えられている」*42

日時からも明らかなように、日本がポツダム宣言を受諾し、終戦の詔勅が全国に流された8月15日以降もソ連軍の一方的な侵攻は続き、9月5日になってからやっと戦闘を中止したことで、開拓民の被害がより深刻になってきたことが明らかだ。

また、満軍叛乱、土匪襲来と、五族協和とは全く異なる日本の実質的な支配下にあって、中国人たちの蓄積されてきた不満が一挙に爆発したこともここから窺える。

自興会

敗戦とともに満洲移住協会は解散、12月1日には移住協会の財産を引き継ぐ形で（財）開拓民援護会が設立され、橋本伝左衛門他6人が理事となったが、この時加藤完治はすでに福島県西郷村に去り、そこに名前はなかった。

外地からの引き揚げが本格的になるにつれ、国内各地での開拓民の受け皿作りの必要性が生まれ、各都道府県の名称を冠した開拓民自興会の支部が全国に作られた。１９４６年（昭和21年）９月の設立趣意書には、

「われわれ開拓民は朔北の曠野に理想の農村を建設せんことを期し、相次いで渡満酷寒を凌ぎ酷暑に耐え、営々として開拓に精進し、寒地農法の新たな方式の確立に努力し……その志の一端を現実するに至った。

しかるに、一度終戦の大詔下るや、われわれの多くは農地を離れ、家財を捨て転々と流浪の生活に入り、幽囚と迫害、飢餓と病患、不安と焦慮の境に漂泊《さまよ》うこと半年余り……この間われわれの同志特に家族の多くは、極度の精神的困憊、栄養失調、悪疫流行により遂にその生命を失うにいたったことは真に痛恨の極みである。

しかも久方振りに見る祖国の姿は……昔日の姿は見るよすがも無い……全くの無一文でたどり着いたわれわれである。一応生業に就かんとしてもさて如何なる方途によるべきか誠に容易でない現状である。

この難局を突破するに政府始め関係各方面の御指導と御援助を乞うことは真に切なるものがあるが、先ずもってわれわれは嘗ての不屈の開拓魂を呼び起こし、われわれ自らの力を振起せねばならない。

自ら立ち起ち上がる力こそわれわれ開拓民の頼り得る絶対の原動力である。この自興力を遺憾なく振起するためには……ここに引揚開拓民の組織として『開拓民自興会』を設立することを提唱する次

第である」＊42

として、事業には海外において開拓に従事した者の入植補導、未墾地開拓の促進、開拓地の補導育成、開拓政策の推進などを挙げている。

会長には第二次開拓団長・宋光彦、理事に第一次開拓団・佐藤　修、第三次瑞穂開拓団長・林恭平、第4次開拓団・得能数三等の名前があるが、公職追放となった加藤完治は福島県西郷村におり、ここにも名前がない。

また、1948年（昭和23年）12月には社団法人開拓自興会が設立される。これは「国内開拓事業を通じて海外開拓に於いて開拓事業に従事した者の再起更生を図ると共に新生日本の建設に寄与する」＊47を目的で作られた全国組織で、会の発行した『国内開拓はうまくいくか』＊113の中には、西浦開拓帰農組合、神立報徳帰農組合、大八州開拓組合の3つの開拓組合の入植状況を報告し、裏表紙には自興会決議として、

一．今年を以て徹底入植を期す

二．耕す農地を速かに開放せよ

三．開拓委員並に農地委員会に我々の代表を参加せしめよ

四．未帰還開拓民を速かに帰せ

五．遺家族を見殺しにするな

と書かれている。再入植の厳しさと彼らの決意が表れているようだ。

茨城県南部の、現在は守谷市板戸井に位置する大八洲開拓農業組合の『大八洲開拓農業組合の歩み』*103の中で、

「今を去ること70数年前、旧満洲東北の平原に開拓農業を志した仲間が、昭和20年8月、敗戦とともに希望と前途を絶たれ、はるか満洲の異国の地に取りのこされ、避難の道を奪われてから約1ケ年の流浪避難、そして越冬生活の間に幾多の同志と家族を失った生き残りの者がようやく故国にたどり着き、安住の地を求めて昭和21年11月10日、菅生村樽井に第一歩を印してから早や70年の歳月が流れています。戦後間もない混乱の最中多数の婦女子を抱え、生活に在り付くために必死で貧しくあさましいばかりの集団であった私ども大八洲の当時を振り返ると、今や夢のような変わり様に、只々感慨胸に迫るものがあります。顧みるに、入植した鬼怒川と利根川に囲まれた菅生沼地帯は、毎年河川が増水する度に作物は流され、収穫皆無の食料飢饉の状態が6年も連続する有様で、固い決心で再び開拓の鍬を手にした意志は動揺、気力も自信もなくし失望することの繰り返しでありました。昭和24年から開墾をはじめた台地の立沢地区は、蒔き付けた作物も成長はおろか草も伸びない程の強酸性火山灰土壌の常習旱魃地帯で、収穫を得るまで10年近くかかりました」*103と、再入植地での困難さを語っている。

その後

満洲国建国当初から移民事業に関わり、満洲開拓総局長、東満蒙省長を勤めた中村孝二郎は、満洲から引き揚げてきた第一次移民団・弥栄村の人々と一緒に、北海道標茶町上多和で新たな、本当の開拓事業に挑んだ。

長野県から満洲に渡り、弥栄村で開拓に携わった田中とめは、自身の手記「悲しみの思い　満州引揚げと再起の北海道開拓」*102の中で、

「私と長女も半年遅れて、昭和二十三年五月に北海道に渡りました……入植地として選んだこの場所は、満洲の弥栄村を思い出すような広々とした所でした。天井のすきまから夜空の見えるような飯場小屋の仮住まいでした、それでも主人のもとに到着したという思いであばら家も苦になりませんでした。広大なこの地は満洲弥栄村にも負けないほど平坦であり一部にはうっそうとした林地もありましたが、火山灰地で地力が劣っていることと、春から夏にかけては不順な天候で昼頃まで霧がかかり雨降りかと思うような大気、夏になっても日照不足が続くなどの気象条件は、北満に比べて雲泥の差でした。

当時は、米の配給はほとんどありませんで、馬鈴薯、そば粉、デンプン等を主食としフキ、ワラビ、ウドなどの山菜を補足し空腹を満たしていたものでした。稲作の出来ない根釧地方で、私たちが食糧

にあまり心配しないで生活できるようになるまでには、入植から二十年もたった昭和四十年ころからだったでしょうか。今振り返ってみればまるでどん底の生活でした」*104と記している。

現在、田中とめたちが入植した北海道上川郡標津町字上多和の標津町弥栄国際交流館脇の弥栄神社境内に、団長・山崎芳雄の追悼碑が在る。

貝沼洋二の先輩でもあり、満洲でも付き合いのあった松川五郎は、一家をあげて引き揚げ者の再起を目指すため、彼らの再入植の指導に当たり、当時農業には不毛の土地とされたサロベツ原野に入植した。サロベツ原野は石狩平野や釧路平野に次ぐ広さの泥炭地で、湧き出す水との戦いであり、新生活は困苦欠乏との戦いでもあった。昭和30年代頃から畑作から酪農へと転換を図り、ようやく生活も軌道に乗ってきた。

『農業経済の思い出』*104の中で、

「わが国の農村問題を難解ならしめている根本原因は、農村人口の過多と土地の不足であった。この内地の難問を解決するには、外地の人口希薄な原野に農村の若者を移植する外はない、という当時の国論に従い、農村経済更生運動の前後から加藤完治等の知友と相はかり、主として満蒙の広漠たる未墾原野の開拓にも力を致すことになった」*104と加藤完治との関係を語っている。

満洲進出積極論者だった橋本伝左衛門は、公職追放対象者とはならず、国際反共連盟初代京都支部長に就任、京都府顧問や鳥取県顧問ほか、滋賀県立短期大学学長を務め、旭日重光章を受賞し、１９５２年（昭和27年）５月13日、89歳で亡くなった。

あれほど熱心に満洲進出を語った橋本は、戦後は「満洲」にほとんど触れていないという。

公式見解

未だ満洲からの引き揚げ者が続き、国内での再入植、本当の開拓・開墾が緒に着いたばかりだという１９４７年（昭和22年）、第１回国会（特別会）が5月20日から12月9日まで開かれた。

４月の第１回参議院議員選挙で茨城県地方区に無所属で出馬して当選し、のちに労働者農民党に所属して参議院議員に１期在任した池田恒雄は、『満洲開拓移住民に関する質問主意書』*105を参議院に提出した。

質問書は大きく3章に分かれ、その第三で次のように質問している。

「いわゆる内原訓練所、移住協会、更にその糸をひく農民道場、農兵隊等は単に農業移民の教育、農業技術の教育の軌道を超えて、農本主義的国家主義を基調とし分村運動、青少年訓練動員、農村中堅指導者の錬成動員等によつて、農民殊に中堅的壮青少年に対し極端なる極東侵略思想の培養に努め、軍国主義的害悪を農村に侵透せしめた。

この農村における民主主義発達の病床となる内原的害悪の清算のため、農民殊に壮青少年の農業教育、政治教育について政府はどのような対策をとりつつあるか」*105

この質問趣意書に対して、政府はこう答えている。

「第一次世界大戦後における世界的経済恐慌によって人口過剰と小規模農家の多い我が国農村は甚しい経済不況に見舞われ農家経済は危機に直面する状況であったので政府は各種の施策を講じ農村更生を企図したのである。この際満洲の未墾の荒野に日本農民を移住させることが出来る機会を得たので、政府は農村の人口壓力を緩和すると共に経済的に安定した農家を育成し、農村の合理化を図るため満洲移民政策を国策として遂行することになったのである。

従って満洲移民を送るに当っては分村計画等によって農村更生に関連せしめ又将来農村の人口壓力を増す農家の二・三男はこれを教育して北方の農業及生活に習熟せしめた後自作農を創設せしめることが妥当と思われるので、青少年義勇軍がとりあげられ或は転廃業による失業者を帰農させる途として満洲移住を進めたものであってこの施策が誤解を受けることがあったならば甚だ遺憾とするところである。

引揚げて来た満洲移住者はその農民としての体験や実力を活して国内の緊急開拓に向わして生活の安定を図らせる方途を講じている。

なお農村における民主主義の発展のためには農地改革、農業協同組合の育成等の具体的政策に則し強力に農民に働きかけ殊に青壮年に対する働きかけについては特に重点を注いでいるつもりである」

と。[*105]

まさしく検定済みの教科書に載る表現である。全くのウソではないが真実でもない。

「満洲の未墾の荒野に日本農民を移住させることが出来る機会を得たので」とあるが、日本農民が移住したのは先住民のいない本当の未開の荒野だったのか。

「機会を得た」と他動的に書くが、日本自ら機会・満洲事変を創り出したのではないのか。

農家の二、三男に「北方の農業及び生活に習熟せしめた後」とするが、彼らの参加した満蒙開拓青少年義勇軍の背景・教育実態はどのようなものだったのか。

「引揚げて来た満洲移住者」と一言で片付けているが、一体何人の人たちが引き揚げる途中で命を落としたのか。全く上面だけの事象を語っているに過ぎない。

『あゝ満洲』*61

戦後初の国会で、総理大臣・東久邇宮は、

「前線も銃後も、軍も官も民も総て、国民悉く静かに反省する所がなければなりませぬ、我々は今こそ総懺悔し、神の御前に一切の邪心を洗い浄め、過去を以て将来の誡めとなし、心を新たにして、戦いの日にも増したる挙国一家、相援け相携えて各々其の本分に最善を竭し、来るべき苦難の途を踏み越えて、帝国将来の進運を開くべきであります」と、戦争指導者も一般国民も同じ土俵に立って反省しましょうと「一億総懺悔《ざんげ》」を宣言し、戦争責任を曖昧なものとした。

やがて日本は朝鮮戦争の特需景気に湧き、対共産陣営の最前線基地として、戦争協力者とみなされた公職追放者は追放を解除され、所得倍増政策による高度成長期を迎え、戦争の記憶が薄れるなか、満洲に関する2冊の本が発刊された。

その一つが「満洲回顧集刊行会」発刊の1965年（昭和40年）3月に発刊された『あゝ満洲』だった。開拓についての記述もあるが、副題に「国つくり産業開発者の手記」とあるように、その大部分が鉱工業、農業、林業、水産業に関わった人たちの手記で埋められている。

『あゝ満洲』刊行会会長には岸信介、副会長には椎名悦三郎、世話人代表に星野直樹、鮎川義介ら、満洲国を実際に動かした官僚たちの名前があり、編集委員に中村孝二郎、特別推進者に後藤連一の名前が載っている。

表題の『あゝ満洲』、扉の「東亜平和の礎石」の文字は岸信介の揮毫によるものであり、続く「序文」も岸が書いている。

「自国の独立と東亜和平をモットーとした日本は、日露戦争の結果、東亜の衰運を挽回するとともに、新天地満蒙の開発に当たった。その後、列強の中国政策の錯綜、中国民族主義の台頭による日中両国の摩擦、とくに満洲における排日激化の結果、事態は、ついに満洲事変へと進展した」*70と、満洲事変の主な原因は満洲に於ける排日運動だと責任を中国側に転嫁し、

「満鉄を中心とする満蒙開発は、新天地の驚異的発展をもたらしたが、なお多くの障碍が纏綿した。新興満洲国はそれらの矛盾を止揚し、自ら欲するままに開発建設をすることができた。民族協和、王道楽土の理想が輝き、科学的にも、良心的にも、果敢な実践が行われた。それは正しくユニークな近代国家作りであった」*70と続く。

「自ら欲するままに」は事実だろう。むしろ「好き勝手に」と書いた方が良いのではないか。満洲国は真に「良心的」であったのか。何故岸は満洲国の設立理念である「五族協和」を使わずに「民族協和」と曖昧な表現にしたのか。日・鮮・満・蒙・漢五族と言うにはさすがに良心が咎《とが》めたのか。最後に「終戦引揚げに際し示された中国政府の寛大な処置に対し、心から感謝と敬意を表する次第である」とあるが、岸の言う中国政府（台湾中国）は日本軍が戦っていた国民党政府であり、いかにも清濁併せ呑む現実主義者らしい岸ならではの言葉である。

『あゝ満洲』の中で加藤完治の扱いは「満洲開拓とその礎」の一文が掲載されただけであり、文体もいつもの加藤の調子ではない。加藤がどこでも持ち出す荒木陸軍大臣との面会の得意話も、衛兵が同姓同音の「かとうかんじ」海軍大将と勘違いしたために会えたのではなく、予備役の角田一郎中佐から農業移民の話があり、

「私は満蒙移民と聞いただけで、よしどこにでも連れて行けと答えたら、角田さんは非常に喜んで、すぐ陸軍大臣官邸に電話をかけ、僕と荒木大臣との会見を取計らってくれた」*61ので面会が成立した、となっている。

どちらが事実なのかは明らかだろう。岸以下の面々が表に出ている『あゝ満洲』に、ウソは書けなかったのだろうか。

『満洲開拓史』

もう一つの『満洲開拓史』*42は、『あゝ満洲』発刊の翌年、1966年（昭和41年）に刊行された。発行元は「満洲開拓史刊行会」であり、刊行会の会長は平川守、顧問には加藤完治、岸信介、那須皓、橋本伝左衛門の名前がある。

取次所として「社団法人開拓自興会」の名があり、京王線・聖跡桜ヶ丘に満洲開拓民の殉難碑が建てられた後に、殉難碑建設委員会と開拓自興会が合同して刊行会を立ち上げ、それまでに開拓民援護会が資料収集・企画・執筆してきたものを、中村孝二郎たちの協力をもって編纂されたとしている。

加藤完治は満洲開拓史刊行会会長・平川守の「序文」1頁の後、3頁64行にわたる「満洲開拓史序」を載せ、この中で、

「この満洲開拓史は当時のあらゆる階層の人々が、不可能だといっていた日本人の満洲農業移民が、満洲の荒野を開いて、人類の生活に寸時も欠くことの出来ない、衣食住の原料生産を立派に成し遂げたという事実を記録した実に大切な書物である……日本人の満洲移民は無意味だ、絶対不可能だという愚論が……時の大蔵大臣高橋是清翁をはじめとして陸軍大臣、また植民に一番深い関係のある拓務大臣までもが駄目だと言っていたのである。かかる際に日本農民が現地に乗込んで行ってあらゆる困難を克服して、立派に彼の土地に落ち着くようになったのは、何といっても画期的な大事業であっ

た」*42と、満洲開拓事業を成し遂げたのは自分であると、加藤お得意の自慢話が延々と続く。

開拓団に触れた記述は、

「不幸にして世界大戦において、日本が破れ、かつ満洲国も滅亡したために、成功しつつあったこの大事業も途中で挫折の止むなきに至り、内地より移住した多くの日本農民は、悲惨な目にあって、辛うじて日本に帰って来たのではあるけれども……」*42という最初の2行だけで、

「要するに日本農民の満洲移民は、絶対に可能なりと極印を押さしたことは戦争で負けて出来た農地はとりあげられ、また可愛い子供のみならず、その父母兄弟の多くの人が生命財産を失った悲しみを以てしても替難い大事業をして下さったのである。我等は一面悲しむと同時に、他面ほんとうに有難く感謝すべきだと信じる」*42と、最後にたった3行で総括しているだけである。

加藤は何をもって有り難く思い、何をもって感謝すべきだと言うのか。多くの開拓民の命をもって得たのは一体何であったのか。開拓事業の先頭に立ったと自負する加藤自身の責任はどこにあるのか。全く触れていない、と言うより触れようとしていない。

また、そこには中国人農民に対しての言葉はなく、出てくるのは匪賊の話のみ。日本人の入植地は本当に未開の荒地だったのか。満洲進出は「多くの人が生命財産を失った悲しみ」以上に誇るべきことだったのか、何を誇ろうとするのか。顧問に名を連ねる加藤、岸、那須、橋本こそが責任を取る立場の人間ではなかったのか。

時代を懸命に生きた貝沼洋二、山崎芳雄らの死は時とともに忘れ去られ、時代の波に乗り、時代に

歩調を合わせ、迎合し、生き残った者が勝ちとは……。虚しさを感じるばかりである。

完

15、あとがき

２０１８年11月、北大正門脇の古書店、南陽堂で『麻山事件』に出会い、現在は恵比寿から市ヶ谷に移転した防衛研究所、国会図書館、北海道道立図書館、満蒙開拓平和記念館、北大文書館などを歩き回り、ようやく纏め上げるまでに４年以上の時間が経過した。しかもその時期の大半がコロナ騒動の渦中となり、北大図書館などには入館制限が掛かり不自由な思いも経験したが、ようやく一応の完成を見ることが出来た。

この間世界は大きく動き、なかでも２０２２年２月に始まり、今（２０２３年９月）現在もその収束が全く見えないロシアのウクライナ侵略には、日本の犯した満洲事変の再来のようでもあり、心から怒りを覚える。

プーチン大統領の掲げた大ロシア主義と、大日本帝国が掲げた大東亜共栄圏とはどこが違うのか。ロシアの防衛のためとしてウクライナに攻め入る、日本の防衛のためとして満州に攻め込む、どこが違うのか。ロシアは占領した都市の住人にロシア国籍を取得するように半ば強制しているというが、日本が満洲に神社を建て皇帝溥儀を跪かせたのとどこが違うのか。結局日本は石を以て追い出されたではないか。

ロシアの占領地ではあらゆるものが奪われているという。実際、ブチャでの強奪、暴行、殺人、誘拐は公衆の面前で行われた。1945年8月9日以降、満洲各地で行われたソ連兵の暴行、強姦、掠奪を彷彿する光景はまさに白昼夢のようだ。

日中戦争・太平洋戦争を通じて、日本は320万人もの人命を失った。今既にロシア軍はウクライナの抵抗に遭い30万人以上の死傷者が出ており、ウクライナでも民間人5000人以上が殺害されたともいわれている。何のために彼らは死ななければならなかったのか、彼らに死を命じた人間は、おそらく戦いが終わっても生き延びていくだろう。多くの戦争遂行の責任者がそうであったように。

今年2月に訪れたバンコクでは、明らかにロシア人と思われる連中が街中を闊歩していた。彼らは短期ビザの取得が楽なタイに逃げ込んできた、金に余裕のある人達だ。彼らは戦争がどんな形で終わっても生き延びるだろう。明るい太陽の下で殺される心配のない彼らと、零下20度を超す寒さの中、泥濘にまみれて死んでいく兵士と、命の価値はどこが違うのだろうか。

結局戦争の責任を取ったのは、満洲の地で開拓に従事した開拓民であり、青少年義勇軍の若者であった。私の母校の先輩の貝沼洋二、山崎芳雄たちは、結果として、大日本帝国の国策の前衛を担っていったことになるが、彼らにも夢があり、希望があり、未来があっただろう。満洲は北海道で青春時代を過ごした彼らにとって理想実現の地であったはずだ。彼らは満洲で真剣に生きた。2人の先輩の生き様、そして貝沼に大きな影響を与えたであろう親友木村三郎の自死、彼等の足跡が、生きた証が少しでも再現出来たなら幸いである。

この本を出版する大きな動機は、完成した本の形として永久に残され、いつか誰かの目に触れ、彼らが生きた事実を知ってもらうこと、そして私自身の生きた証を残すことにあった。

私が手にした『麻山事件』の出版元である草思社が、この本の出版を依頼した文芸社の系列会社となり、同じビルに居を構えていること、『麻山事件』作者の中村雪子が所蔵していたと思われる『麻山の夕日に心あらば』が偶然に私の手許に届いたことも、何かの因縁と思わざるを得なかった。

最後に出版を提案して下さった、文芸社出版企画部・藤田渓太氏、70年代の学生運動真っ只中を過ごし、卒論『札幌市立老人ホーム・長生園の実態調査』以外まともな論文を書いたことのない、私のつたない文章を根気よく校正・アドバイスをして頂いた、編集部・吉澤茂氏、私が思っても見なかった『木村三郎追悼集』や、その他の貴重な資料を探し出して頂いた北海道大学文書館と北海道大学農学部図書室、北大山岳館、満蒙開拓平和記念館の皆さん、図書室を紹介して頂いた私が学生時代に所属していた北大ワンダーフォーゲル部の先輩中原豊司氏、満鉄に関しての貴重なサジェスチョンを頂いた同部後輩の高津俊司氏、そして「ハチゼミ」があってこそこの本を纏めることが出来たと、ハチゼミのメンバーである浜　剛、斎藤洋介、人見春男、新谷和夫、佐々木淑子、山田　廣、宮川正仁、各氏に深くお礼を申し上げる。

２０２３年９月

菅原　隆夫

引用・参考資料一覧

引用資料

＊1『満州事変勃発の夜』池田熊吉　防衛研究所・戦史研究センター
＊2『満蒙事情総覧』著作者代表・蜷山政道他13名　改造社　1995年
＊3「満洲大豆論」駒井徳三　東北帝国大学農学科大学内カメラ会　1912年
＊4『リットン報告書』国際連盟支那調査委員会　中央公論社　1932年
＊5『満洲事変の本質』本庄繁　防衛研究所・戦史研究センター
＊6『満洲事変』緒方貞子　岩波書店　2020年
＊7『柳条湖事件の真相』人物往来社　1966年
＊8『満鉄の線路と保線』佐藤吉彦　鉄道史学会　2005年
＊9『石原莞爾資料　戦争史論』角田順　原書房　1948年
＊10『キメラ』山室信一　中公新書　2004年

＊11『五色の虹』三浦英之　集英社文庫　2015年
＊12「台湾・朝鮮・満州の研究者・技術者と学閥」京都大学OCW　2009年
＊13「北大における満蒙研究」長岡新吉『北大百年史』1982年
＊14「大満洲国建設録」駒井徳三　中央公論社　1933年
＊15『満洲農業移民概況』拓務省開拓局東亜課　1936年
＊16「満洲国土地収用ニ関スル法令制定ニ関スル件」満洲国特務部第五委員会　1934年
＊17『不二農場之事業』
＊18『食糧問題の解決に貢献する不二興業会社の偉業』国民新聞　1928年
＊19『不二農村移住規定要綱　植民地ニ於ケル食料供給及移住計画ニ関スル参照規定』内閣拓殖局　1927年
＊20『加藤完治先生』日本国民高等学校編　那須皓　1956年
＊21『日本農村教育』加藤完治　東洋図書　1943年
＊22『加藤完治の農民教育思想』武田清子　国際基督教大学　1965年3月
＊23『昭和史発掘4』松本清張　文春文庫　2005年
＊24『満蒙開拓青少年義勇軍概要』清水久直　明治書院　1941年
＊25『武装移民生ひ立ちの記　前編』加藤完治　満洲移住協会　1939年
＊26「満洲特別農業移民に就いて」中村孝二郎『東洋』東洋協会　1935年

＊27『満洲移民団に関する座談会』東亜経済調査局　１９３５年
＊28『雨宮大佐と加藤完治・満洲開拓の父』石原文雄　１９４４年
＊29『弥栄村要覧』山崎芳雄　満洲移住協会発行　１９３６年
＊30『満洲農業懇話会報告書』東亜経済懇談会　１９４１年
＊31『満洲集団移住地の展望』中村孝二郎　満洲移住協会　１９３６年
＊32『満洲の移民村を訪ねて』足立茂藤英　１９３８年
＊33「弥栄村の追憶」小倉幸男『海外引揚者が語り継ぐ労苦8』平和祈念事業特別基金　１９９８年
＊34「永豊鎮移民の実況」山崎芳雄『満洲移民の実況』日満実業協会　１９３５年
＊35「永豊鎮移民の現状」山崎芳雄『東洋』東洋協会　１９３５年
＊36『北の青春』葛原辰夫　私家版　２０１６年
＊37『文武会会報』第七十九号　札幌農学校　１９１６年
＊38『北海道帝国大学一覧　昭和5年版』北海道帝国大学
＊39『北海道石狩国雨竜郡　深川村に於ける農場計画』山崎芳雄　１９１６年
＊40『新満洲』満洲移住協会　１９４０年
＊41　第一回移民団長会議議事録　満洲拓殖委員会事務局　１９３７年
＊42『満洲開拓史』満洲開拓史刊行会　１９６６年
＊43『同窓会々報』第21号　北海道帝国大学同窓会　１９３７年12月から　第25号　１９４０年

*44『満洲移民の実情』信濃毎日新聞社　太田阿山　1937年
*45『暫行懲治叛徒法』満洲国　1932年
*46『満洲日報』神戸大学経済経営研究所　新聞記事文庫　1934年
*47『満洲農業開拓地調査』新潟県農会　1939年
*48『大いなる哉満洲』大同学院史編纂委員会編　1966年
*49『湖南営屯墾地』宗　光彦『東洋』東洋協会　1935年
*50「湖南営移民の実況」宗　光彦　日満実業協会編『満洲移民の実況』1935年
*51『渺茫として果てもなし：満洲国大同学院創設五十年』大同学院史編纂委員会　大同学院同窓会　1981年
*52『先駆移民団：黎明期之弥栄と千振』小寺廉吉　古今書院　1940年
*53『19の証言　満蒙開拓団富士見分村の真実』早出信哉　鳥影社　2021年
*54『北満農業開拓の現況：拓務省移民地現地報告』継本和夫　満洲旬報社　1938年
*55『第三次開拓団瑞穂村建設五ケ年史』浜江省公署　1940年
*56『瑞穂村総合調査』京都帝国大学農学部第二調査班　満洲国立開拓研究所　1924年
*57『朝日東亜リポート　第2冊』朝日新聞社東亜問題調査会　朝日新聞社　1939年
*58『大陸に生きる』望月百合子　大和書店　1941年
*59『麻山の夕日に心あらば』大平壮義　哈達河会　1970年

＊60『興亜の先駆』伊礼肇　郁文社　1939年
＊61『あゝ満洲』満洲回顧集刊行会　農林出版社　1965年
＊62『満洲農業移民の実情　移民団長に聞く』満洲移民協会発行　1936年
＊63「拓務省移民団の畜産に関する若干の資料」満鉄・北満経済調査所　1938年
＊64『麻山事件』中村雪子　草思社　1983年
＊65『幻の村』手塚孝典　早稲田新書　2021年
＊66『満洲分村移民を拒否した村長』信濃毎日新聞社　2018年
＊67「第一次武装移民の精神的動揺状況及第二次以降の人選に関する要望書」東宮鉄男『満洲開拓史』満洲開拓史刊行会　1966年
＊68『満蒙開拓青少年義勇軍』上笙一郎　中公新書　1973年
＊69『皇国農民精神』加藤完治　1931年
＊70『満蒙開拓青少年義勇軍編成に関する建白書』石黒忠篤他　1937年
＊71『満蒙開拓青少年義勇軍募集要綱』拓務省　1936年
＊72『四想録』和田伊助　私家版　水戸市内原郷土史義勇軍資料館
＊73「皇国農民精神」加藤完治『皇国農民の道』農村更生協会　朝日新聞社　1941年
＊74『青少年義勇軍現地通信集　第1輯』拓務省拓務局　1938年
＊75「満蒙開拓青少年義勇軍」藤原安男『海外引揚者が語り継ぐ労苦』平和事業特別基金編

＊76『青春の満蒙開拓青少年義勇軍』山下清市
＊77『日本医史学雑誌』56巻　日本医史学会　2020年
＊78『開拓』日本開拓協会　1944年
＊79　第七回国会　在外同胞引揚問題に関する特別委員会　議事録　第9号　1950年2月3日
＊80『満洲開拓青少年義勇軍』岡島伍郎　水戸市内原郷土史義勇軍資料館　アイガー　1989年
＊81『北海道帝国大学通則』北海道帝国大学
＊82『北海道帝国大学年鑑』北海道帝国大学　1931年から1933年版
＊83『北大山岳部々報第I』北大山岳部　1928年
＊84『満洲開拓物語』後藤連一　日本大学農獣医学部拓植学科第4研究室　1974年
＊85『朝鮮の米作』貝沼洋二　1930年
＊86『木村三郎君追悼集』関根嘉弘　1934年
＊87『北海タイムス』北海タイムス社
＊88『北海道帝国大学新聞』第56号　北海道帝国大学新聞会　1930年4月
＊89『北大スキー部々報2』北海道帝国大学文武会スキー部　1933年12月
＊90『流れる星は生きている』藤原てい　中央公論社　1976年
＊91『満洲紀行』島木健作　創元社　1940年
＊92『公道』公道社　1945年

＊93『日本のいちばん長い日』半藤一利　文春文庫　２００６年
＊94『茨城新聞百年史』茨城新聞社　１９９２年
＊95『水戸空襲戦災記』水戸空襲戦災記録の会　１９８１年
＊96『武道の研究』（下巻）加藤完治全集第三巻　加藤完治　日本農業実践学園加藤完治全集刊行会　１９９６年
＊97『土着と背教』武田清子　新教出版社　１９６７年
＊98『満州脱出』武田英克　中公新書　１９８５年
＊99『志を継いで』加藤弥進彦　農村報知新聞社　１９９７年
＊100『白河報徳開拓誌』白河報徳農業協同組合三十年誌編集委員会　１９７８年
＊101『国内開拓はうまくいくか』全国開拓民自興会　１９４７年
＊102「悲しみの思い　満州引揚げと再起の北海道開拓」田中とめ　平和祈念展示資料館　労苦体験手記　海外引揚者が語り継ぐ労苦（引揚編）第10巻
＊103『大八洲開拓農業組合の歩み』大八洲開拓農業組合　２０１７年
＊104『農業経済の思い出』橋本伝左衛門　１９７３年
＊105『満洲開拓移住民に関する質問主意書』池田恒雄　１９４７年10月
＊106 月刊『中央情報』１９５１．３．31　ＮＨＫ放送ファイル
＊107『満州メモリ・マップ』小宮　清　筑摩書房　１９９０年

＊108「父・加藤完治を語る」加藤弥進彦『弥栄村史』弥栄村史刊行委員会　1986年
＊109『せめてこどもは逃がしてほしかった』小松豊・岩崎スミ・塚原常次　2018年
＊110「国奠定詔書」『満洲国関係詔書及国政資料　其2』駐日満洲国大使館　1943年
＊111「建国神廟の御創建の御儀」『満洲帝国皇帝陛下御訪日と建国神廟御創建』日満中央協会　1941年
＊112「満蒙開拓青少年義勇軍女子指導員（寮母）募集要綱」満洲移住協会　1934年
＊113「康徳8年（昭和16年）度満洲国北安省嫩江県八洲満蒙開拓青少年義勇軍嫩江訓練所本部病院皮膚科来院患者ノ統計的観察及ビ腫瘍皮膚疾患ノ其ノ対策ニ就イテ」医学博士　稲葉清夫『名古屋医師会雑誌　56（2）』愛知医学会　1942年
＊114『胡沙吹く嵐　新東亜建設編』木村毅　博文館　1941年
＊115『氷の花』大佛次郎　六興商会出版部　1942年

参考文献

『満州の土地に生きて』満州の土地に生きて編集委員会　2007年
『農学実科入学願書』東北帝国大学農科大学教務部　1912年
『土地収用法第四十条ノ規定ニ依ル補償価格ノ低減ニ関スル件』（勅令案）特務部第五委員会　19

３４年３月
『国策満洲移民：分村計画と青年義勇隊』菱沼右一、木村誠　中央情報社　１９３８年
『国民新聞』国民新聞社　１９２８年
『朝鮮農会報』朝鮮農会　１９２５年
『朝鮮事情・上半』朝鮮銀行調査部　１９２３年
『連盟脱退とリットン卿の役割』元毎日新聞特派員　楠山義太郎　人物往来社　１９５６年
『満洲開拓民入植図』満蒙開拓平和記念館　改訂版　２０１８年
『満蒙開拓青少年義勇軍の死亡報告書』陸軍省、陸軍省軍務課　アジア歴史資料センター
『福島県白河開拓における共同経営理念をめぐって』伊藤淳史　日本学術振興会　２００４年
『加藤完治の戦後開拓』（伊藤淳史『農林業問題研究』１５４号　地域農林経済会　昭和堂　２００４年
『第三次開拓団瑞穂村建設五ケ年史』浜江省公署　１９４０年
『加藤完治の世界　満洲開拓の軌跡』中村　薫　不二出版　１９８４年
『西郷村史』西郷村史編纂委員会　西郷村　１９７８年
『陸満密第四一三号　土地買収問題ニ関スル件』アジア歴史資料センター　１９３４年
『札幌農学校実科同窓会々報』第21号
『戦中と戦後の責任』藤沢俊明　七つ森書館　２０１４年

『戦後開拓地と加藤完治』北崎幸之助　農林統計出版　２００９年
『移民たちの満州』二松啓紀　平凡社新書　２０１５年
『福島県西白河高原における戦後開拓地の変容と開拓指導者の果たした役割』北崎幸之助　経済地理学年報　１９９９年
『満蒙開拓青少年義勇軍訓練生に対する医療と看護』額賀せつ子　日本医史学雑誌　第56巻第2号　２０１０年
『昭和戦中期における満州移民奨励施策の一考察』山畑翔平　政策研究41号　２００９年
『満蒙開拓青少年義勇軍の送出の背景』佛教大学院文学研究科　第44号　２０１６年
『派遣軍将兵に告ぐ』板垣征四郎　支那派遣軍総司令部　１９４０年
『満洲国戦争準備指導計画』関東軍参謀部第四課　１９４１年
『拓務省移民団の畜産に関する若干の資料』満鉄北満経済調査所　北経済情報　第三八第四報　１９３８年
『植民地に於ける食糧供給及移住計画に関する参照規定』内閣拓務局　１９２７年
『満蒙開拓団』読売新聞大阪社会部　角川文庫　１９８７年
『関東軍参謀本部』完倉壽朗　ＰＨＰ研究所　１９８５年
「哈達河開拓団の最後」笛田道雄　月刊『中央情報』１９５1年3月31日　ＮＨＫ放送ファイル
「拓務省移民団の畜産に関する若干の資料」満鉄・北満経済調査所　１９３８年

『満洲国土地収用ニ関スル法令制定ニ関スル件』関東軍司令部特務部　1934年
『植民地に於ける食糧供給及移住計画に関する参照規定』内閣拓殖局　1927年
「商租権問題」陸軍省調査班　1931年9月　国立公文書館アジア歴史資料センター
『南満洲鉄道旅行案内』南満洲鉄道　1917年
「近代日本を創った100人―思想家10人」中央公論　1965年
『満洲百万戸移民国策の全貌』都甲謙介　満洲事情案内所　康徳5年（1938年）
『満洲年鑑　昭和七年』満洲文化協会　1932年
「北大百年史　編纂ニュース第9号」北海道大学百年史編纂室　1979年
『満州開拓民悲史』高橋健男　批評社　2008年
『朔北の開拓史』大平壮義　1977年
『弥栄村建設の五年』満洲移住協会　1938年
『武道の研究』（下巻）加藤完治全集第二巻　加藤完治　日本農業実践学園加藤完治全集刊行会　1996年
『満州メモリ・マップ』小宮 清　筑摩書房　1990年

著者プロフィール

菅原 隆夫（すがはら たかお）

1948年　東京生まれ
1968年　北海道大学文類入学
1972年　北海道大学文学部哲学科社会学専修科卒業
　　　　日本リクルートセンター入社
1976年　日本リクルートセンター退社
　　　　家業である菅原材木店を経営
2016年　菅原材木店を廃業し現在に至る

それぞれの満洲

2024年２月15日　初版第１刷発行

著　者　菅原 隆夫
発行者　瓜谷 綱延
発行所　株式会社文芸社
〒160-0022 東京都新宿区新宿1－10－1
電話 03-5369-3060（代表）
03-5369-2299（販売）

印刷所　株式会社フクイン

ISBN978-4-286-24814-1